COMO MINISTRAR
LIBERTAÇÃO

DORIS WAGNER

Cindy Jacobs, C. Peter Wagner, Frank D. Hammond e outros

COMO MINISTRAR LIBERTAÇÃO

*Na área sexual, para cura emocional,
da opressão demoníaca, dos laços do ocultismo*

Vida

Vida

EDITORA VIDA
Rua Conde de Sarzedas, 246 — Liberdade
CEP 01512-070 — São Paulo, SP
Tel.: 0 xx 11 2618 7000
atendimento@editoravida.com.br
www.editoravida.com.br
@editora_vida /editoravida

Editor responsável: Rosa Ferreira
Tradução: Lena Aranha
Revisão de provas: Nilda Nunes e Patrícia Murari
Projeto gráfico e diagramação: Set-up Time
Capa: Arte Vida

COMO MINISTRAR LIBERTAÇÃO
©2005, por Doris M. Wagner
Originalmente publicado nos EUA
com o título *How to Minister Freedom*
Edição brasileira ©2008, Editora Vida
Publicação com permissão contratual
da REGAL BOOKS, DIVISÃO DA GOSTEL LIGHT
(Califórnia, EUA)

Todos os direitos desta edição em língua portuguesa são reservados e protegidos por Editora Vida pela Lei 9.610, de 19/02/1998.

É proibida a reprodução desta obra por quaisquer meios (físicos, eletrônicos ou digitais), salvo em breves citações, com indicação da fonte.

■

Exceto em caso de indicação em contrário, todas as citações bíblicas foram extraídas da *Nova Versão Internacional* (NVI) ©1993, 2000, 2011 by *International Bible Society*, edição publicada por Editora Vida. Todos os direitos reservados.

Todas as citações bíblicas e de terceiros foram adaptadas segundo o Acordo Ortográfico da Língua Portuguesa, assinado em 1990, em vigor desde janeiro de 2009.

■

As opiniões expressas nesta obra refletem o ponto de vista de seus autores e não são necessariamente equivalentes às da Editora Vida ou de sua equipe editorial.

Os nomes das pessoas citadas na obra foram alterados nos casos em que poderia surgir alguma situação embaraçosa.

Todos os grifos são do autor, exceto os indicados.

1. edição: jan. 2008
1ª reimp.: mar. 2010
2ª reimp.: jul. 2011
3ª reimp.: maio 2012
4ª reimp.: abr. 2013
5ª reimp.: ago. 2014
6ª reimp.: jan. 2016
7ª reimp.: maio 2017
8ª reimp.: set. 2018
9ª reimp.: jan. 2020
10ª reimp.: jan. 2023
11ª reimp.: mar. 2025

Dados Internacionais de Catalogação na Publicação (CIP)
(Câmara Brasileira do Livro, SP, Brasil)

Wagner, Doris M.
  Como ministrar libertação / Doris Wagner (Org.); tradução Lena Aranha. — São Paulo: Editora Vida, 2008.

  Título original: *How to Minister Freedom*
  ISBN 978-85-383-0013-7

  1. Demonologia 2. Diabo 3. Exorcismo 4. Possessão demoníaca 5. Satanismo I. Título.

07-8201   CDD-265.94

Índice para catálogo sistemático:
1. Exorcismo e possessões diabólicas : Doutrina cristã   265.94

SUMÁRIO

Introdução

Como ministrar libertação aos que sofrem opressão demoníaca
1. O que aconteceu com as palavras e as obras de Jesus?   13
   Doris M. Wagner
2. O cristão pode ficar possuído pelo demônio?   23
   John Eckhardt
3. Como Satanás nos afasta do caminho de Deus   34
   Chuck D. Pierce
4. A autoridade do cristão sobre os espíritos demoníacos   45
   Charles H. Kraft
5. Como ministrar a limpeza espiritual da casa   55
   Alice Smith
6. Libertação na igreja local   65
   Chris Hayward
7. Como a libertação ajuda o reavivamento   75
   C. Peter Wagner

Como ministrar libertação aos emocionalmente feridos
8. Perdoar o imperdoável   89
   Doris M. Wagner

9. Liberar as raízes de amargura provenientes dos julgamentos 100
Cindy Jacobs
10. Superar a rejeição 110
Chris Hayward
11. Libertação do medo e da ira 123
John Sandford
12. Como o trauma afeta a pessoa por inteiro 133
Peter Horrobin
13. Consertar as rachaduras da alma 142
Dale M. Sides

Como ministrar libertação aos que estão sexualmente destruídos
14. Ministrar aos que vivem em escravidão sexual 153
Doris M. Wagner
15. O pecado sexual: o que ele é, o que ele faz e como encontrar uma saída 166
Peter Horrobin
16. Lançar luz nos laços da alma 176
Peter Horrobin
17. Os efeitos da luxúria na juventude 189
Tim e Anne Evans
18. Libertação das conseqüências do aborto 198
John Eckhardt
19. Libertação da confusão causada pela homossexualidade 211
David Kyle Foster
20. Abuso sexual de crianças 226
Tom R. Hawkins

Como ministrar libertação aos que estão presos nos laços do ocultismo
21. Lançar luz nas trevas do ocultismo 239
Doris M. Wagner

22. Quebrar maldições de feitiçarias   248
    Frank D. Hammond
23. Desvendar o olho mau   260
    Chuck D. Pierce
24. Minha libertação dos ídolos e do culto aos santos   279
    Araceli Alvarez
25. Não há nada de novo na Nova Era   291
    Chris Hayward
26. Resgatado do satanismo   300
    Jeff Harshbarger
27. Livre da sombria prisão do vodu   309
    Ana Méndez Ferrell

Apêndice
Como ministrar uma sessão de libertação   321
Doris M. Wagner

Notas   329

Sobre os colaboradores   335

INTRODUÇÃO

Embora a maioria dos cristãos acredite que os demônios existam em algum lugar do mundo, um número bem restrito percebe que os demônios podem afetar sua vida diária, e um número ainda menor sabe como lidar de forma cabal com eles. Mas isso está mudando! Nas últimas décadas, houve grande ressurgimento da compreensão e prática da libertação. Como existe a necessidade de compreender esse tipo de ministério, decidi oferecer um livro para ajudar a igreja local e o cristão comum a se equiparem para ministrar de maneira definitiva a libertação da opressão demoníaca. Este livro divide-se em quatro sessões, e cada uma delas trata de um tópico específico e oferece conselhos práticos para ministrar a libertação nessa área específica.

Na primeira sessão, os especialistas na área de libertação fornecem-nos uma compreensão geral de como os demônios trabalham em nossa vida.

Na segunda sessão, os especialistas em libertação das pessoas emocionalmente feridas explicam como o demônio pode se aproveitar de nossas emoções e experiências traumáticas.

Na terceira sessão, os especialistas em libertação das pessoas sexualmente destruídas discutem os assuntos complexos da sexualidade humana e como o Inimigo pode se aproveitar tanto de pecados do próprio indivíduo como do abuso sexual sofrido para levar à escravidão nessa área.

Na quarta sessão, alguns de meus amigos mais especiais, os quais (com exceção de Frank Hammond) tiveram experiência com o ocultismo, compartilham seu testemunho. A experiência deles pode ajudar a libertar as pessoas que estão enredadas no ocultismo, além de fornecer recursos para aqueles que ministram a elas.

No apêndice, compartilho como me preparo para a libertação e como conduzo a sessão de libertação. Para explicações mais detalhadas, por favor, leia meu livro *How to Cast Out Demons* [Como expulsar demônios].

COMO MINISTRAR LIBERTAÇÃO AOS QUE SOFREM OPRESSÃO DEMONÍACA

Capítulo 1

O QUE ACONTECEU COM AS PALAVRAS E AS OBRAS DE JESUS?

Doris M. Wagner

À medida que lemos o Novo Testamento e paramos para observar os seguidores de Jesus, os daquela época e os de hoje, constatamos uma grande diferença.

Parte dessa diferença, é claro, deve-se às grandes mudanças concretizadas no mundo nesses dois mil anos. Por exemplo, os automóveis e os jatos substituíram os burros e as viagens a pé. Os computadores e as impressoras substituíram os escribas e suas penas. Não necessitamos mais dos corredores para levar mensagens de um lugar a outro; as notícias chegam até nós pela televisão, pela Internet, pelo rádio e pelos jornais. E poderíamos prosseguir com muitos outros exemplos. Os tempos são outros!

O que dizer e quanto às palavras e às obras de Jesus? Como respondemos a elas no século 21?

Os registros bíblicos

Independentemente de quanto o século 21 pareça contrastar com os dias em que Jesus viveu, creio firmemente que a Bíblia é a Palavra de Deus, e estou totalmente comprometida com seus ensinamentos, que constituem regras e diretrizes para nossa fé e prática hoje. Parto do pressuposto de que a maioria de vocês que lê este livro também crê nesse princípio.

Em outras palavras, a Bíblia contém um registro das palavras e obras de Jesus e de seus seguidores cujo propósito é o de nos guiar a uma vida que agrade ao Pai. Esse registro mostra o quanto Deus nos ama; contém as palavras precisas e os ensinamentos exatos de Jesus; aponta para a salvação; fornece as regras que nos ajudam a viver de forma santa, além de nos ajudar a evitar os problemas e os pecados. E, para nos levar um passo adiante, tais regras são para o nosso bem. Obediência a elas nos traz felicidade e bem-estar. E, dessa forma, agradamos ao Pai.

Em meu caso, aceitei a Cristo na adolescência, após a leitura de algumas palavras poderosas da Bíblia. Essas palavras me fizeram vibrar interiormente e me levaram à busca de seu sentido. Elas eram palavras de Jesus — uma simples frase que li: "É necessário que vocês nasçam de novo" (Jo 3.7). Essa pequena sentença de sete palavras parecia transmitir uma grande verdade à minha mente adolescente, e eu tinha de descobrir o que ela queria dizer. Quando alguém me convidou para um acampamento em que estudaríamos a Bíblia, e ouvi o sermão intitulado: "Você precisa nascer de novo", chorei. Quando o convite para aceitar a Cristo foi feito, provavelmente fui a primeira pessoa a ir à frente.

Deus respondera à minha oração e mostrara-me o caminho. Ele me dera uma fome voraz para aprender tudo que pudesse sobre Jesus e seus ensinamentos. À medida que comecei a ler a Bíblia, logo depois de pedir a Jesus que perdoasse meus pecados e entrasse em minha vida, vi a Palavra de Deus com novos olhos. Tudo fazia sentido! O Espírito habitava em mim e ele realmente era meu auxiliador. Desde essa experiência de nascer de novo, amo a Bíblia e a considero meu grande tesouro, além de ter um grande apreço e reverência por ela. Não tenho dificuldade em crer em todas as suas palavras. Sua mensagem leva-me à verdade e à fé em Cristo — à salvação, à felicidade, à satisfação e ao grande privilégio de servir ao Senhor em meu caminhar aqui na terra.

Além de nos orientar quanto à fé, à vida santa e fiel, a Bíblia também nos instrui a disseminar o evangelho, dando numerosos exemplos sobre as atividades da igreja primitiva conforme ela realizava essa tarefa. Posso ver por que Satanás trabalhou muito, ao longo da história, para manter as Escrituras fora do alcance das mãos do povo comum. As Escrituras são poderosas e têm as palavras da vida. Elas nos dizem o que devemos fazer e como fazer, de acordo com a vontade e o plano de Deus. E, para realizar essa tarefa, é preciso a participação de todos nós.

Os líderes religiosos

À medida que lia os Evangelhos, percebi que Jesus iniciou seu ministério público dirigindo-se aos locais onde se encontravam aqueles que buscavam a Deus — nas casas de oração. Os capítulos 11 e 12 de Marcos nos falam sobre algumas das pessoas que se encontravam nessas casas de oração. Eram os chefes dos sacerdotes, os mestres da lei e os líderes religiosos, que questionavam Jesus: "'Com que autoridade estás fazendo estas coisas? Quem te deu autoridade para fazê-las?'" (Mc 11.28). Eles questionavam *as obras e as palavras de Jesus*. Quando Jesus se recusou a lhes responder, eles enviaram pessoas mais influentes — os fariseus e os herodianos — "para o apanharem em *alguma coisa que ele dissesse*" (Mc 12.13; grifo do autor). Mas quando Jesus respondeu de forma tão sábia a tais questões, pois conhecia a hipocrisia do coração deles, eles ficaram maravilhados com suas palavras (v. Lc 12.15-17).

Outro grupo de pessoas religiosas se aproximou dele no templo. Eram os saduceus, que afirmavam que não havia ressurreição. Eles o questionaram com respeito às Escrituras. A resposta dele foi: "'Vocês estão enganados!, pois não conhecem as *Escrituras* nem *o poder de Deus*!'" (Mc 12.24; grifo do autor). Nesse versículo Jesus aponta dois itens adicionais importantes que devem ser acrescentados às suas obras e palavras: as Escrituras e o poder de Deus.

Após a ressurreição, Jesus disse aos discípulos sobre sua autoridade: "'Foi-me dada toda a autoridade nos céus e na terra. Portanto, vão e façam discípulos de todas as nações'" (Mt 28.18,19). Em Atos 1.8, ele acrescenta a informação sobre o poder de Deus que lhes seria dado quando o Espírito Santo viesse sobre eles.

Os líderes religiosos ressentiam-se de Jesus e ofendiam-se por causa de suas palavras, obras, conhecimento das Escrituras, autoridade e poder. Então, eles o eliminaram. Sua morte, entretanto, demonstrou ser o caminho genuíno à vida eterna para todos aqueles que crêem nele. Louvado seja Deus!

O povo comum

Há mais um grupo de pessoas mencionado em Marcos 12: o povo comum. O versículo 37 afirma: "E a grande multidão o ouvia com prazer".

Sinto-me sempre perplexa e humilhada pelo fato de que Jesus se afastava dos especialistas em assuntos religiosos da época para buscar as pessoas comuns. Ali estava o solo fértil. Ele passou os primeiros anos de sua vida aprendendo o ofício de carpinteiro com seu pai terreno e, conforme tudo indica, trabalhou na carpintaria do pai até os 30 anos. Ele vivia no meio das pessoas comuns. Ele escolheu seus discípulos em meio às pessoas comuns. Provavelmente, estes eram homens jovens ou rapazes. Os estudiosos concordam que João muito provavelmente escreveu Apocalipse em 95 ou 96 d.C., então ele deveria ser muito jovem quando era discípulo.

Jesus era também muito gentil com as mulheres, como vemos quando as inclui em seu círculo íntimo de amigos. Apenas para mencionar algumas delas: "Maria, chamada Madalena, de quem haviam saído sete demônios; Joana, mulher de Cuza, administrador da casa de Herodes; Susana e muitas outras. Essas mulheres ajudavam a sustentá-los com os seus bens" (Lc 8.2,3). Havia também as famosas Maria e Marta, e muitas outras mulheres, não mencionadas pelo nome, que serviam a Jesus. Em um período em que as mulheres não ocupavam um alto lugar na escala social, os Evangelhos salientam cuidadosamente que aquelas mulheres eram especiais para ele. Após sua ressurreição, ele escolheu aparecer primeiro para Maria Madalena — a mulher que fora liberta e cuja vida estava transformada de forma radical. Em minha longa experiência cristã, descobri poucas pessoas mais agradecidas ao Senhor que aquelas, como Maria, libertas de demônios.

As obras de Jesus

Bem, observemos brevemente algumas passagens da Escritura que falam sobre as obras de Jesus. Em Mateus 10.5-8, lemos: "Jesus enviou os doze com as seguintes instruções: '[...] Por onde forem, preguem esta mensagem: O Reino dos céus está próximo. Curem os enfermos, ressuscitem os mortos, purifiquem os leprosos, expulsem os demônios. Vocês receberam de graça; dêem também de graça' ". Instruções muito específicas.

Marcos 6.5-7 reconta a visita de Jesus e de seus discípulos a Nazaré. "E não pôde fazer ali nenhum milagre [...]. Chamando os Doze para junto de si, enviou-os de dois em dois e deu-lhes autoridade sobre os espíritos imundos". Algo estava no caminho desse povo de Nazaré, impedindo-os de aceitar as palavras e as obras de Jesus: a descrença. Aparentemente, já era tempo de partir para a ofensiva contra

> Não cometa enganos quanto a isso. A incredulidade realmente limita o que Jesus pode fazer, e ele é a segunda pessoa da Trindade!

a incredulidade causada por espíritos imundos, assim Jesus armou seus discípulos para a batalha ao dar-lhes poder sobre os espíritos imundos. Em minha experiência, encontrei os demônios da dúvida e da descrença e, com muita freqüência, eles estão vinculados a espíritos religiosos, tais como os espíritos do legalismo, da adoração de ídolos, das falsas religiões e da maçonaria.

Não cometa enganos quanto a isso. A incredulidade realmente limita o que Jesus pode fazer, e ele é a segunda pessoa da Trindade! Marcos 6.5-7 parece subentender que, se a fé estivesse presente em Nazaré, Jesus poderia ter feito obras maravilhosas ali.

Estes sinais acompanharão

Marcos 16.14-20 acrescenta alguns ingredientes a Mateus 10.5-8. Jesus apareceu aos onze discípulos após sua ressurreição e censurou a incredulidade e a dureza do coração deles:

> "Vão pelo mundo todo e preguem o evangelho a todas as pessoas. Quem crer e for batizado será salvo, mas quem não crer será condenado. Estes sinais

acompanharão *os que crerem*: em meu nome expulsarão demônios; falarão novas línguas; [...] imporão as mãos sobre os doentes, e estes ficarão curados". Depois de lhes ter falado, o Senhor Jesus foi elevado aos céus e assentou-se à direita de Deus. Então, os discípulos saíram e pregaram por toda parte; e o Senhor cooperava com eles, confirmando-lhes a palavra com os sinais que a acompanhavam (v. 15-20; grifo do autor).

Primeiro, a expressão "os que crerem" sem dúvida refere-se a todos aqueles que creram ao longo das eras. Portanto, isso também inclui todos os cristãos da atualidade que verdadeiramente nasceram de novo. Um de meus versículos favoritos da Escritura é Hebreus 13.8: "Jesus Cristo é o mesmo, ontem, hoje e para sempre". Então, isso quer dizer que ele nunca mudou seu propósito nem suas ordens para seus seguidores. Estamos incluídos nisso!

Segundo, "em meu nome" foi acrescentado à equação. Não temos exemplo mais claro de como realmente expulsar demônios que o exemplo encontrado em Atos 16.16-18. Nessa passagem, uma moça que tinha "um espírito pelo qual predizia o futuro" (feitiçaria) seguia Paulo, Silas e Lucas e os perturbava tanto que, por fim, Paulo disse ao espírito maligno: " 'Em nome de Jesus Cristo eu lhe ordeno que saia dela!' " (v. 18). E ele realmente saiu da moça!

Resumo geral

Vejamos o que foi dito até agora com sentenças simples e breves.

- A Bíblia é a Palavra de Deus e foi-nos dada como guia de fé e prática.
- O Pai se agrada de nós quando temos grande fé e seguimos os ensinamentos e os comandos de Jesus.
- Os líderes religiosos da época ficavam ressentidos com Jesus e sentiam-se ofendidos com suas palavras, suas obras, seu conhecimento das Escrituras, sua autoridade e seu poder.
- Jesus escolheu seus discípulos em meio às pessoas comuns e transformou essas pessoas durante seu ministério.

- Jesus deu-lhes instruções bastante específicas: pregar que o Reino de Deus estava próximo, curar os doentes, limpar os leprosos, ressuscitar os mortos e expulsar os demônios.
- A incredulidade limita o que Deus pode fazer, e nós, os cristãos, merecemos ser repreendidos quando a incredulidade estiver presente. Precisamos acreditar intensamente e ter grande fé.
- Aparentemente, as mesmas instruções aplicam-se a nós hoje. Assim como os primeiros discípulos tiveram a autoridade de Jesus *em nome dele* para realizar a tarefa que ele lhes deu, também nós a temos. Somos seus embaixadores!

Implementar a tarefa

Examinemos de modo mais minucioso a forma como Jesus e seus primeiros doze cooperadores executaram essa tarefa.

Lemos em 1João 3.8: "Para isso o Filho de Deus se manifestou: para destruir as obras do Diabo". Em outras palavras, assim que os discípulos receberam ordens para caminhar em frente e foram equipados para a tarefa, a guerra espiritual se iniciou. Nosso trabalho é destruir as obras do Diabo por meio do poder de Deus. A igreja primitiva fez um grande trabalho quando usou o poder de Deus, conforme o Novo Testamento registra. Enumerarei alguns exemplos.

Atos 17.2,3: "Segundo o seu costume, Paulo foi à sinagoga e por três sábados discutiu com eles com base nas Escrituras, explicando e provando que o Cristo deveria sofrer e ressuscitar dentre os mortos. E dizia: 'Este Jesus que lhes proclamo é o Cristo.' "

Muitas pessoas naquela sinagoga, em Tessalônica, acreditaram em Cristo quando ouviram essa mensagem, inclusive um grande número de devotos gregos e muitas mulheres influentes. Outras pessoas, porém, não creram. Alguns judeus, incrédulos e rancorosos, começaram a perseguir o grupo de cristãos, mas não conseguiram achar os discípulos de Cristo. Esses judeus, em meio a uma rebelião, fizeram um elogio a Paulo, a Silas e a outros missionários da época quando disseram: " 'Esses homens, que têm causado alvoroço por todo o mundo, agora chegaram aqui' " (v. 6).

Isso mesmo, aqueles primeiros evangelistas causaram grande impacto com sua evangelização. Eles prestaram atenção às palavras de Jesus e também se ocuparam em realizar a tarefa. O resultado foi que causaram grande alvoroço por todo o mundo e a igreja cresceu rapidamente.

Atos 19.10-12: "Isso [a pregação de Paulo sobre o Reino de Deus (v. o v. 8)] continuou por dois anos, de forma que todos os judeus e os gregos que viviam na província da Ásia ouviram a palavra do Senhor. Deus fazia milagres extraordinários por meio de Paulo, de modo que até lenços e aventais que Paulo usava eram levados e colocados sobre os enfermos. Estes eram curados de suas doenças, e os espíritos malignos saíam deles."

Meu marido, Peter, sempre se surpreende com a expressão "milagres extraordinários". Ele argumenta que o fato de esse termo ter sido usado deve ser em razão de "milagres usuais" acontecerem com tanta frequência que não necessitavam de uma menção especial a cada um deles em particular.

Romanos 15.17-19: "Portanto, eu me glorio em Cristo Jesus, em meu serviço a Deus. [...] pelo poder de sinais e maravilhas e por meio do poder do Espírito de Deus. Assim, desde Jerusalém e arredores, até o Ilírico, proclamei plenamente o evangelho de Cristo."

O apóstolo Paulo escreveu isso. Observe que esses sinais e maravilhas não eram os usuais, mas os prodigiosos.

1Coríntios 2.1-5: "Eu mesmo, irmãos, quando estive entre vocês, não fui com discurso eloquente, nem com muita sabedoria para lhes proclamar o mistério de Deus. Pois decidi nada saber entre vocês, a não ser Jesus Cristo, e este, crucificado. E foi com fraqueza, temor e com muito tremor que estive entre vocês. Minha mensagem e minha pregação não consistiram de palavras persuasivas de sabedoria, mas consistiram de demonstração do poder do Espírito, para que a fé que vocês têm não se baseasse na sabedoria humana, mas no poder de Deus."

Paulo também escreveu isso. Ele era um fariseu que recebera educação primorosa e certamente poderia debater com a maioria das pessoas e levar a melhor, mas ele escolheu demonstrar o Espírito e o poder de Deus.

Quando os profissionais assumem a direção

O espaço neste capítulo não permite que eu analise tudo que aconteceu de errado nos séculos seguintes. De qualquer forma, não tenho as qualificações exigidas para fazer isso! Mas, ao que tudo indica, quando o modelo de igreja passou da simples igreja doméstica para a forma mais clerical, toda a direção da igreja mudou de mãos. Em vez de apenas ser dirigida por apóstolos, profetas, pastores, mestres e evangelistas, a igreja começou a ser dirigida por uma complexa hierarquia, e as pessoas comuns passaram a se envolver cada vez menos com ela. Tragicamente, as palavras de Jesus e as obras que ele nos mandou fazer passaram para a mão dos profissionais.

Em minha opinião, o subproduto mais triste de tal realidade foi o fato de a Escritura ficar fora do alcance das pessoas comuns. Como a Palavra de Deus permaneceu nos prédios da igreja, em uma língua que o povo não entendia, as palavras e as obras de Jesus foram atenuadas em seu sentido. Por fim, Deus levantou pessoas como John Wycliffe e Martinho Lutero, dentre outros (o que para alguns custou a própria vida), a fim de que a Bíblia fosse traduzida para uma língua que o povo pudesse entender. Nessa mesma época, tivemos a criação da imprensa. Desse modo, a Bíblia mais uma vez tornou-se acessível às pessoas comuns dos maiores povoados daquele período.

Nos últimos séculos, a interpretação do sentido das palavras e obras de Jesus assumiu muitas nuanças e formas. É realmente impressionante o fato de as palavras terem sido preservadas. Mas muitas das obras se perderam, pois caíram em desuso.

Fazer o que Jesus diz

Mais uma vez chamo sua atenção para Hebreus 13.8: "Jesus Cristo é o mesmo, ontem, hoje e para sempre". Encorajo-o a simplesmente fazer o que o Senhor nos ordena: "Vão, preguem o evangelho, curem os doentes, ressuscitem os mortos e expulsem os demônios".

A igreja faz um ótimo trabalho em relação aos dois primeiros itens da lista. Sabemos como ir e pregar o evangelho. Na verdade, o sol não mais se põe em um lugar onde não há cristãos. Mas imagine o que poderia ter sido feito se tivéssemos obedecido às outras ordens ao longo desses séculos! O fato de Deus agora nos dar uma nova chance é apenas uma demonstração de sua graça e misericórdia. Não desperdice essa oportunidade!

Precisamos de uma proliferação maciça de líderes talentosos que sejam praticantes da cura e da expulsão de demônios. Ressuscitemos também alguns mortos nessa caminhada, pois certamente a morte é uma inimiga (v. 1Co 15.26), e muitas pessoas morrem prematuramente nas mãos do Diabo. Na verdade, ressuscitar os mortos é algo que acontece com muito mais freqüência do que a maioria das pessoas imagina. Eu mesma tive a experiência de abraçar uma criança que estava morta, havia pelo menos uma hora, e ressuscitou. Mas a falta de fé não permite que muitas pessoas creiam.

Aceitar as palavras de Jesus por seu valor nominal

Por minha área particular de ministério ser a libertação há vinte anos, concentro o máximo que posso minhas atividades em seminários e no ensino sobre como expulsar demônios. Neste livro, reuni muitos de meus amigos de áreas especializadas desse campo. Temos muito território para recuperar do Diabo, pois essa faceta das obras de Jesus foi deixada de lado por muitos séculos.

Tenhamos fé, amigos. Aceitemos as palavras de Jesus por seu valor nominal a fim de darmos um passo ousado de fé para realizar essas obras. Gostaria de compartilhar mais um texto das Escrituras com você: "'E eu estarei sempre com vocês, até o fim dos tempos'" (Mt 28.20). Isso nos inclui, pois o fim dos tempos ainda não chegou. Ele está sempre conosco, animando-nos, honrando nossa fé e ajudando-nos a realizar essas obras. Tudo que precisamos é cooperar com ele, equipar-nos e fazer o que nos foi ordenado.

Capítulo 2

O CRISTÃO PODE FICAR POSSUÍDO PELO DEMÔNIO?

John Eckhardt

O cristão pode ficar possuído pelo demônio? Essa é uma pergunta com a qual travei muitas lutas no passado. Na verdade, houve um tempo na igreja quando realmente ensinamos que os cristãos não poderiam ter demônios. Já preguei longos sermões expondo o fato de que os cristãos poderiam se sentir oprimidos, regredir, desviar-se, ficar obsessivos e ser impedidos de fazer algo, mas jamais possuídos. Acreditávamos que o demônio poderia ficar sobre o cristão, oprimindo-o, mas jamais dentro dele, ou seja, habitando nele. A questão principal que não conseguia conciliar (e o maior argumento utilizado por muitas pessoas hoje em dia) era como Jesus e o Espírito Santo poderiam viver dentro do corpo de alguém junto com os demônios.

Teologia *versus* experiência

Começamos a enfrentar um problema real. Passamos a ser confrontados por pessoas que sabíamos terem nascido de novo, cristãos cheios do Espírito que, quando recebiam nossa oração, começavam a manifestar demônios! Nossa experiência não se alinhava com nossa teologia. Descobrimos que Deus, muitas vezes, antes de levar a pessoa a mudar sua teologia, faz com que ela tenha algumas experiências que a levem a reavaliar seu ensinamento e sua doutrina. Tivemos de nos defrontar com o seguinte fato: ou nossa experiência estava errada ou nossa doutrina estava errada. Entretanto, não poderíamos questionar nossa experiência, pois sabíamos o que estávamos vendo. Tínhamos de questionar nossa teologia. Muitas pessoas que aprenderam não ser possível alguém ter o Espírito Santo e um demônio habitando ao mesmo tempo dentro de si tiveram de reavaliar tal ensinamento, porque as experiências da vida real não sustentavam essa doutrina.

Começamos a ver que, na Bíblia, Jesus disse a seus discípulos para expulsar os demônios *para fora* de alguém, não *de perto* de alguém (v. Mt 10.8; Mc 3.15; 16.17). Para que algo *saia*, primeiro é preciso que esteja *dentro*. De qualquer modo, precisamos resolver a questão de como uma pessoa pode ter Jesus, e mesmo estar cheio do Espírito Santo, e contudo precisar de libertação. Finalmente chegamos à conclusão de que nossa interpretação da Bíblia estava errada.

Gene B. Moody, em seu excelente manual para libertação, cita Ernest B. Rockstad:

> A experiência, é claro, não é a base para a interpretação da Bíblia. No entanto, se experiências consistentes contrapõem-se a uma interpretação, a pessoa que busca a verdade com zelo sai em busca da razão dessa aparente contradição. Essa pessoa deve dispor-se a estudar novamente sua interpretação com a orientação do Espírito Santo e estar preparada a fazer quaisquer correções necessárias em sua crença, para que haja plena concordância com os fatos conforme eles se apresentam.[1]

Moody, fundamentado nas Escrituras e na experiência, conclui que os cristãos, até mesmo os que jamais participaram do ocultismo, podem ser oprimidos e possuídos por espíritos malignos.[2]

Certa vez, tive uma discussão com um ministro que disse que jamais orara para que as pessoas de sua igreja fossem libertas, pois, de acordo com Colossenses 1.13, já fomos libertos. Eu lhe disse: "Tudo bem. Então é melhor você não formar outra fila de pessoas para a oração com imposição de mãos sobre os doentes, pois a Bíblia também afirma que pelas suas feridas fomos curados. Se fomos curados, por que você oraria pelos doentes?". Ele jamais pensara no assunto dessa forma. Veja bem, biblicamente já fomos curados. No entanto, na realidade, ainda precisamos ministrar aos cristãos que estão fisicamente doentes. Se as Escrituras dizem que fomos curados, mas continuo encontrando cristãos doentes, então ou essas pessoas ainda não foram salvas ou minha visão das Escrituras tem de ser interpretada com base no fato de que, embora sejamos, de forma legítima, curados pelas feridas de Jesus, isso não quer automaticamente dizer que todo cristão jamais ficará doente. Algumas vezes devemos nos apropriar do que a Bíblia nos oferece pela imposição de mãos, pela fé, pela unção com azeite ou por algum outro meio.

Doutrina inspirada pelos demônios

Uma resposta comum que você ouvirá quando alguém questionar se um cristão, em especial um cristão cheio do Espírito, pode ficar possuído pelo demônio é esta: "Definitivamente, não!". Conforme já mencionei, a razão por trás dessa resposta é que o Espírito Santo e um demônio não podem habitar juntos o mesmo corpo. Mas nossa experiência não confirma essa verdade. Nem a experiência de Moody. Ele afirma: "O fato desalentador continua a ser que os cristãos nascidos de novo, incluindo os líderes, têm dificuldades e problemas que não podem ser explicados como enfermidades naturais nem como o infindável conflito entre a carne e o Espírito. Não é segredo que muitos cristãos já entraram em extremo desânimo e terrível desespero".[3]

Lidamos com pessoas reais e com problemas reais. Hoje, tenho plena convicção não só de que um cristão pode ficar possuído por um demônio, mas também de que há demônios que operam no reino da teologia, levando as pessoas a intermináveis discussões e debates sobre doutrinas, em vez de suprir as necessidades dos que estão feridos. Os demônios, na verdade, incentivam o ensinamento de que um cristão não pode ter demônio, pois os demônios ganham força quando permanecem escondidos. Eles podem operar de forma destrutiva sem que sejam confrontados!

Deus não nos salvou nem nos comissionou para o ministério a fim de que fôssemos capazes de discutir sobre doutrina. Ele nos chamou para o ministério para que ajudássemos as pessoas feridas, machucadas e destruídas. Quando você entra em contato com alguém controlado por demônios, a resposta apropriada é expulsá-los, não discutir se essa pessoa é cristã ou não. A resposta apropriada é ajudar essa pessoa. Jesus respondeu às necessidades de todos que o procuraram com problemas de possessão demoníaca. Embora, muitas vezes, nós consideremos as pessoas da Bíblia menos cultas que nós, elas, no entanto, tinham conhecimento suficiente para saber quando um problema era de possessão demoníaca. O fato é que, hoje, muitas pessoas têm problemas causados por demônios, mas elas não reconhecem isso; e, o que é bem triste, nem aqueles que supostamente deveriam ministrar a elas.

Esclarecimento sobre a confusão referente à possessão demoníaca

Uma questão que pode confundir muitas pessoas, quando pensam em cristãos e demônios, é a idéia de ser possuído. Hollywood pintou um quadro da possessão demoníaca que, além de sensacionalista e incorreto, deixa uma imagem marcante em nossa mente — a imagem de uma pessoa com a cabeça girando e os olhos saltando para fora, sem qualquer controle sobre seu corpo. Além disso, um dos sentidos da palavra "possuído" refere-se à posse, e isso leva as pessoas a pressupor que os cristãos, se estiverem possuídos, são totalmente dominados e controlados pelo demônio. Isso, obviamente, é um equívoco.

Derek Prince, em seu folheto intitulado *Expeling Demons* [Expulsando demônios], discute as palavras gregas utilizadas na Bíblia para descrever a possessão demoníaca:

> No Novo Testamento, a palavra grega para demônio é *daimonion* [...], nas principais versões [...] traduzida com freqüência por "Diabo". No Novo Testamento, associado ao substantivo *daimonion* encontramos o verbo na voz passiva *daimonizomai*. O sentido literal desse verbo é "ser demonizado", ou seja, estar de alguma maneira sob a influência ou o poder dos demônios. Nas versões mais conhecidas esse verbo usualmente é traduzido por uma expressão como "ende-

moninhado" ou pela frase "que tinha um espírito". Entretanto, não há nenhuma distinção no original grego que dê suporte a tais distinções (traduzidas).[4]

Pessoalmente, ao contrário do que acontece com alguns cristãos, não tenho muito problema com o termo "possesso". Na verdade, para mim, a palavra "demonizado" soa pior. E, quando procuro a palavra "possuir" no dicionário, um dos sentidos é simplesmente "ser proprietário de". Meu argumento é que, se um demônio for proprietário de seu dedão do pé, ele possui essa parte de seu corpo. Isso não quer dizer que ele possua seu espírito, sua alma e seu corpo. Se ele for proprietário de apenas uma pequena porção, como um órgão de seu corpo, então há possessão em algum grau.

Muitas vezes, pergunto às pessoas que não acreditam em possessão demoníaca se o câncer é algo demoníaco ou não. Muitos cristãos acreditam que as doenças são provenientes do Diabo. Eis aqui uma questão simples: qual é

> Ao contrário do que acontece com alguns cristãos, não tenho muito problema com o termo "possesso". Na verdade, para mim, a palavra "demonizado" soa pior.

o problema real, o câncer que está no corpo ou algo que está fora dele? Se não estivesse no corpo, os médicos não cortariam o corpo para remover algo. Portanto, evidentemente, você pode ser cristão e ter algo em você que está possuindo determinado órgão de seu corpo e que, definitivamente, não é de Deus. E, se você cresse que essa doença é a vontade de Deus para você, jamais iria ao hospital nem tomaria remédio. No entanto, até mesmo pecadores compreendem que a doença é algo errado, e os médicos fazem de tudo que está ao alcance deles para combatê-la. Há algo em nós que combate a doença e a morte, pois sabemos que essas coisas jamais foram planejadas para Adão e Eva no jardim do Éden.

A constituição humana

Assim, se um cristão pode estar possuído, ou demonizado, em alguma parte de seu corpo, existiria algo proibido para os demônios? A resposta a essa pergunta ajuda a conciliar a questão sobre Jesus e o Espírito Santo habitando em alguém que necessita de libertação.

Primeiro, é importante compreender que todos nós somos constituídos de três partes: espírito, alma e corpo (1Ts 5.23). Quando Jesus entra na vida do cristão, ele entra no espírito dessa pessoa, de acordo com João 3.6: " 'o que nasce do Espírito é espírito' ". Segundo, os outros elementos que constituem o ser humano — a alma (a mente, a vontade e as emoções) e o corpo físico — são as partes suscetíveis a ataques demoníacos. Os demônios podem habitar nessas áreas particulares da vida de um cristão, ainda que não possam habitar no espírito de um cristão, pois é ali onde Jesus e o Espírito Santo habitam. Portanto, quando dizemos que um cristão está possuído, ou demonizado, não queremos dizer que um cristão pode ter demônios em seu espírito, mas que essa pessoa pode tê-los em partes da alma e do corpo físico.

Para ilustrar isso, o Senhor começou a mostrar-nos a ideia de Jesus ir ao templo para limpá-lo dos cambistas e dos vendedores desonestos. Esse fato foi mencionado em todos os quatro evangelhos (v. Mt 21.12-14; Mc 11.15-18; Lc 19.45-48; Jo 2.14-23). A palavra grega para expulsar é *ekballo*, que quer dizer expulsar ou fazer sair.[5] Essa é a mesma palavra utilizada em Marcos 16.17, quando Jesus disse: " 'Em meu nome expulsarão demônios' ". Bem, de acordo com 1Coríntios 3.16, nós, os filhos de Deus, somos o templo do Espírito de Deus. No Antigo Testamento, o templo tinha três partes: o Lugar Santíssimo, o Lugar Santo e o pátio externo. Essa imagem é um tipo, ou representação, de quem nós, como seu templo, somos. A glória de Deus *shekinah*, ou a presença de Deus, estava no Lugar Santíssimo, que representa nosso espírito. Quando Jesus entrou no templo para expulsar os cambistas e vendedores desonestos, ele não entrou no Lugar Santíssimo, mas apenas no pátio externo, onde essas pessoas perversas negociavam. Essa é a imagem da libertação — do que Jesus quer fazer em nosso templo. Em nossa vida, pode haver ladrões demoníacos atuando nos pátios externos (corpo ou alma). Embora eles não possam entrar no Lugar Santíssimo (nosso espírito), Jesus quer expulsá-los, pois o templo de Deus jamais foi construído para abrigar um "covil de ladrões". Ele deve ser um local de adoração e de oração.

Não é para o descrente

Eis aqui outro ponto interessante para levarmos em consideração quando ministrarmos a libertação: libertação não é para o descrente. Ponderemos sobre o assunto. Que benefício obteríamos com a expulsão de demônios de um descrente, se não for para a pessoa ser salva? Os descrentes não podem manter sua libertação. Na verdade, de acordo com Lucas 11.24-26, o descrente que recebe libertação será posteriormente habitado por sete vezes mais demônios que antes. Acrescente a isso o fato de que a maioria dos descrentes não busca a libertação. Quando era descrente, eu consumia drogas. Não ficava em casa, clamando: "Deus liberte-me das drogas". Ao contrário, só buscava encontrar mais droga para consumir. Não ficava no altar de uma igreja, orando: "Ó Deus, liberte-me de minha raiva". Todavia, assim que me converti a Cristo e descobri que essas coisas em minha vida não lhe agradavam, comecei a buscar a Deus para minha libertação, pois já tinha o direito a ela e o Espírito Santo já habitava em meu ser para me ajudar a preservá-la.

O pão dos filhos

Como o ministério de libertação não é para o descrente, a quem ele se destina? Ao cristão. Na verdade, o ministério de libertação é direito nosso, garantido em nossa aliança com o Senhor. A fim de compreender isso totalmente, precisamos compreender o que é uma aliança. Deus é um Deus de aliança; e ele faz aliança com seu povo. Na antiga aliança, o povo da aliança era formado pelos filhos de Israel. Na nova aliança, o povo da aliança é formado por judeus e gentios que foram restaurados ao relacionamento com Deus por intermédio do sangue de Jesus Cristo. Embora haja algumas bênçãos que Deus dá a todos os povos (v. Mt 5.45), há muitas outras que ele direciona apenas para seu povo da aliança. Toda bênção, qualquer que seja ela — cura, prosperidade, libertação ou milagres —, é uma promessa apenas para o povo da aliança. Deus, em sua misericórdia, abençoará o povo fora da aliança por ele ser um Deus misericordioso. Porém, essas bênçãos se fundamentam primordialmente na aliança.

Em Marcos 7, lemos a história da mulher siro-fenícia que procurou Jesus para que ele libertasse sua filha de um espírito imundo. No versículo 27, lemos: "Ele lhe disse: 'Deixe que primeiro os filhos comam até se fartar; pois não é correto tirar o pão dos filhos e lançá-lo aos cachorrinhos' ". Embora a expressão "pão dos filhos" possa se referir a qualquer bênção de Deus, nessa história ela se refere especificamente à libertação; e Jesus diz que ela pertence ao povo de sua aliança. Esse é um direito da aliança. Os que estão fora da aliança podem receber um milagre fundamentado na misericórdia de Deus, mas a libertação é realmente direcionada para aqueles que têm aliança com Deus.

Lucas 1.71-73 afirma que Jesus veio para nos salvar " 'dos nossos inimigos e da mão de todos os que nos odeiam, para mostrar sua misericórdia aos nossos antepassados e lembrar sua santa aliança, o juramento que fez ao nosso pai Abraão' ". Nessa passagem, vemos que a vinda de Jesus trouxe salvação de nossos inimigos — o Diabo e os demônios — e, a seguir, Abraão, com quem Deus fez sua aliança, entra em cena. De acordo com Gálatas 3.29, somos descendência de Abraão: "E, se vocês são de Cristo, são descendência de Abraão e herdeiros segundo a promessa". Por intermédio da vinda de Jesus e de todas as provisões que ele fez por nós, Deus cumpre as promessas que fez a nossos antepassados na aliança. Deus é um Deus de aliança.

Lucas 1.74,75 prossegue afirmando qual era o juramento feito a Abraão: " 'Resgatar-nos da mão dos nossos inimigos para o servirmos sem medo, em santidade e justiça, diante dele todos os nossos dias' ". O propósito da libertação, portanto, é que possamos servir a Deus sem medo, em santidade e justiça, todos os nossos dias. Sem libertação, é muito difícil viver sem medo, em santidade ou em justiça. Na verdade, é praticamente impossível.

Pôr em ação a nossa salvação

> Assim, meus amados, como sempre vocês obedeceram, não apenas na minha presença, porém muito mais agora na minha ausência, ponham em ação a salvação de vocês com temor e tremor, pois é Deus quem efetua em vocês tanto

o querer quanto o realizar, de acordo com a boa vontade dele. Façam tudo sem queixas nem discussões, para que venham a tornar-se puros e irrepreensíveis, filhos de Deus inculpáveis no meio de uma geração corrompida e depravada, na qual vocês brilham como estrelas no universo (Fp 2.12-15).

Alguns podem argumentar que a libertação depende totalmente de Deus, de modo que nós, quando aceitamos Jesus Cristo, somos totalmente libertos e não há nada mais que necessitemos fazer, exceto crer. Mas essa passagem mostra-nos o aspecto humano da libertação, que é pôr em ação a nossa salvação.

A palavra para "salvação", no versículo 12, é *soteria*, que Thayer define, em *A Greek-English Lexicon of the New Testament* [O léxico grego-inglês do Novo Testamento], como "libertação do molestamento dos inimigos".[6] Moody, fundamentado na definição de Thayer, conclui: "*Jesus libertou nosso espírito do poder de Satanás; agora, ele nos diz: 'Ponha em ação sua libertação do molestamento dos inimigos até que você tenha libertado seu corpo e sua alma'* ".[7]

Já recebemos literalmente milhares e milhares de cristãos que nos procuraram em busca de libertação. O propósito deles era pôr em ação a salvação. Salvação é algo que abrange mais que apenas a aceitação inicial de Jesus Cristo. Salvação quer dizer cura; salvação quer dizer libertação do pecado; salvação quer dizer libertação da pobreza, da doença ou da influência demoníaca. Jesus veio e forneceu um remédio para todas essas coisas. Ele, por meio de seu sangue derramado por nós, também nos deu poder e autoridade para lidar com qualquer coisa em nossa vida que não deveria estar lá. O processo é contínuo. A libertação é uma parte importante no que diz respeito a pôr em ação a nossa salvação.

Nem sempre é consequência de pecado

Outra crença errônea é a de que, se o cristão tem um demônio, deve ser conseqüência de algum pecado em sua vida. É claro, se um cristão está praticando algum pecado ou vivendo na carne, não há meio de escapar de um demônio. O pecado e a carne andam com os demônios como a água e a umidade. Você não pode ter água sem ter umidade. A umidade vem com a água e o pecado, com os demônios. Se você habitualmente se envolve com as obras da carne, não está envolvido somente com o pecado, mas também com os espíritos demoníacos por trás dele.

Entretanto, isso não significa que, se o cristão tem um demônio, é porque ele está em pecado. Por exemplo, um espírito de rejeição ou um espírito de trauma pode vir sobre a pessoa não em consequ31ência de suas próprias ações, mas em virtude da ação de outra pessoa. Alguns dizem que, se alguém tem um demônio, é impossível que seja salvo ou santo, pois deve estar em pecado; todavia, essas pessoas não reconhecem o fato de que há muitos tipos de espíritos que se utilizam de diversos pontos de entrada na vida da pessoa, os quais nem sempre são pecados. Outro ponto de entrada para os demônios pode ser o pecado hereditário — o pecado que passa por meio da herança genética da família.

Se você está salvo, então liberte-se!

Já avançamos muito desde o tempo em que acreditávamos que os cristãos não podiam ter demônios. Agora, quando as pessoas se salvam em nossa igreja, nós automaticamente partimos do pressuposto de que elas precisam de algum tipo de libertação; assim, nós as levamos a passar por esse processo. Não questionamos *se* elas têm ou não um demônio, mas apenas *quantos* demônios elas têm. Isso pode parecer um tanto pesado, mas, como acabei de salientar, a presença de demônios na vida dos novos convertidos nem sempre é culpa deles. Eles podem ter herdado esses demônios por meio da herança genética de sua família.

Biblicamente falando, se podemos ser afetados pelo pecado até a quarta geração (v. Êx 20.5), considerando-se que a geração bíblica é de 40 anos, podemos dizer que somos sujeitos à influência demoníaca daquilo que nossos ancestrais faziam há 160 anos. Isso quer dizer que, se tomarmos como base o ano 2000, somos afetados pelo que nossos antepassados faziam desde o ano de 1840. Mesmo se tivéssemos uma excelente genealogia, não podemos saber tudo que nossos antepassados fizeram em segredo nesse longo período de tanto tempo atrás. Além disso, quando as pessoas abraçam ao Senhor, a maioria delas precisa de algum tipo de libertação por causa da influência do pecado na vida delas — independentemente de terem sido traumatizadas ou molestadas, ou de terem se envolvido com o pecado, cujas influências demoníacas são provenientes de sua própria ação antes da conversão. Há muita corrupção e contaminação no mundo para que consigamos ficar imunes ao mal.

Se somos ministros comissionados para ministrar ao povo de Deus da aliança, então devemos estar preparados para ajudá-los a tomar posse do direito de libertação que a aliança com Deus lhes concede. Se não permitirmos que o povo de Deus receba a libertação fundamentados em alguma doutrina teológica errônea, negamos o que é direito dele como povo da aliança; desse modo, não podemos dizer que estamos aptos a ser ministros da nova aliança. Façamos como Jesus e ministremos o pão dos filhos àqueles que precisam dele!

Capítulo 3

COMO SATANÁS NOS AFASTA DO CAMINHO DE DEUS

Chuck D. Pierce

Muito tempo antes de nascermos, Deus preparou, de acordo com sua vontade, caminhos perfeitos para nossa vida. Ele fez isso porque deseja que sejamos bem-sucedidos em todos os pontos ao longo de nosso caminho. Quando nos submetemos ao Senhor e reconhecemos que ele pagou o preço por nossa vida, podemos entrar na vida bem-sucedida que ele reservou para nós. Esse é o sentido real de redenção. O sucesso é definido como chegar a um bom resultado ou alcançar um objetivo. Quer dizer florescer, prosperar ou vicejar. Sobre esse tópico, Rebecca Systema e eu escrevemos o seguinte:

O Senhor deseja que sejamos bem-sucedidos:

- ao fazer nossa vida caminhar para a frente, de modo a não viver constantemente na dor e no arrependimento das coisas passadas;
- ao levar-nos a prevalecer sobre o inimigo de nossa alma, de forma a sermos capazes de resistir à tentação e de reivindicar nossa herança;
- ao levar-nos a agir de forma sábia e estratégica;
- ao promover-nos a novos níveis na época apropriada;
- ao ajudar-nos a alcançar os propósitos destinados a nós, quando clamamos a ele ao longo do caminho.

Em essência, Deus deseja que nós, como filhos de Deus, sejamos bem-sucedidos da mesma forma que ele, o Senhor, é bem-sucedido![1]

O plano de Satanás para nos desviar dos caminhos de Deus

Quando chegamos ao Senhor, independentemente da idade que tínhamos, estávamos destruídos, com partes de nossa vida espalhadas aqui e ali. Por quê? Porque a fragmentação é uma maldição que cai sobre nós como resultado do pecado. Trocamos a pureza, a bênção, a saúde e/ou uma parte do plano perfeito de Deus para nossa vida por um pecado que cometemos. Portanto, partes da pessoa completa que Deus quis que fôssemos ficam espalhadas ao longo do caminho de nossa vida em todos os pontos em que optamos pelo pecado. Apenas Deus tem o poder de recolher as partes espalhadas por causa do pecado e trazê-las novamente à totalidade.

Embora Deus tenha um plano para que sejamos completos e bem-sucedidos, temos um inimigo que tem um plano contrário ao de nosso Criador. Esse inimigo, Satanás, e todas as hostes de espíritos demoníacos adorariam nos ver fragmentados, em vez de inteiros. Satanás deleita-se em nos levar para o caminho do erro, a fim de que não alcancemos os propósitos do Reino de Deus para nossa vida e o seu Reino não se expanda na terra. O propósito de Satanás é impedir o plano de Deus de nos tornar bem-sucedidos. Em qualquer período de nossa vida, o Inimigo adoraria bloquear nosso avanço em direção a Deus e aos seus propósitos. Se ele conseguir fazer isso, o destino que Deus tem para cada um de nós não será alcançado.

Em sua tentativa de nos impedir de alcançar nosso propósito, Satanás utiliza estas dez formas para nos afastar, ou desviar do caminho, e para nos fragmentar:

1. *Cuidados do mundo* — Desviamos nosso olhar e desejo para o mundo a nossa volta, em vez de mantê-los no Senhor que nos criou.
2. *Ansiedade* — Ansiedade é o atrito dentro do nosso ser interior que nos impede de caminhar em paz, ou inteiros.
3. *Pesos sobre nosso espírito* — Esses pesos são fardos que carregamos na carne.

4. *Ausência de perdão* — Ausência de perdão, ou inclemência, é guardar ressentimento de alguém que nos prejudicou ou nos magoou.
5. *Espírito envenenado* — Permitimos que as feridas que sofremos no curso da vida criem raízes de amargura em nosso espírito e, por fim, elas corroem todo o nosso corpo.
6. *Luto* — O luto é uma sensação de perda que pode estar alojada em nossas emoções. O luto ocorre durante um período de tempo. Se ultrapassarmos esse período de tempo, o Inimigo cria frustração e desesperança em nós. Assim, perdemos a perspectiva de Deus e das outras pessoas.
7. *Emoções instáveis* — Instabilidade é a impossibilidade de ficar em pé. Nossas emoções podem vir a nos governar, e nossa vida passa a se assemelhar a uma montanha-russa.
8. *Acusações* — O acusador de nossos irmãos ama nos reprovar e trazer à nossa mente tudo que fizemos de errado.
9. *Condenação* — A condenação é o oposto da convicção. A convicção leva-nos a ter paz, mas a condenação diz que não há saída para os erros que cometemos.
10. *Pecado e padrões iníquos* — O autor do pecado é Satanás. O pecado não confessado pode nos levar a um padrão de iniqüidade. A iniqüidade desvia-nos do caminho da vida.

Cada uma dessas questões pode fragmentar a forma como pensamos e levar nosso espírito a perder o poder que Deus disponibilizou para nós. Deus fez cada um de nós com espírito, alma e corpo e ordenou que fôssemos completos. Se Satanás conseguir nos pegar na armadilha em qualquer um dos pontos mencionados anteriormente, seremos como a pessoa descrita por Tiago: "... aquele que duvida [...] tem mente dividida e é instável em tudo o que faz" (Tg 1.6-8). Nossa mente se divide (nossa forma de pensar torna-se insegura), e perdemos o poder do Espírito que flui por intermédio de nosso espírito.

Quando ministramos a libertação aos outros, precisamos compreender como o Inimigo nos ataca em cada uma dessas áreas. Precisamos lembrar que a libertação não significa apenas libertar as pessoas das forças demoníacas, mas também trazê-las a um lugar de renovação para que a vida abundante de Deus comece a fluir por intermédio delas e elas comecem a operar na vida, não mais na morte. Para fazer isso, precisamos ministrar a libertação à pessoa toda.

A mente dividida

Mateus 6.33 afirma que, se aprendermos a buscar a Deus primeiro e formos capazes de realmente priorizar essa busca em nossa vida, então tudo de que precisamos nos será acrescentado. Para fazermos isso, nossa mente tem de ser renovada para que aprendamos a pensar como Deus deseja que pensemos (v. Rm 12.2). Entretanto, os demônios trabalham na tentativa de bloquear nossa mente para que não sejamos capazes de pensar dessa forma. As forças demoníacas sabem que, se nossa mente operar com a unção de Deus, seremos capazes de todos os dias priorizar e ordenar nossos passos como Deus deseja que façamos. Assim, avançamos em nosso caminho com Deus, e o Reino de Deus também avança. Seremos ferramentas úteis nas mãos de Deus e também prosperaremos em nossa vida.

Uma maneira pela qual o Inimigo desvia nossa mente é formando bloqueios em nossos processos cognitivos. É como um gasoduto pelo qual o gás natural chega à usina de refinação e é refinado e enviado para o uso comercial. Se esse gasoduto for ocasionalmente bloqueado em um ponto bem inicial, antes de o gás fluir através de numerosos gasodutos menores, o fluxo de gás para toda uma região pode ser restringido, levando toda essa região a ficar sem gás. De modo similar, o Inimigo tenta bloquear nosso cérebro em algum ponto ao liberar informação nele, estruturando a informação de tal forma que, quando informações novas a respeito da revelação de Deus tentarem entrar em nosso cérebro, não consigamos processá-las.

O Inimigo constrói uma fortaleza em nossa mente para proteger seus recursos. Quando somos confrontados com uma verdade e nossa mente parece vazia, com frequência, essa é uma boa indicação de que um demônio está em operação, pois os demônios não querem que a verdade entre como uma flecha e destrua a fortaleza que eles construíram ali. É assim que a verdade trabalha. Quando o espírito da verdade está em nosso interior e recebemos uma revelação de Deus é como se um aríete, aquela máquina de guerra com que se derrubavam as muralhas ou as portas das cidades sitiadas, acertasse essa fortaleza e a destruísse.

Maldições, legalismo e superstição

Maldições, legalismo e superstição são três ferramentas que o Inimigo utiliza para ganhar acesso a nossa mente de forma que a verdade não possa penetrar nela.

Maldições são palavras proferidas contra nós com o objetivo de nos causar danos. Em vez de trazer a libertação, essas palavras trabalham em nossa mente para produzir uma fortaleza. Não é preciso muito tempo para que essas palavras penetrem em nosso coração e ataquem nossa vida a ponto de afetar a forma como agimos. Maldições podem vir por intermédio da feitiçaria, do legalismo e da superstição. Surpreendentemente, essas coisas funcionam todas da mesma maneira.

Legalismo é uma tentativa de agradar a Deus ao seguir um conjunto de regras religiosas. Assim, amarramos essas regras a nós mesmos e aos nossos processos mentais, fazendo com que elas se igualem à verdade, em vez de permitir que o Espírito Santo seja nosso guia. Você já conheceu alguém que separou uma passagem da Palavra de Deus para usá-la de forma ilegítima, como se fosse um chicote ou uma lei que aprisiona? Essas crenças, embora possam parecer boas, estreitam nosso caminho e nossa esfera de ação de uma forma que Deus jamais planejou. O legalismo, assim como a maldição, amarra-nos a uma crença impiedosa. O legalismo trabalha por intermédio dos espíritos religiosos. Muitas vezes, os espíritos religiosos trabalham no interior da igreja utilizando formas legalistas e supersticiosas.

Eles tomam a verdade por meio da qual Deus quer trazer liberdade e a utilizam de forma equivocada para nos levar à escravidão.

Na passagem a seguir, Paulo adverte os cristãos da igreja da Galácia de que eles se tornaram escravos ao crer que precisavam guardar a Lei para serem puros diante de Deus:

> Ó gálatas insensatos! Quem os enfeitiçou? [Quem foi o feiticeiro que os sugestionou e pôs em vocês esse encantamento ruinoso? (BV)] Não foi diante dos seus olhos que Jesus Cristo foi exposto como crucificado? Gostaria de saber apenas uma coisa: foi pela prática da Lei que vocês receberam o Espírito, ou pela fé naquilo que ouviram? Será que vocês são tão insensatos que, tendo começado pelo Espírito, querem agora se aperfeiçoar pelo esforço próprio? Será que foi inútil sofrerem tantas coisas? Se é que foi inútil! (Gl 3.1-4).

Superstição funciona exatamente da mesma forma. Ela compreende uma série de regras que devem ser seguidas para que o mal se afaste de sua vida. Lembro que, durante minha infância, minha família tinha inúmeras superstições. Se determinado evento ocorresse, tínhamos de fazer dez outras coisas para neutralizar os efeitos negativos que, conforme acreditávamos, resultariam desse evento. A Bíblia diz que a superstição é um sinal de ignorância. Ignorância não está relacionada à ausência de educação formal, mas à nossa rejeição da verdade a ponto de ela não mais operar em nós. A superstição, assim como o legalismo, amarra-nos a certos comportamentos. Portanto, quando abraçamos as crenças supersticiosas de qualquer natureza, o resultado são padrões de pensamento legalistas.

Demonização por meio das mentiras

Maldições, legalismo e superstição nos amarram a certos comportamentos e nos afastam da liberdade que Deus quer nos dar. Cada uma dessas modalidades trabalha contra nossos processos mentais. No momento em que aceitamos essas modalidades como verdade, embora sejam mentiras, somos capturados por uma força demoníaca. Essa é a razão pela qual cristãos podem ser demonizados. Embora os cristãos tenham sido salvos por intermédio de Cristo, as mentiras em que crêem pervertem a habilidade de pensar e de receber a verdade em sua mente. Eles acabam por chamar o bem de mal, e o mal de bem.

Sempre que compramos uma mentira, esta entra em nossa mente e se aloja em nosso coração. Provérbios 4.23 afirma: "Acima de tudo, guarde o seu coração, pois dele depende toda a sua vida". A versão Almeida Revista e Corrigida utiliza a expressão "saídas da vida". Uma mentira afeta as saídas da vida que estão em seu coração a fim de frustrar o propósito para o qual você foi enviado à terra.

Portanto, conforme discutimos no início deste capítulo, sempre que acreditamos em uma mentira, ela realmente interrompe o ciclo de vida. Em vez de a vida fluir em nosso sangue, na realidade a palavra errada é que começa a fluir através das veias de nosso corpo. À medida que os efeitos dessa mentira começam a fluir no sangue que passa por nosso coração (que aceita essa mentira), isso começa a obscurecer nossa consciência. E Satanás sabe que, se conseguir obscurecer nossa consciência, pode nos pegar em uma armadilha. Assim, enquanto essa mentira permanecer em nossa mente, Satanás é capaz de construir um muro que nos impede de reconhecer a verdade.

Toda mentira que recebemos em nossa mente funciona como um anestésico para nos deixar insensíveis. Na Bíblia, isso se chama "espírito de profundo sono" (v. Is 20.10, ARC). A mentira apega-se a um espírito de incredulidade, blasfemo e zombador, para não vermos a verdade e sermos libertos. O Inimigo tentará usar falsos argumentos e filosofias para impedir que as pessoas conheçam a verdade. Portanto, temos de expulsar essas mentiras (v. 2Co 10.4,5).

Um espírito renovado

Quando nossa mente fica infestada de espíritos imundos ou quando permitimos que um sistema de crença equivocado se aloje em nossa mente, nossa salvação pode ficar intacta, mas nosso espírito pode ficar afetado a ponto de não funcionar de forma apropriada. Se nosso espírito não funcionar de forma correta, então o destino de nossa vida não pode ser alcançado. O mal que nos rodeia pode nos fustigar ("fustigar" significa enfurecer-se ou ser violento; suprimir ou maltratar; destruir, oprimir ou praticar atos de violência; machucar, exasperar, rogar para que o mal aconteça, ferir ou ofender).

Salmos 51.10 afirma: "Cria em mim um coração puro, ó Deus, e renova dentro de mim um espírito estável". Davi, antes de escrever esse salmo, cometeu alguns grandes enganos — adultério e assassinato, para ser mais preciso —, e aqui esse homem pecador ora a Deus para que o Senhor o leve de volta ao caminho reto. Seus erros fizeram com que seu espírito perdesse o alinhamento e a comunhão com o Deus santo. Ele sabia que, a menos que seu espírito fosse renovado, não teria relacionamento com Deus, e tudo em sua vida seria arruinado. Todos nós, em algum ponto de nossa caminhada, cometemos erros e somos enganados pelas mentiras. É unicamente por causa do orgulho que permanecemos enganados. Assim que nos humilhamos, destruímos o plano do Diabo para nossa vida. Davi se humilhou e clamou para que seu espírito fosse renovado. Precisamos fazer o mesmo.

Um espírito humano que está vivo para Deus

Embora não possamos ver o espírito humano, ele é a força motriz de nossa vida. Ele é a parte de nós que se torna viva para Deus e precisa se manter viva para ele.

Qualidades de um espírito vivo

As afirmações a seguir enumeram dez qualidades de um espírito humano que está vivo para Deus:

1. O espírito submete-se a Deus (v. Mt 26.41).
2. O espírito pode perceber o que as outras pessoas estão pensando (v. Mc 2.8).

3. O espírito adora a Deus e exulta no Senhor (v. Lc 1.47; Jo 4.23).
4. O espírito pode ficar perturbado (v. Jo 13.21).
5. O espírito pode angustiar-se (v. Jo 11.33,38).
6. O espírito pode ser fervoroso (v. At 18.25).
7. O espírito é determinado, mas não teimoso (v. Lc 9.51; At 19.21).
8. O espírito canta a Deus e o louva (v. 1Co 14.15,16).
9. A fé nasce no espírito e trabalha por intermédio do amor (v. 2Co 4.13; Gl 5.6).
10. O espírito se enche de sabedoria e de revelação (v. Ef 1.17).

Funções de um espírito vivo

O espírito humano que está vivo para Deus tem três funções: intuição, comunhão e testemunho.

Intuição. Ativada pelo Espírito Santo que habita em nós, a intuição é uma função do espírito humano. Ela inclui os dons espirituais da sabedoria, do conhecimento e do discernimento. Os sentidos comuns ficam despertados por intermédio do desejo da alma, mas a intuição de nosso espírito provém diretamente do Espírito Santo. A unção do Espírito Santo desperta em nós e, por fim, alcançamos a compreensão espiritual.

Comunhão. O espírito humano é uma das duas partes essenciais para a comunhão com Deus. João 4.23,24 explica que os verdadeiros adoradores adoram a Deus em espírito e em verdade. Na adoração, ganhamos a revelação de quem Deus é. As forças demoníacas tentam bloquear nossa livre comunhão com Deus para que não recebamos essa revelação. Adoração e comunhão devem ser praticadas diariamente, pois elas mantêm o fluxo do Espírito de Deus movendo-se em nós, e o resultado dessa ação do Espírito Santo é purificação, renovação e compreensão.

Testemunho. O espírito humano testifica duas coisas. Primeiro, dá testemunho, ou é testemunha, da verdade bíblica. Lemos em Salmos 119.14: "Regozijo-me em seguir os teus testemunhos como o que se regozija com grandes riquezas". É com o espírito que nos regozijamos com a verdade da Palavra de Deus.

Segundo, o espírito humano testifica o poder de Deus. Quando enfrentamos uma tribulação e saímos vitoriosos, o Senhor dá provas de si mesmo a nós. Essa prova de Deus, a seguir, é registrada na memória de nosso espírito. Quando novamente entrarmos em contato com uma situação que sabemos ser contrária ao Senhor, podemos recordar o que Deus fez no passado e dar testemunho disso. Podemos dizer com confiança: "Deus nos mostrará o caminho a seguir!".

O que o testemunho faz? Ele vence o Diabo e arrasa os demônios. Apocalipse 12.11 declara: " 'Eles o venceram [o acusador dos irmãos] pelo sangue do Cordeiro e pela palavra do testemunho que deram; diante da morte, não amaram a própria vida' ". Se quisermos vencer o Inimigo, devemos permitir que os testes que enfrentamos se tornem nosso testemunho.

O lamento, todavia, é o oposto do testemunho, pois pertence à natureza da alma. Ele adora a autocomiseração. Quando lamentamos, o ego tenta atrair a atenção para as circunstâncias nas quais estamos. O ego quer chamar atenção para si mesmo, distanciando-nos do propósito de Deus. Se nós testificarmos o poder vitorioso de Deus, em vez de lamentar, podemos ter certeza de que, desse dia em diante, a verdade de seu poder desalojará a posição que o Inimigo ocupa em nosso interior e destruirá a estratégia dos espíritos imundos na área em que somos vitoriosos.

Os ventos da libertação trazem renovação

A palavra hebraica *ruwach* e a palavra grega *pneuma* podem ser traduzidas por "vento", "fôlego" ou "espírito". Quando as traduzimos por "espírito", esses termos se referem aos seres espirituais: Deus, anjos, demônios e seres humanos.[2] O Espírito Santo vem como o vento em nosso espírito humano, regenera-nos e dá-nos poder. Esse vento tem uma qualidade de restauração. Quando estamos desolados, o vento do Espírito Santo quebra o poder da desolação e nos traz vida. Os demônios também podem vir como o vento. No entanto, como um vento contrário, eles entram na alma da pessoa e agem contra o movimento do vento do Espírito Santo nela. Assim, libertação é a chegada de nosso Salvador trazendo o vento da renovação e da purificação que nos restaura para a caminhada plena que Deus planejou para nós. Para permitir que o Espírito Santo se mova livremente em você, confesse seus pecados. À medida que o Espírito Santo começa a se mover, declare que ele varrerá totalmente os ventos contrários de sua alma, que ele os expulsará de seu corpo e restaurará os caminhos de vida que Deus ordenou para você desde a criação do mundo.

Você pode fazer a oração a seguir para que ela ajude você e todos a quem você ministra a trilhar o caminho que Deus preparou:

> *Querido Senhor, por favor, mostra-me os caminhos da vida. Permite que eu sinta tua presença. Permite que eu sinta a plenitude de tua alegria. Sei que o Senhor está à direita do Pai e disponível para mim. À tua direita há prazeres por toda a eternidade. Ensina-me o teu caminho e conduze-me por uma vereda segura. Há inimigos ao longo do caminho, por isso, por favor, torna meu caminho reto para que meus inimigos não me ataquem nem me desviem a atenção e eu não perceba a plenitude que o Senhor tem para mim.*
>
> *Embora eu caminhe por veredas estreitas, tu, ó Senhor, permitirás que eu as atravesse em segurança. Tu, ó Senhor, já me deste teus mandamentos para instruir-me ao longo de meu caminho. Deleito-me nesses mandamentos, pois eles mantêm meu caminho reto. Tua palavra é lâmpada para os meus pés e luz para o meu caminho.*
>
> *Tu conheces todos os meus passos nesse caminho. Tu sabes quando meu espírito é sobrepujado pelas ansiedades do mundo que me rodeia. Embora o Inimigo tenha secretamente preparado laços para mim, tu me farás andar com segurança nesse caminho da vida. Permite que todos os meus caminhos sejam estabelecidos enquanto pondero cada passo que dou diante de ti.[3]*

Capítulo 4

A AUTORIDADE DO CRISTÃO SOBRE OS ESPÍRITOS DEMONÍACOS

Charles H. Kraft

Não há dúvida de que os demônios têm poder sobrenatural para influenciar nossa vida. Se for para seguirmos a ordem de Jesus para expulsar demônios, o que podemos fazer para neutralizar esse poder? Onde obtemos autoridade para nos movermos no reino sobrenatural a fim de lutar contra eles?

Autoridade, como compreendida de modo geral, é o direito de usar poder. Quando lidamos com libertação, a autoridade que discutimos é a autoridade para trabalhar no poder de Cristo para libertar as pessoas dos demônios. Fica claro, nas Escrituras, que Jesus tinha essa autoridade e a usava com frequência para livrar as pessoas das investidas demoníacas. Fica claro também, de acordo com Lucas 9.1, que Jesus concedeu essa autoridade a seus discípulos.

Autoridade de Jesus

Muitos cristãos supõem que Jesus trabalhou na autoridade de sua divindade. Cresci acreditando nesse pressuposto. Assim, de acordo com essa concepção, eu presumia que, para lidar com os demônios da forma como Jesus fazia, era necessário ter o atributo da divindade ou, pelo menos, receber o comissionamento que os discípulos receberam enquanto Jesus estava vivo.

Jesus podia curar e expulsar demônios porque ele era Deus, isso era o que eu achava. Eu não poderia fazer essas coisas porque não sou Deus. Portanto, aqueles que hoje afirmavam curar estavam enganados. Ninguém poderia tampouco esperar que eu orasse de forma eficaz pela cura das pessoas.

Graças ao pressuposto de que Jesus operava milagres por causa de sua divindade, eu ficava totalmente desorientado quando tentava interpretar Filipenses 2. Esse texto afirma que Jesus deixou de lado suas prerrogativas divinas enquanto esteve na terra (v. Fp 2.6,7). Se ele deixou de lado sua divindade, assim eu ponderava, como ele poderia fazer coisas milagrosas e como, em algumas ocasiões, ele conseguia ler a mente das pessoas?

Foi apenas no início da década de 1980, aproximadamente 40 anos depois de minha conversão, que comecei a ver que Jesus realmente não utilizava seus poderes divinos na terra. E a chave para reconhecer esse fato repousa naquilo que as Escrituras nos ensinam a respeito da autoridade de Jesus.

Antes de tudo, Jesus, enquanto crescia, não demonstrou nenhum sinal de sua divindade. Sabemos disso graças aos seus conterrâneos, os moradores de Nazaré, que ficaram surpresos quando ele começou a fazer milagres (v. Mt 13.53-56). Essas pessoas conheciam Jesus desde seu nascimento e jamais o viram fazer milagres. Depois, aos 30 anos, Jesus demonstrou uma enorme mudança de comportamento. De repente, ele começou a curar os doentes, expulsar demônios, ensinar — tudo com incrível autoridade —, e também começou a agir como se fosse dono do mundo.

Lemos em Lucas que tal mudança foi ocasionada pelo recebimento do Espírito Santo de Deus Pai (v. Lc 3.21,22). A próxima cena da vida de Jesus é a das tentações, que se inicia desta maneira: "Se és o Filho de Deus...". As tentações eram para que ele usasse sua divindade para aliviar suas condições ou para mostrar que os anjos de Deus tomariam conta dele se precisasse de ajuda (v. Lc 4.1-12). Obviamente ele recusou-se e escolheu obedecer ao Pai, ao cumprir sua missão e seu ministério inteiramente como homem, sem jamais lançar mão de sua divindade.

Embora ele permanecesse inteiramente Deus (e ainda o é), Jesus deixou de lado seu poder divino enquanto caminhava na terra, recusando-se a usá-lo até mesmo para tornar sua vida e ministério mais fáceis. Ele, até o fim de sua vida na terra, recusou-se a usar sua divindade para ser resgatado dos soldados que vieram capturá-lo e matá-lo (v. Mt 26.53,54). Ele fez tudo como homem e, desse modo, previu que nós, seus seguidores, seríamos capazes de fazer tudo que ele fez — e até mais (v. Jo 14.12).

A autoridade dos discípulos

Jesus, ao enviar os doze, em Lucas 9, e os setenta, em Lucas 10, deu-lhes "poder e autoridade para expulsar todos os demônios e curar doenças" (Lc 9.1). Isso é algo surpreendente, considerando-se o fato de que os seguidores de Jesus demonstravam pouco entendimento e pouca fé. Eles não eram gigantes espirituais nem pessoas que exibissem dons espetaculares, antes seriam classificados hoje como "caipirões" cujo sotaque seria motivo de riso.

Entretanto, foi a tais pessoas que Jesus comissionou e a quem concedeu o mesmo Espírito Santo que o encheu de poder. Foram esses discípulos que obedeceram à ordem de Jesus e esperaram em Jerusalém até que recebessem poder do alto (v. Lc 24.49; At 1.4). Depois, de acordo com o livro de Atos, esses discípulos saíram para o mundo a fim de demonstrar que o Espírito Santo realmente havia lhes dado poder — da mesma forma que dera poder a Jesus — para continuar o ministério em poder e autoridade que Jesus iniciara.

Esses discípulos receberam a ordem de ensinar a seus seguidores tudo que Jesus lhes ensinara (v. Mt 28.40). Um desses discípulos, portanto, registrou a previsão de Jesus de que quem tivesse fé nele faria o que ele fazia e até obras ainda maiores (v. Jo 14.12).

É essa previsão, e a ordem implícita nela, que consideramos em nosso mandato para continuar, com poder e autoridade, o trabalho de Jesus e dos discípulos. Jesus esperava que seus seguidores, até mesmo nós, trabalhassem por intermédio de sua autoridade; ele deu-nos o mesmo Espírito Santo que o enchera de poder para que pudéssemos realizar as mesmas obras que ele realizou.

O que Jesus fez para nos dar poder?

Se Jesus nos chamou e nos deu poder para fazermos o que ele fez enquanto esteve entre nós aqui na terra, precisamos aprender a trabalhar em sua autoridade. Vemos o poder e a autoridade do Espírito Santo por trás de tudo que ele falou e fez durante seus anos de ministério terreno. No entanto, observamos que o que ele nos ensinou se refere à ação e à palavra. Ele indica isso quando, frustrado, diz à multidão incrédula: "Se vocês não acreditam em minhas palavras, talvez acreditem em minhas ações" (cf. Jo 10.37,38). Jesus era a demonstração tanto de quem Deus é como do que os seres humanos deveriam ser. Assim, examinamos seu exemplo e suas palavras para aprender sobre autoridade.

Se isso é verdade, então o que Jesus ensinou por meio das palavras e das ações? E o que ele nos ensina a respeito da autoridade?

Reconhecer a realidade do mal

Antes de tudo, fica claro que Jesus acreditou e ensinou que há um espírito maligno no mundo liderado por aquele que ele denomina de "príncipe deste mundo" (Jo 14.30). Ele mostra que devemos levar a sério esse espírito maligno do mundo, mas não devemos ser intimidados por ele.

O reino satânico é muito ativo neste mundo, tirando o máximo proveito possível das pessoas. Uma função importante deste reino é pôr representantes demoníacos nas pessoas para influenciá-las e, se possível, controlá-las. Jesus referia-se a esses indivíduos como "presos" e "oprimidos" (Lc 4.18) que precisam ser libertos da atividade desses espíritos. Os demônios, assim parece, não têm direito de habitar no interior das pessoas que estão espiritualmente limpas (v. Pv 26.2; Jo 14.30). Mas há muitas pessoas com lixo suficiente para permitir que o Inimigo seja bem-sucedido em suas tentativas de ganhar uma posição no interior delas. Descobrimos que a demonização, o direito dos demônios de habitar no interior de uma pessoa, é um problema comum em cristãos e não-cristãos.

Abraçar nossa autoridade dada por Deus para dominar os demônios

Segundo, Jesus deu a seus discípulos poder e autoridade para curar e expulsar demônios (v. Lc 9.1) e ordenou a seus discípulos que ensinassem a seus seguidores o que aprenderam a respeito dessa autoridade e desse poder (Mt 28.19,20). Ele não só demonstrou autoridade e poder como característica de Deus, mas também quis que o imitássemos na confrontação do espírito maligno deste mundo ao fazer as obras que ele mesmo fez (v. Jo 14.12).

Jesus, ao passar sua autoridade, parece não ter feito distinção entre pessoas que têm dons especiais e as que não têm. Parece que ele fez sua previsão com respeito àquilo que seriam capazes de fazer os que põem sua fé nele. Parece que ele tinha a intenção de que todos os cristãos seguissem seu exemplo ao afirmar o poder e a autoridade que ele nos deu para dominar o espírito do mundo, nosso Inimigo.

> Jesus queria que todos os cristãos seguissem seu exemplo ao afirmar o poder e a autoridade que ele nos deu para dominar o espírito do mundo, nosso Inimigo.

Depender de Deus Pai

Terceiro, Jesus mostrou-nos como depender de Deus Pai para liderar, receber poder e para ouvir as instruções do Pai. Ele queria que a autoridade que obteve ao encontrar-se em segredo com o Pai fosse adquirida por seus seguidores. Foi assim que ele recebeu as instruções com respeito a seu ministério, inclusive como deveria usar a autoridade proveniente do Pai. É como se Jesus tivesse um cartão de crédito com o nome do Pai no topo e o seu embaixo. Com esse cartão, ele tinha toda a autoridade daquele cujo nome consta no topo do cartão. No entanto, ele precisava verificar constantemente junto ao Pai como deveria utilizar essa autoridade na ocasião seguinte.

Observamos que Jesus, com o Espírito Santo habitando em seu interior, tinha todo o poder de Deus a seu dispor. No entanto, a autoridade e a forma de usá-la eram provenientes de sua intimidade com o Pai. Jesus viveu em total dependência do Pai e nos mostrou como viver dessa forma. Ele cultivou seu relacionamento com o Pai, fazia apenas o que viu seu Pai fazer (v. Jo 5.19) e falava só o que Pai o instruiu a falar (v. Jo 8.28). Portanto, nossa autoridade, como a de Jesus, é, a prática de nosso relacionamento íntimo com o Pai.

Seguir o exemplo de Jesus

Devemos seguir o exemplo de Jesus. O fato de ele ter posto de lado sua divindade a fim de trabalhar apenas com sua humanidade revestida do poder do Espírito Santo significa que podemos imitá-lo. Como ele prometeu, podemos fazer as obras que ele fez. Essas obras, entretanto, só são realizadas se afirmarmos nossa parceria com Jesus. Um cartão de crédito não tem utilidade se ficar na gaveta da cômoda ou no bolso. Para ter algum valor, ele precisa ser e usado.

Uma das maiores atividades de nosso inimigo, Satanás, é manter-nos ignorantes quanto à autoridade que temos e ao modo de usá-la. Podemos crer que Satanás e os demônios existem, mas, uma vez que jamais vimos um demônio manifestar-se, vivemos nossa vida sem nunca desafiar a um deles. Satanás e os demônios, por sua vez, são bastante inteligentes e raras vezes manifestam sua presença de forma que as pessoas — os cristãos que os reconhecem — possam se opor a eles e ser bem-sucedidas nessa empreitada. Obviamente eles são favorecidos nas sociedades ocidentais, em especial a dos Estados Unidos, por essas sociedades terem desenvolvido formas seculares de interpretar a atividade demoníaca, usando a psicologia e as ciências médicas. Embora isso não queira dizer que todas as condições problemáticas, quer emocionais quer físicas, sejam demoníacas, essas sociedades têm uma longa tradição de interpretar todos os problemas sem atentar para a possibilidade de que ele envolva um componente espiritual.

O resultado — quer seja por ignorar os demônios, quer seja por acreditar neles sem nunca os desafiar — é que os presos e os oprimidos não são libertos. Isso é bem diferente do que Jesus fez.

Escolher não temer os demônios

Observei que muitos cristãos que escolheram desafiar a visão ocidental de mundo, ao crer em demônios, passaram a temê-los. Parece que as pessoas, assim que rompem com a barreira da ignorância, têm a tendência de assumir que os demônios possuem mais poder do que o real, e, desse modo, passam a temê-los. Aqueles que caem na armadilha desse engano não aprenderam o que Jesus ensinou e o que todo demônio sabe — que nós, os seres humanos, trabalhando sob a influência do poder do Espírito Santo, temos muito mais poder que qualquer demônio. Portanto, o medo que os demônios querem infligir a nós diz respeito à habilidade que possuem de blefar e nos enganar, não ao poder que têm.

Na verdade, aqueles que regularmente desafiam os demônios descobriram que eles não podem nos sobrepujar. E assim que nos tornamos conscientes dos blefes e enganos dos demônios, vemos que eles não têm como se igualar ao poder do Espírito Santo. Vemos isso no ministério de Jesus, no ministério de seus seguidores em Atos e em nosso ministério hoje. Os demônios sabem que temos a autoridade de Jesus. A questão é se estamos conscientes disso e se estamos dispostos a trabalhar de acordo com essa autoridade.

Assim, nós, que pusemos nossa confiança em Jesus, não precisamos temer Satanás e os demônios, pois temos a autoridade, como Jesus tinha, de desafiar os demônios, de quebrar o poder deles e de libertar as pessoas da influência demoníaca.

Saber que não estamos sós

Também temos autoridade para receber revelações do Espírito Santo no que diz respeito a como lidar com os demônios, pois nem tudo que precisamos saber está registrado nas Escrituras. Ao seguir o exemplo de Jesus de dependência do Pai, temos o direito de pedir que nos faça revelações, confiando que, quando seguimos o exemplo de Jesus ao desafiar os demônios, o Senhor nos capacita para sabermos o que fazer. Não trabalhamos sozinhos na libertação das pessoas das garras dos demônios. Não podemos fazer isso por meio de nossa força e de nosso poder. Só podemos banir demônios em parceria com Jesus. E, nessa parceria, Jesus nos revela o que precisamos saber para realizar esse trabalho. O Senhor faz isso de várias formas.

Na Bíblia, vemos Deus revelar coisas às pessoas diretamente. Ele ainda faz isso. Todo nosso trabalho para libertar os cativos das garras dos demônios sempre foi antecedido pela revelação do Espírito Santo, como também durante e depois das sessões de libertação. Quer trabalhemos a partir de um questionário, como Doris Wagner e outros fazem, por meio do qual Deus revela o que é preciso ser feito, quer dependamos totalmente das palavras de conhecimento, como muitos fazem, Jesus está ali para nos mostrar o que fazer. O Espírito Santo até força os demônios a chamar nossa atenção para muitas coisas que não poderíamos conhecer de outra forma — coisas que podemos usar contras eles. E a experiência que ganhamos à medida que trabalhamos com Jesus para libertar os cativos é mais um recurso importante da liderança de nosso Salvador nessas atividades.

Usar o poder que acompanha a libertação para a cura

A autoridade para curar acompanha nossa autoridade para libertar as pessoas dos demônios. Isso é especialmente verdade nos casos das curas das feridas emocionais. Os demônios não apenas prendem a pessoa sem motivo, mas também podem habitar no interior da pessoa, se tiverem direito legal de estar ali. E esses direitos lhes são dados de diversas formas.

Embora eu não entre em detalhes aqui sobre como esse direito pode ser obtido, a lista inclui: herança dos pais que se envolveram com ocultismo, ou da própria pessoa que tenha se envolvido; dedicação aos espíritos; maldição; votos; alimentar reações emocionais prejudiciais, como a raiva, o medo, a vergonha, o ódio, a rejeição, a rebelião e assim por diante. Quando essas condições existem, os demônios têm o direito legal de viver no interior de uma pessoa.[1]

A libertação dos demônios, portanto, é mais facilmente alcançada quando assumimos nossa autoridade para quebrar o poder do Inimigo nessas áreas e para curar as feridas emocionais e espirituais. Muitos supõem que o maior problema da pessoa endemoninhada é o próprio demônio. Isso raramente é verdade. Os demônios são como ratos: a habilidade dos ratos de ficar em um lugar depende da presença de lixo no local. Já com os demônios, é a presença de lixo espiritual e emocional que lhes dá o direito legal de habitar no interior de uma pessoa. Os demônios não conseguem criar problemas do nada. Só conseguem vincular-se a problemas que já existem. O trabalho deles é tornar esses problemas piores e usá-los para manter a pessoa em prisão.

Para a pessoa ser curada, então, não basta expulsar os ratos. É preciso lidar com o lixo. Na verdade, aqueles que pressupõem que os demônios são o problema principal e trabalham arduamente, muitas vezes travando uma batalha para expulsá-los, descobrem que, a menos que também lidem com as questões espirituais e emocionais às quais os demônios estão relacionados, a pessoa não ficará bem.

Contudo, Jesus nos deu autoridade para lidar com o lixo, para libertar os presos e os oprimidos não só do lixo espiritual e emocional, mas também do lixo demoníaco. Descobrimos que, se lidarmos primeiro com o lixo, os ratos perdem seu poder e podem ser expulsos sem violência e sem causar embaraços à pessoa liberta. Lidar com o lixo chama-se cura interior.[2]

Embora os demônios reconheçam a autoridade e percebam que sua força diminui à medida que ministramos a cura interior, em geral eles se escondem até serem desafiados. De modo típico, eles trabalham de tal forma que a pessoa em que habitam não tem consciência da presença demoníaca em sua vida e culpa a si mesma pelos problemas causados pelos demônios. Portanto, temos de usar a autoridade para expulsá-los.

Conclusão

Jesus assumiu a existência do reino satânico sobre o qual, com o poder do Espírito Santo, tanto ele como nós temos poder. Temos autoridade para fazer tudo que é necessário a fim de lidar de forma eficaz com os demônios. A autoridade é proveniente de Jesus e é reconhecida por todo o reino satânico. Entretanto, por conhecerem nossa ignorância, os demônios tentam blefar e enganar-nos para que os ignoremos ou lutemos contra eles de acordo com os termos deles, não os de Jesus.

Observamos que Jesus não apenas pediu a Deus para libertar as pessoas dos demônios. Ao assumir a autoridade que o Pai lhe deu, ele ordenou que elas fossem libertas. Ele trabalhou com o Pai e exerceu sua autoridade como aquele que foi comissionado por Deus para plantar o reino do Senhor no meio dos domínios de Satanás. Dessa posição, portanto, ele ganhou pequenas vitórias, como as curas e as libertações, em seu caminho para a vitória suprema por intermédio da cruz e da ressurreição. Além disso, ele escolheu partilhar conosco seu poder a fim de manifestar aquela vitória, ao esmagar continuamente Satanás sob seus pés (v. Rm 16.20). Para isso, ele nos deu o mesmo poder e a mesma autoridade que conferiu a seus discípulos (v. Lc 9.1). Que aprendamos a trabalhar com ele na autoridade que nos concedeu para que possamos fazer as obras que ele prometeu que faríamos (v. Jo 14.12).

Capítulo 5

COMO MINISTRAR A LIMPEZA ESPIRITUAL DA CASA

Alice Smith

Estava tão assustada quanto o pastor e fiquei na faixa de terra limpa daquele local que estava sendo devastado pela enchente. Ali já tinha existido um prédio de igreja; entretanto, a enchente o varrera. O pastor começou a explicar todos os problemas com a escritura de compromisso, com o prédio, com os odores inexplicáveis na propriedade e com as pessoas que se comportavam de forma estranha. Agora, o prédio destruído era levado pelas águas do rio San Jacinto.

— Com o que estamos lidando? — o pastor perguntou.

— Para mim, essa é uma terra desolada — retruquei secamente.

— Bem, pode ser. O filme *Grave Secrets* [Segredos do túmulo] falava sobre este território. Aparentemente, o local já fora cemitério dos índios. Os construtores nunca contaram isso aos moradores que compraram suas casas ali. Muitos viram suas lâmpadas serem estilhaçadas, sentiam estranhos odores e ficavam cada vez mais doentes. Embora eu desconheça o desfecho, alguns moradores processaram os construtores. Algumas das casas, hoje, estão abandonadas. Apesar de estarmos na mesma região, achei que estávamos muito distantes e que poderíamos evitar problemas.

Terra desolada

A terra desolada, ou contaminada, é mencionada onze vezes no Antigo Testamento (v. Lv 11.44; 18.25,27,28; Nm 35.34; Dt 24.4; Jr 2.7; Ez 22.4;

33.26; 36.17,18). A palavra desolada, ou contaminada, é a tradução da palavra hebraica *tame*, que quer dizer imundo, especialmente no sentido cerimonial ou moral.[1] Hoje, nossa terra está desolada, contaminada. Ela está espiritualmente poluída pelo pecado, pelos ídolos, pelas alianças rompidas, pela quebra das leis de Deus, pela perversão sexual e pelo derramamento de sangue inocente.

Deus, desde a torre de Babel, espalhou a raça humana por todo o mundo. O solo norte-americano, como o de outros continentes, sofreu com a nocividade do pecado de seus habitantes. Por causa do pecado humano, "sabemos que toda a natureza criada geme até agora, como em dores de parto" (Rm 8.22). Paulo escreveu: "... por meio dele reconciliasse consigo todas as coisas, tanto as que estão na terra quanto as que estão nos céus, estabelecendo a paz pelo seu sangue [de Cristo] derramado na cruz" (Cl 1.20; veja também Ef 1.10; Fp 2.10).

Assim como as carcaças atraem os corvos, também a terra desolada e contaminada atrai a perversidade espiritual. Onde a terra foi desolada e contaminada, os demônios proliferam. Ali, eles constroem suas fortalezas, fundamentados no contrato que as pessoas assinaram com o pecado. A profanação do pecado obstrui o trabalho do Espírito de Deus. Isso pode ser em uma vida, em uma casa ou em uma cidade. Essas são algumas das muitas razões por que precisamos de libertação para as casas em que habitamos e para nossa vida (v. Dt 19.10,13; Sl 74.7; 106.37-39; Is 24.5; 59.3; Jr 2.7,8; 3.1,2,9; 7.6,7,30,31; 22.3,17).

Limpeza espiritual da casa

Deus nos instrui a nos afastarmos "de toda forma de mal" (1Ts 5.22), mas nós, a raça humana, ao contrário, escolhemos corromper a nós e a terra em que habitamos. Para limpar a terra e nós mesmos desse mal, devemos fazer a limpeza espiritual de nossa casa e de nossa vida.

Nossa casa

A primeira limpeza envolve a descoberta e a remoção da poluição espiritual de nossa casa e a santificação (dedicação) dela ao Senhor. Deuteronômio 7.25,26 afirma:

"Vocês queimarão as imagens dos deuses dessas nações. Não cobicem a prata e o ouro de que são revestidas; isso lhes seria uma armadilha. Para o Senhor, o seu Deus, isso é detestável. Não levem coisa alguma que seja detestável para dentro de casa, senão também vocês serão separados para a destruição. Considerem tudo isso proibido e detestem-no totalmente, pois está separado para a destruição".

Sintomas de poluição espiritual em nossa casa podem incluir coisas como:

- Doença crônica que apareceu de forma repentina
- Sonhos ruins e pesadelos contínuos
- Insônia (inabilidade de dormir em paz)
- Problemas comportamentais nos adultos ou nas crianças (brigas e desentendimentos contínuos)
- Falta de paz
- Doenças inexplicáveis (como, por exemplo, dor de cabeça crônica ou fadiga)
- Escravidão acentuada (perversão mental ou física cada vez maior)
- Aparições de fantasmas ou de demônios
- *Poltergeist* (movimento de objetos físicos provocado por demônios)
- Odores repugnantes e inexplicáveis
- Atmosfera pesada (o que torna difícil a respiração)

Se você tem quaisquer desses sintomas de poluição espiritual acontecendo em sua casa, então é possível que ela esteja espiritualmente contaminada, quer por algo que você tenha feito quer por algo que os antigos donos fizeram. Você tem o direito de tomar uma atitude, como fez o casal da história a seguir.

Antes de entrar para o ministério, eu era vendedor de imóveis em Houston, Texas. Certa vez, eu havia feito o inventário de uma casa, na zona norte da cidade, que prometia ser uma venda fácil e boa. Os inquilinos haviam se mudado. Os proprietários, um casal cristão, pessoas preciosas, mas confusas, agora queriam vender a casa. Eles me contaram que achavam que havia algo errado com aquela casa. E eles estavam certos. Embora tivesse preparado a casa para a venda, com uma pintura, papel de parede e carpete novos, ainda assim não consegui vendê-la.

Assim, certo dia, reuni um grupo de pessoas de oração na casa vazia. Antes de sairmos do carro, meu filho disse que o Senhor lhe segredara que um adolescente praticara feitiçaria na casa. A seguir, ele declarou: "Há um pentagrama negro pintado no forro da casa". Disse-lhe que isso era impossível, pois fizera o inventário da casa e não notara nada parecido com isso. Mas, ao perceber a natureza da revelação, resolvemos examinar o sótão. Puxamos a corda, abrimos a porta do sótão e subimos. Assim que acendemos a luz, nossos olhos viram um enorme pentagrama negro que fora pintado com tinta *spray* na madeira das vigas.

Como os proprietários arrependeram-se da profanação da casa e a dedicaram ao Senhor, estávamos confiantes de que ele ouvira nossas orações. Menos de doze horas depois, a casa foi vendida pelo preço pedido, embora já estivesse à venda havia seis meses.

Atos 19 relata sobre um grupo de cristãos que fizeram a limpeza espiritual da casa. Assim que o evangelho se espalhou por toda a cidade de Éfeso, muitos "dos que creram vinham, e confessavam e declaravam abertamente suas más obras. Grande número dos que tinham praticado ocultismo reuniram seus livros e os queimaram publicamente. Calculado o valor total, este chegou a cinquenta mil dracmas. Dessa maneira a palavra do Senhor muito se difundia e se fortalecia" (v. 18-20). C. Peter Wagner afirma que as pessoas de Éfeso destruíram itens do ocultismo cujo valor chegava a cerca de quatro milhões de dólares (cerca de sete milhões de reais).[2] O restante do capítulo 19 de Atos conta-nos como essa ação de arrependimento por parte daquele povo deu início a uma grande onda de ira, quando uma multidão de pessoas invadiu o anfiteatro por causa do trabalho que Paulo estava fazendo na cidade.

Deuteronômio 18.9-12 instrui-nos a evitar toda sorte de práticas de ocultismo:

"Quando entrarem na terra que o Senhor, o seu Deus, lhes dá, não procurem imitar as coisas repugnantes que as nações de lá praticam. Não permitam que se ache alguém entre vocês que queime em sacrifício o seu filho ou a sua filha; que pratique adivinhação, ou se dedique à magia, ou faça presságios, ou pratique feitiçaria ou faça encantamentos; que seja médium, consulte os espíritos ou consulte os mortos. O Senhor tem repugnância por quem pratica essas coisas, e é por causa dessas abominações que o Senhor, o seu Deus, vai expulsar aquelas nações da presença de vocês".

A seguir há uma lista de itens ou atividades por meio dos quais podemos convidar alguns espíritos a invadir nossa casa. Recomendo que você considere cada um desses pontos de entrada em potencial e pergunte ao Senhor se eles serviram como convite para que um demônio entrasse em sua casa ou em sua vida.

- Objetos relacionados com a adoração pagã (como, por exemplo, deuses indianos, ioga, serpentes, dragões, pirâmides, cristais, cruzes quebradas, estátuas de Buda, estátuas de Maria, contas de rosário, bastões de profecia budista, objetos de feitiçaria, panos com oração budista, máscaras tribais, artefatos de feitiçaria orientais, arte indígena do sudoeste dedicadas por um xamã, totens, gárgulas, ou carrancas de goteira, cartas de tarô, folhas de chá, pedras-amuletos, bonecas de vodu).
- Objetos relacionados ao oculto (como, por exemplo, mandalas, materiais relacionados ao jogo *Dungeon and Dragons* [Calabouços e dragões] e *Mestres do Universo*; muitos videogames, livros sobre horóscopos ou de astrologia, tatuagens demoníacas, livros sobre reencarnação, livros sobre cabala, materiais ligados ao satanismo e materiais relacionados à Nova Era).
- Vídeos ou DVDs de filmes com comportamento imoral e linguagem chula, bem como livros, gravuras ou *sites* pornográficos.
- Músicas que transmitam imagens mentais depravadas ou demoníacas, que utilizem palavrões ou criem interesse pela morte ou pelo assassinato de pessoas.

- Bonecos do desenho animado *Pokemon* (*Pokemon* quer dizer monstros de bolso), estátuas de deusas, histórias em quadrinhos que retratem o maligno, pôsteres de *rock*, bonecos *troll*, bonecos do Smurf, figuras de ação demoníaca, contas do Mardi Gras (o carnaval de Nova Orleans) que são uma variação das contas do rosário; varinhas ou pêndulos rabdomânticos; obsessão por tartarugas (um antigo deus egípcio), corujas (as feiticeiras as usam para controlar os outros) ou o pássaro fênix (deus egípcio que controla o submundo).

- Os livros de Harry Potter; certos livros e filmes da Disney que contam histórias amedrontadoras ou nas quais aparecem gênios; livros relacionados ao satanismo, à feitiçaria, à Nova Era, à reencarnação, à Ciência Cristã, ao mormonismo, à maçonaria, aos Cavaleiros de Malta, ao taoísmo, à filosofia de Confúcio, à cientologia, às Testemunhas de Jeová, à Igreja da Unificação, ao Alcorão, à geomancia, à numerologia, ao Caminho Internacional, a Roy Masters, que se descreve como místico cristão, à meditação transcendental, ao movimento Hare Krishna, às artes marciais, ao bahaísmo e ao rosacrucianismo.

- Arte ou jóias com representações demoníacas óbvias, como serpentes, dragões, gárgulas, objetos ying-yang, cruzes quebradas, cruzes de cabeça para baixo, suásticas, objetos de cristal utilizados com o propósito de obter poder, objetos de adoração xamã, fetiches (objetos com poderes mágicos), braçadeiras de algas, amuletos (berloques com inscrições de encantamento mágico), berloques para trazer boa sorte ou pulseiras de contas para trazer boa sorte, a tábua Ouija (com as letras do alfabeto, números, algumas respostas básicas, como sim ou não, e um ponteiro ou um copo que os espíritos fazem mover para apontar as respostas).

No início da década de 1970, meu marido, Eddie, e eu estávamos em uma igreja no Sul do Texas. Durante o apelo, uma mulher veio para a frente chorando. Ela conversou algo com o pastor e, a seguir, pegou o microfone. Ela explicou que era professora da Escola Dominical para garotas de cerca de dez anos. Na sexta-feira à noite, fizeram um acampadentro. Uma das meninas trouxe um jogo com ela, uma tábua Ouija, um jogo utilizado por feiticeiras. Elas começaram a fazer perguntas. O ponteiro, sob os dedos das meninas, moveu-se rapidamente para soletrar as palavras. O grupo, bastante ingênuo, perguntou: "Quem é você?". E a resposta foi a seguinte: "M-O-R-T-E". As meninas continuaram a fazer perguntas: "De onde você vem?", e o ponteiro soletrou: "S-A-T-A-N-Á-S". "Até onde seu poder alcança?", e a resposta veio prontamente: "A-T-É—O—S-A-N-G-U-E".

Nossa vida

O segundo nível da limpeza espiritual da casa nos envolve. É possível que as coisas relacionadas ao nosso pecado passado possam poluir nossa vida. Se nos envolvemos de forma ativa em um relacionamento ilícito, abusivo ou controlador, talvez laços profanos tenham sido formados na alma. Um laço profano na alma é uma aliança ou pacto invisível que tem poderes sobrenaturais sobre a pessoa. Ao longo da história, quando os homens fizeram alianças, eles as selaram com a troca de presentes. A seguir, apresento algumas das coisas que podem nos aprisionar ao pecado do passado e nos deixar suscetíveis às influências malignas no presente:

- Fotos antigas
- Jóias
- Cartas de amor
- Roupas
- Mobílias
- Animais empalhados

Certa vez, quando Eddie e eu éramos os ministros convidados em uma igreja em Oklahoma, a esposa do pastor nos procurou para pedir ajuda. Ela admitiu que tivera relações sexuais com um adolescente da igreja. Essa mulher muito atraente explicou como eles se encontravam secretamente no alto de uma das montanhas que circundava a cidade. Nós a ajudamos a se arrepender, a orar por perdão, a terminar seu relacionamento e a buscar reconciliação com Deus, com o marido, com o adolescente, com a família e com a igreja (muitos dos membros já desconfiavam de que os dois tinham um relacionamento). Uma alegria indescritível inundou essa mulher assim que foi liberta.

Três semanas mais tarde, recebemos um telefonema dela e do marido. Embora ela estivesse resistindo firmemente, sentia que algo a atraía para aquele pecado. Ainda achando que algo a prendia ao passado, eles perguntaram-nos se, quem sabe, ignoraram algo no processo de libertação.

— Você tem algum objeto, roupa ou presente que esse adolescente lhe deu de presente? — perguntei-lhe.

Surpresa de que tivéssemos feito essa pergunta, ela respondeu:

— É claro que tenho. Isso é um problema?

Ela concordou em queimar a blusa, o colar, as cartas e todos os outros presentes que recebera do adolescente enquanto viviam aquele relacionamento imoral. Nós a encorajamos a nos telefonar novamente, se isso não resolvesse o problema. Como ela nunca mais nos telefonou, temos certeza que os laços foram rompidos.

O processo de purificação

O rei Ezequias tinha 25 anos quando se tornou rei. Segundo Crônicas 29 relata que ele chamou sacerdotes e levitas para consagrar a si mesmo e o templo ao Senhor:

> "Retirem tudo o que é impuro do santuário. Nossos pais foram infiéis; fizeram o que o Senhor, o nosso Deus, reprova e o abandonaram. Desviaram o rosto do local da habitação do Senhor e deram-lhe as costas. [...] Por isso a ira do Senhor caiu sobre Judá e sobre Jerusalém; e ele fez deles objeto de espanto, horror e zombaria, conforme vocês podem ver com os seus próprios olhos. Por isso os nossos pais caíram à espada e os nossos filhos, as nossas filhas e as nossas mulheres foram levados como prisioneiros".

Os sacerdotes consagraram a si mesmos e removeram todas as coisas impuras do templo, limparam os utensílios, o altar e a mesa. Esse é um excelente exemplo para os cristãos de hoje. Fundamentado nesse padrão, eis aqui alguns passos para a purificação:

1. Arrependa-se dos pecados, das atitudes más e dos comportamentos nocivos seus e dos membros de sua família (v. 1Jo 1.7-10).
2. Arrependa-se em nome dos antigos donos por qualquer contaminação na casa ou terra em que mora. Deus deu-nos domínio sobre a terra. "Sejam vocês abençoados pelo Senhor, que fez os céus e a terra. Os mais altos céus pertencem ao Senhor, mas a terra ele a confiou ao homem" (Sl 115.15,16).
3. Remova e destrua (não dê para ninguém) os itens relacionados ao oculto, à adoração pagã, aos pecados passados e qualquer outra coisa que Deus o tocar para fazê-lo. Entretanto, você não tem o direito de destruir a propriedade de outras pessoas. Você é responsável pelo que Deus lhe mostrar que deve fazer e, à medida que faz isso, é santificado (v. Tg 4.17).
4. Renuncie em voz alta a qualquer contrato demoníaco que fez de forma intencional ou involuntária e quebre qualquer aliança profana com o pecado passado. (Detalhe sua renúncia. Por exemplo, talvez queira orar: "Quebro todo e qualquer laço profano que se ligou a mim enquanto mantive um relacionamento profano com [insira o nome da pessoa]. Quebro todos esses laços agora pelo sangue de Jesus".)
5. Ordene aos demônios, em nome de Jesus, que abandonem você, sua família e sua casa. Peça que o Senhor limpe você, suas posses e sua casa.

Compreender a razão para isso

Josué 7 registra a história de Josué e Acã. Josué enviou homens de Jericó a Ai e pediu-lhes para que espionassem a região. E assim eles fizeram. Quando eles retornaram, informaram Josué que seria fácil capturar Ai. Sugeriram que enviassem apenas dois ou três mil homens. Mas o exército de Ai perseguiu os israelitas das portas da cidade até derrotá-los. Assim que recebeu as notícias, Josué, com as autoridades de Israel, rasgou suas vestes e prostrou-se, com o rosto em terra, perguntando ao Senhor o que acontecera. Deus respondeu:

"Levante-se! Por que você está aí prostrado? Israel pecou. *Violou* a aliança que eu lhe ordenei. *Apossou-se* de coisas consagradas, *roubou*-as, *escondeu*-as e as *colocou* junto de seus bens. *Por isso os israelitas não conseguem resistir aos inimigos; fogem* deles porque se tornaram merecedores da sua destruição. *Não estarei mais com vocês, se não destruírem do meio de vocês o que foi consagrado à destruição*" (v. 10-12, grifos do autor).

Josué instruiu os israelitas para consagrar a si mesmos. Na manhã seguinte, ele examinou todas as tribos, famílias e pessoas, até que confrontou Acã, filho de Carmi. Josué perguntou-lhe o que fizera. Acã admitiu: "'É verdade que pequei contra o Senhor, o Deus de Israel. O que fiz foi o seguinte: quando vi entre os despojos uma bela capa feita na Babilônia, dois quilos e quatrocentos gramas de prata e uma barra de ouro de seiscentos gramas, eu os cobicei e me apossei deles. Estão escondidos no chão da minha tenda, com a prata por baixo'" (v. 20,21).

Quando os mensageiros foram à tenda de Acã, encontraram os objetos contaminados. A Escritura afirma: "Retiraram-nas da tenda e as levaram a Josué e a todos os israelitas, e as puseram perante o Senhor". Os itens foram reconhecidos e destruídos, e o resultado foi que Deus entregou Ai nas mãos dos israelitas (v. Js 8).

Por que precisamos limpar nossa casa e nossa vida? Você certamente notou que Deus considerou toda a nação culpada, embora só Acã tenha pecado. Ele disse que "Israel pecou" (a nação toda). Para que você não ache que isso só se aplica à época do Antigo Testamento, o apóstolo Paulo, no Novo Testamento, diz-nos que, quando um membro do Corpo de Cristo sofre, todos os outros membros sofrem (v. 1Co 12.26). Aprendemos que a culpa para todos muitas vezes é em razão do pecado de uma só pessoa. Deus disse aos israelitas que, em razão do pecado de Acã, todos eles pecaram. O que você faz em sua casa, bem como todas suas ações, afetam todo o Corpo de Cristo. Será que nós, a Igreja de Cristo, somos o maior obstáculo para o reavivamento nacional? Faça a limpeza espiritual de sua casa, purifique-se hoje e ouvirá Deus dizer-lhe: "Levante-se e ataque seus inimigos. Pois eu os entreguei em suas mãos".

Capítulo 6

LIBERTAÇÃO NA IGREJA LOCAL

Chris Hayward

"Não sou contra a libertação, apenas não confio nos *ministérios de libertação.*" Esse é um sentimento bastante comum entre pastores. Sei disso muito bem, pois já fui um deles.

Fui salvo aos 20 anos, nos últimos anos de meu serviço militar no Vietnã. Estivera totalmente entrincheirado no ocultismo e fora liberto de tudo. Definitivamente, conhecia e compreendia a necessidade de libertação. Mais tarde, como pastor auxiliar, foi que vi "ministérios de libertação" bem-intencionados chegar à igreja e deixar em suas ministrações boas confusões que levaram meses para ser sanados. Como resultado disso, assim que me tornei pastor sênior, relutei em abraçar a libertação como ministério por causa dos excessos que testemunhara. Esses excessos vinham revestidos de uma superespiritualidade "estranha" e "tola" por parte dos ministros de libertação, e estes sofriam de severa falta de fundamentação bíblica e confiabilidade relacional. A não ser por isso eu não tinha nenhum problema com o ministério de libertação.

Bem, na verdade, eu tinha problemas, sim. Comecei a perceber que alguns cristãos tinham problemas graves que nem sempre podiam ser considerados de ordem psicológica. Não demorou muito até que eu reconhecesse a realidade das Escrituras — de que nosso inimigo, o Diabo, está vivo e passa bem (v. 1Pe 5.8). Ele ainda está no mesmo ramo de roubar, matar e destruir (v. Jo 10.10). Quanto a mim, a questão não é: O cristão pode ter demônio? O problema real é: O cristão pode ser enganado, tentado, atormentado, influenciado e, até mesmo, controlado por um demônio? A resposta é enfaticamente afirmativa: Sim. Negar a existência da atividade demoníaca na comunidade cristã é o mesmo que esconder a mente teológica na areia. Na convivência mais reservada, a maioria dos pastores reconhece isso. Entretanto, muitas de nossas instituições cristãs ainda proclamam que a atividade demoníaca se destina apenas ao perdido. Há um grande vazio na compreensão desse assunto em meio aos homens e às mulheres de Deus, pessoas sinceras que querem lidar com o assunto na igreja local de forma bíblica e equilibrada.

Libertação não é um programa — é um estilo de vida

Libertação, na realidade, deve fazer parte da estrutura de toda igreja local. A atividade de adoração não deve ser considerada um programa da igreja, mas, antes, uma parte da vida da igreja. A libertação, da mesma forma, precisa tornar-se um aspecto natural da vida da igreja. Para a libertação ser eficaz na igreja local, é preciso que algumas medidas sejam tomadas. Essas medidas incluem o seguinte:

- Aceitação e envolvimento pastoral
- Ensinamento bem fundamentado
- Treinamento de discipulado
- Prestação de contas
- Ambiente seguro para o ministério
- Preparação *do* indivíduo
- Ministração *para* o indivíduo
- Acompanhamento *com* o indivíduo

Ancorado na Palavra de Deus

Um perigo comum do ministério de libertação é o do aprendizado estritamente fundamentado nas experiências. Já observei alguns exemplos embaraçosos de libertação. Todos esses incidentes tiveram algumas das falhas que enumero a seguir:

- Ausência de precedente ou fundamento bíblico
- Foco na pessoa que ministra como alguém que possui talentos ou habilidades especiais
- Modos extremamente dramáticos ou teatrais por parte do ministro
- Violação da privacidade ou da dignidade da pessoa a quem se ministra
- Conversa ou interação desnecessária com os demônios
- Pressuposição de poderes além da autoridade dada por Deus
- Dependência contínua no ministro para ajuda futura
- Incapacidade de trabalhar em cooperação com a autoridade da igreja local
- Disseminação da idéia de que algum tipo de manifestação é necessária antes de a libertação acontecer

Mas não cometeremos enganos se nos apoiarmos na Palavra de Deus, no caráter e nos caminhos do Senhor. Embora seja verdade que a Bíblia não apresenta exemplos de tudo que temos de ministrar, podemos, certamente, observar o caráter de Cristo e imitar seu caminhar.

Sou filho de meu pai, William Hayward. Amei profundamente meu pai. Ele era um homem de Deus bom e maravilhoso. Embora ele já tenha partido para o Senhor, ainda consigo imaginar como ele lidaria com algumas situações. Por ele ter plantado alguns princípios em mim, respondo e ajo de acordo com eles. Isso também é verdade em relação à Palavra de Deus. Exemplos concretos e regras são apresentados para a forma como devemos nos conduzir na vida. Mas para aquelas situações em que há precedente bíblico, temos o caráter e a natureza de Deus, exemplificados por intermédio de Cristo. Na Bíblia, vemos numerosos exemplos de seu amor, sua sinceridade, sua humildade, sua sabedoria e sua paciência. E podemos nos comportar de acordo com isso. Para o ministério de libertação tornar-se parte da estrutura da igreja local, os ministros que refletem o caráter de Cristo e a verdade da Palavra de Deus devem pertencer a esse ministério e acompanhá-lo. Sem isso, o ministério de libertação está fadado ao ridículo e à exclusão de modo justificável.

Preparar-se para a batalha

O que muitas pessoas não conseguem ver é a necessidade de os cristãos estarem preparados para a libertação. Na época em que era pastor, indivíduos procuravam-me para aconselhamento e oração. Talvez, houvesse um baluarte demoníaco por causa de pecado ainda não confessado e de falhas contínuas. Eles confessavam, arrependiam-se e recebiam oração. Sentiam um alívio imediato e grande alegria. Depois, após um breve período de tempo, voltavam ao meu escritório pastoral em busca de oração, exatamente pelo mesmo problema. O que estava errado: Sem a mudança fundamental na forma de pensar — sem a consciência de como eles continuavam a abrir as portas para o ataque demoníaco —, eles tinham a propensão de repetir os erros do passado.

Entretanto, nem todo ataque demoníaco ocorre como resultado do pecado pessoal. Nos últimos anos, orei por muitas pessoas, homens e mulheres, que passaram pela experiência de um sério abuso. Elas jamais discutiam o assunto por causa de uma sensação avassaladora de vergonha. Em muitos casos, elas sofreram por muitos anos em razão desse tormento emocional e demoníaco. Mas independentemente da causa desse aprisionamento ou tormento, seja em conseqüência do pecado pessoal ou do pecado de outra pessoa, é necessário que seja criada uma oportunidade para que, antes da ministração, a Palavra de Deus embeba o solo do coração e o prepare. Somente depois disso pode haver uma libertação duradoura: "'E conhecerão a verdade, e a verdade os libertará'" (Jo 8.32).

Em Cleansing Stream Ministries [Ministérios Fonte de Purificação], fornecemos quatro ensinamentos básicos como instrução para o participante, que, desse modo, torna-se cada vez mais preparado para a libertação.

Andar no Espírito

"Vivam pelo Espírito, e de modo nenhum satisfarão os desejos da carne" (Gl 5.16). O primeiro ensinamento, para cristãos perturbados, foca a necessidade de andar no Espírito. Nesse primeiro período de ensinamento, eles compreendem a singularidade do corpo, da alma e do espírito. Apresenta-lhes a compreensão bíblica e prática para que eles possam saber quando andam de acordo com a alma, ou *na carne*, e quando andam espiritualmente, *no Espírito*. Esse foco cria uma consciência bem clara de como as respostas, muitas vezes, nascem da alma (mente, emoções e desejo) e não por meio do Espírito.

É fácil culpar o demônio por tudo que fazemos de errado. Na realidade, sua arma mais importante é a ilusão. Essa ilusão foca três áreas. A primeira batalha a ser travada é na mente. Assim, somos tentados a avaliar a questão com o intelecto, excluindo a verdade bíblica. A segunda batalha tem como objetivo nossas emoções, tentando-nos a fazer julgamentos fundamentados em como nos sentimos, em vez de confiarmos na Palavra de Deus. A terceira batalha objetiva nosso desejo, e isso acarreta confusão, perda de foco e, por conseguinte, escolhas destrutivas e equivocadas.

Em suma, nosso Inimigo quer nos levar de volta à época em que ainda não conhecíamos a Cristo, os dias em que confiávamos em nós mesmos (mente, emoções e desejo), sem a influência do Espírito de Deus. Muitos cristãos estão tão arraigados no hábito de confiar em si mesmos que mal distinguem a diferença entre essas duas formas de agir. O caminhar deles é uma mistura de carne e Espírito, produzindo uma existência morna e abrindo uma porta para a influência demoníaca.

Entregar tudo a Deus

O segundo ensinamento foca a vida consagrada. Esse é o prosseguimento natural do primeiro ensinamento, pois no momento em que os cristãos começam a andar no Espírito, eles passam a tomar consciência dos hábitos destrutivos a que, dolorosamente, ainda se apegam. A resistência acompanha todo caminhar. Esses locais de resistência, com freqüência, representam áreas da vida que ainda não foram entregues a Deus. Essas áreas podem dizer respeito às possessões materiais, aos relacionamentos e, até mesmo, ao ministério.

Certa vez, conheci uma mulher (a quem chamarei de Betty) que passou por grande dificuldade para abrir mão de sua filha quando ela foi para o jardim da infância. Para muitos pais, essa situação pode representar um momento desafiador. Ela telefonava para a escola a cada meia hora para saber se sua filha estava segura. Perguntava: "Tem certeza de que ela está na sala onde deveria estar?". Isso aconteceu de forma tão acentuada que a direção da escola não sabia mais o que fazer. Por fim, Betty recebeu ministração. Ao entrevistá-la, descobrimos que ela, quando menina, fora molestada na escola. Em razão disso, ela precisava libertar-se do espírito do medo. Mas, antes, precisava consagrar sua filha ao Senhor, caso contrário Betty jamais seria verdadeiramente libertada. Depois de entregar a vida de sua filha totalmente ao Senhor, o espírito de medo não tinha mais em que se apoiar e foi expulso de sua vida. Betty, nesse momento, foi capaz de deixar sua filha frequentar a escola.

Falar palavras de vida

Descobrimos que os cristãos perturbados, assim que começam a andar no Espírito e consequentemente a entregar tudo a Deus, já estão preparados para um novo desafio. A boca deles sempre interfere em seu caminhar. Isso é um sintoma da realidade atual, ou seja, a de que há grande fome entre os cristãos: fome de se falar palavras certas. "A língua tem poder sobre a vida e sobre a morte; os que gostam de usá-la comerão do seu fruto" (Pv 18.21). Também sabemos que "'a boca fala do que está cheio o coração'" (Mt 12.34). Por exemplo, se eu disser: "Jamais me livrarei desse hábito", há grande chance de continuar nesse cativeiro. Terei a tendência de me comportar de maneira tal a cumprir o que falo com o coração. Se digo para meu filho: "Você jamais será alguém", o Inimigo pode usar essas palavras para levar a criança a uma vida de insucesso. A língua, segundo Tiago afirma, é como o leme do navio, ou como uma fagulha (v. Tg 3.4-6).

Assim, precisamos começar a aprender (ou reaprender) a usar as palavras de forma sábia.

O aprisionamento humano é algo terrível. Sufoca nossa confiança e nos leva a acreditar que somos muito menos do que realmente somos. Abraçamos a mentalidade do "bichinho" que nos convence de que somos criaturas indignas e desprezíveis e, portanto, devemos esconder nossa face na vergonha. Subestimamos nosso chamado e o amor de Deus. Por conseguinte, alcançamos menos, pois acreditamos que todo nosso potencial se perdeu. Consolidamos essa noção infernal pelas palavras que proferimos. Se a "fé vem por se ouvir a mensagem, e a mensagem é ouvida mediante a palavra de Cristo" (Rm 10.17), então uma vida perdida é conseqüência das palavras contrárias à Palavra de Deus, que falamos, que ouvimos, nas quais acreditamos e segundo as quais agimos.

Entrar na corrente de purificação

Há grande alegria ao saber que Deus fornece um caminho de escape do aprisionamento do Diabo e das suas armadilhas. Após preparar os cristãos para a libertação, criamos uma oportunidade para que eles experimentem isso. Todos os anos, fazemos centenas de retiros em todos os Estados Unidos, e também em outros países. Nesses retiros, os cristãos reúnem-se para receber a ministração da libertação. Não se trata de libertação em massa, mas de libertação individual conduzida em grande escala.

> **Assim como é normal o corpo respirar, também deve ser normal a igreja local praticar a libertação.**

Para que a libertação se torne efetiva na igreja local, esta deve se tornar ativamente envolvida no processo de discipulado. A libertação deve ser algo mais que apenas a visita de alguns ministros à cidade para expulsar os demônios das pessoas da igreja. Como parte do processo de discipulado, devemos também envolver aqueles que estão sendo preparados para as disciplinas da oração, do estudo e da memorização da Palavra; adoração — individualmente, ou com o cônjuge e os filhos; e prestação de contas para um parceiro de oração. Se não disseminarmos esse processo de discipulado, ficaremos para sempre condenados à noção de que a libertação destina-se somente aos estranhos, aos esquisitos e aos desequilibrados. Assim como é normal o corpo respirar, também deve ser normal a igreja local praticar a libertação.

Descobrimos que, após o momento de libertação, alguns participantes voltam às formas antigas de comportamento e de pensamento e abrem novamente a porta para o aprisionamento demoníaco. Para responder a essa necessidade, desenvolvemos um curso de acompanhamento no retiro, intitulado "Caminhe em direção ao objetivo". Nessas seções de acompanhamento, ajudamos as pessoas a fazer mudanças em sua vida a fim de que tais mudanças mantenham a liberdade recém-descoberta em Cristo, experimentada por meio da libertação. Se não cobrirmos a fossa de onde fomos retirados, corremos o risco de cair nela novamente.

É aí que a prestação de contas entra em ação. Também tentamos fazer com que os cristãos libertados participem de um pequeno grupo de prestação de contas na igreja local ou com que sejam direcionados a um cristão maduro que fará orações por eles e os encorajará antes, durante e após o seminário e o retiro.

Um lugar de segurança

É muito importante garantir àqueles que vêm para o ministério, em um retiro, de que estão em um local seguro. Criar a atmosfera de amor e de aceitação é essencial para a libertação bem-sucedida. Aquelas coisas que aprisionaram os indivíduos e os tornaram vulneráveis aos ataques demoníacos podem ser muito embaraçosas para ser reveladas. O medo de serem descobertos e de que pessoas comentem seu caso pode impedi-los de dar um passo à frente para a ministração de libertação. A confidencialidade deve estar no cerne do ministério de libertação, e isso só acontece se a atmosfera for de graça e de amor.

Como chegar ali partindo de onde estamos

Como chegar ali partindo de onde estamos? É muito simples. Treine outras pessoas que podem treinar outras a treinar outras (v. 2Tm 2.2). Meu chamado não é o de passar o resto de minha vida indo às igrejas para encontros nas quais ministramos libertação. Essa tarefa, em última instância, é da liderança pastoral e daqueles treinados por eles. Imaginemos como aquele cenário se desenrolaria em sua igreja local.

Imaginemos que a Primeira Igreja da Cidade conseguiu fazer com que a libertação passasse a fazer parte da vida da igreja. Esse corpo local ministra libertação àqueles que precisam e que freqüentam essa igreja. Os membros já entenderam a guerra espiritual e a praticam. Por intermédio do treinamento de discipulado, eles distribuem o fardo do ministério para além do grupo de pastores. Cristãos treinados reúnem-se regularmente na igreja para que cresçam em entendimento e ajudem a também treinar outras pessoas para essa função. Essas equipes, sob a supervisão pastoral, conduzem sessões intensivas de libertação. O resultado é que a tarefa de aconselhamento do pastor fica reduzida à metade. Mas tudo isso deve ocorrer com a concordância do pastor e com a prestação de contas a ele.

O coração de Deus voltado para a libertação

Cleansing Stream Ministries [Ministérios Fonte de Purificação] continua a experimentar o crescimento. Pastores buscam uma abordagem equilibrada e bíblica para a libertação. Não faz muito tempo, perguntei ao Senhor: "Por que esse ministério se torna cada vez mais forte? Por que há tanta sede hoje por aquilo que fazemos em nosso ministério?". Imaginei sua resposta, ou seja, que ele preparava sua noiva para seu breve retorno.

Embora isso seja verdade, essa não é toda a razão. Em resposta, o Senhor mostrou-me uma enorme colheita que começava a acontecer — e a grande reunião que está prestes a acontecer. E esta foi a impressão que o Senhor deixou em mim: "Se aqueles que estão fora de Cristo estão quebrados, machucados e aprisionados, e se eles vierem a conhecer meu Filho como seu Salvador e entrarem em minha igreja, que também está quebrada, machucada e aprisionada, que benefício isso lhes traria?". Percebo, agora, que a libertação deve realmente se tornar "o pão dos filhos" (Mt 15.26; Mc 7.27). Primeiro, devemos participar desse pão da vida, desse dom da libertação, dessa graça de ser liberto, se for para sermos usados por Deus para libertar outros em nome de Jesus.

Que Deus possa lhe dar a compreensão e que sua graça o capacite a levar o ministério de libertação à igreja local.

Capítulo 7

COMO A LIBERTAÇÃO AJUDA O REAVIVAMENTO

C. Peter Wagner

Alguns líderes cristãos que ouvem o que o Espírito diz às igrejas duvidariam que um reavivamento em grande escala está prestes a acontecer nos Estados Unidos. Registros de muitos tipos de reavivamento proliferaram nos últimos anos. Até mesmo alguns de nós que somos cidadãos mais maduros esperamos ver um enorme derramamento do Espírito Santo sobre nossa nação antes de recebermos nossa recompensa final nos céus. Concordo com o título do livro de Chuck Pierce, *The Best Is Yet Ahead!* [O melhor ainda está por vir].

Uma questão de tempo

É compreensível que algumas pessoas estejam surpresas de que o grande reavivamento ainda não tenha chegado. Oramos fervorosamente por isso já faz algum tempo. Com certeza, essa é a vontade de Deus — ninguém questiona isso —, portanto, deve haver algumas questões subjacentes referentes ao momento para isso. Deus pode muito bem estar retardando esse momento, à espera de que, pelo menos, duas coisas aconteçam. Admito que talvez possa haver mais que duas coisas, mas escrevo este capítulo de minha perspectiva pessoal e consigo discernir essas duas coisas claramente. Elas dizem respeito ao governo da igreja e à preparação da igreja para a guerra espiritual.

O governo da igreja

Como este livro trata de libertação, farei apenas uma breve menção de como o governo da igreja pode ajudar a determinar o momento de Deus para o reavivamento. Mas esse governo é muito importante para que o ignoremos. Embora algumas pessoas prestassem muita atenção a isso nos últimos 1.800 anos, a Bíblia, entretanto, deixa claro que a igreja jamais poderá ser tudo que Deus planejou para que fosse se não tiver apóstolos e profetas.

Por exemplo, Efésios 4.11 conta-nos que Jesus, desde o momento de sua ascensão, deu à igreja apóstolos e profetas que atuavam junto aos evangelistas, aos pastores e aos mestres. Qual a importância dos apóstolos e dos profetas? Eles, de acordo com Efésios 2.20, são o fundamento da igreja, e Jesus é a pedra angular que sustenta esses fundamentos. Além disso, há a ordem divina: "Deus estabeleceu *primeiramente* apóstolos; em *segundo* lugar, profetas; em terceiro lugar, mestres" (1Co 12.28; grifo do autor).

Fico feliz ao relatar que, ao longo dos últimos anos, um enorme progresso foi alcançado em relação ao crescente reconhecimento e afirmação dos dons e ofícios do apóstolo e do profeta na igreja. Considero, de acordo com minha observação, que o reavivamento desse governo bíblico da igreja iniciou-se em 2001 e, desde essa época, sua aceitação vem crescendo rapidamente. Aqueles que querem maiores informações agora têm uma lista de livros de alta qualidade à disposição, incluindo cinco de minha autoria.

Agora, voltemos ao momento de Deus para o reavivamento. Não é de surpreender que Deus tenha insistido para que o governo da igreja fosse adequadamente ajustado antes do grande derramamento espiritual. Como poderíamos lidar com esse acontecimento sem fundamentos adequados? Temos um alto grau de segurança de que o fundamento agora está no lugar apropriado. Entretanto, já conhecemos o ponto exato até onde sabemos que temos de desenvolver e de maturar o movimento apostólico antes que Deus esteja pronto para mover as águas.

Preparação para a guerra espiritual

O segundo fator que, conforme acredito, ajuda a determinar o momento de Deus para o reavivamento refere-se à preparação da igreja para a guerra espiritual. Não creio que estejamos tão avançados em relação a esse respeito como estamos em relação ao governo da igreja. Desde que Jesus invadiu o templo de Satanás, dois mil anos atrás, a igreja está em guerra. Toda alma salva, toda cura, todo milagre e todo demônio expulso representam uma derrota e um revés de Satanás. Ele perde terreno e vem perdendo terreno desde que Jesus disse: "'Edificarei a minha igreja'" (Mt 16.18). O fim de Satanás está à vista, e ninguém sabe disso melhor que ele. Isso faz com que ele fique "cheio de fúria, pois sabe que lhe resta pouco tempo" (Ap 12.12).

> Toda alma salva, toda cura, todo milagre e todo demônio expulso representam uma derrota e um revés de Satanás.

Não importa que perspectiva tenhamos em relação à época da segunda vinda de Jesus, mas uma coisa é certa: ela está mais próxima hoje do que jamais esteve, e, portanto, resta pouco tempo para Satanás. Este já tem muita fúria neste momento, mas o que você supõe que ocorrerá quando acontecer o maior derramamento do poder de Deus em toda a história? Sua fúria excederá todos os limites! É precisamente por isso que Deus não permitiria que isso acontecesse até que a igreja esteja bem preparada, física, espiritual e emocionalmente, para essa séria guerra espiritual.

No mundo natural, os Estados Unidos entraram em guerra em 11 de setembro de 2001. Já nos acostumamos a ver vídeos de nossas tropas na linha de frente. Felizmente, para nós, eles estão bem preparados. Os olhos estão atentos, e as mandíbulas, em posição. O corpo deles está coberto com o equipamento necessário para lutar e vencer, e os soldados foram treinados para usar de forma eficaz esse equipamento. Tivemos perda de vidas, mas relativamente poucas delas. Tivemos derrotas, mas muito mais vitórias. Nosso Exército tem o que precisa para derrotar o inimigo, a saber, o terrorismo.

Lamento dizer que, quando analisamos o reino espiritual, a igreja não está tão bem preparada quanto deveria para estar na linha de frente. Felizmente, não somos totalmente incapazes. Já caminhamos um longo caminho, especialmente desde o início da década de 1990. Estamos preparados para algumas das batalhas mais fáceis. Mas não acho que estamos tão preparados, quanto Deus desejaria que estivéssemos, para o feroz contra-ataque de nosso inimigo, Satanás, que, com certeza, será provocado pelo grande reavivamento.

Libertação demoníaca e reavivamento

Aqui, em vez de lidar com a dimensão múltipla da preparação para a guerra espiritual à qual devemos direcionar nossa atenção, focarei apenas um aspecto, a saber, a libertação demoníaca. Para utilizar uma terminologia mais técnica, essa é uma guerra espiritual no solo (para contrastar com guerra espiritual estratégica e com a oculta). Quando o reavivamento vier, é melhor sabermos muito bem como expulsar demônios. Isso é essencial para nossa preparação espiritual.

A maioria dos reavivamentos, pelo menos as fagulhas iniciais do reavivamento, tiveram vida breve. Examine a história. O reavivamento no País de Gales durou um ano, a mesma duração do reavivamento coreano de 1907. O Grande Despertamento durou dois anos. O reavivamento da rua Azuza durou três anos. O da Indonésia, da década de 1960, durou quase quatro anos, o mais longo de todos. E poderíamos mencionar muitos outros.

Entretanto, dois reavivamentos modernos tiveram duração muito mais longa: o reavivamento argentino (17 anos) e a transformação da cidade de Almolonga, na Guatemala (25 anos). Uma parte proeminente do combustível espiritual que sustentou esses dois reavivamentos foi a libertação demoníaca.

Reavivamento na Argentina

O evangelista Carlos Annacondia era um dos principais instrumentos de Deus para espalhar a centelha do reavivamento na Argentina, em 1982.

Proprietário de uma bem-sucedida fábrica de utensílios práticos para uso no dia a dia, jamais frequentara uma escola bíblica nem fora ordenado para o ministério. Mas começou a fazer campanhas evangelísticas em áreas desocupadas, e cada uma delas durava trinta noites ou mais, e, ao longo dos anos, viu mais de um milhão de pessoas, provavelmente perto de dois milhões, confessar o Senhor Jesus como Senhor e Salvador.

Em todas as reuniões, desde o início, havia libertação demoníaca. Em alguns momentos, Carlos investia contra os principados e potestades das trevas, designados por Satanás para neutralizar a reunião e manter as almas perdidas nas trevas. Carlos, até mesmo, insultava os espíritos malignos, enquanto os amarrava. Mais de uma vez, soltava seu grito de guerra: "Ouça-me, Satanás!". Toda vez que fazia isso, os demônios começavam a se manifestar na multidão, que variava de 2 mil a 20 mil pessoas.

Carlos, por antecipar essa reação, treinou uma equipe de voluntários de "padioleiros" (homens fortes, prontos a mover-se em meio à multidão, dois a dois, para identificar aqueles que, de forma óbvia, estavam endemoninhados, levando-os para uma tenda com cerca de 45 metros de diâmetro, ou carregando-os até lá). Na tenda, havia vários trios de cadeiras, uma para o ministro de libertação, uma para o intercessor e uma para o "paciente". Carlos chamava a tenda de Unidade de Terapia Intensiva. Essas equipes de libertação, bem treinadas, ministravam pelo tempo que fosse necessário para expulsar o demônio de suas vítimas. Alguns ministravam até o raiar do dia!

Pablo Bottari, ex-barbeiro que, agora, tornou-se um dos mais proeminentes treinadores de ministros de libertação, era o líder do ministério de libertação de Carlos Annacondia. Recentemente, ele passou a fazer parte da equipe pastoral, como ministro de libertação, da Igreja Batista Central, de Buenos Aires, e essa igreja, no momento, é considerada um modelo do ministério de libertação na igreja local. Recomendo que leiam o livro de Pablo Bottari *Free in Christ* [Livre em Cristo], e também o de Carlos Annacondia *Escute aqui, Satanás!*.[a]

---

[a] São Paulo: Vida, 2000.

Podemos aprender muitas coisas com o reavivamento argentino, mas uma das lições mais importantes é a de que o ministério contínuo de libertação, para expulsar demônios, ajuda grandemente a sustentar o reavivamento assim que ele tiver início.

Reavivamento em Almolonga, Guatemala

Aqueles que assistiram a *Transformations* [Transformações], o vídeo de época de George Otis Jr., lembram-se de Almolonga, Guatemala. Essa cidade de 20 mil habitantes estava, 25 anos atrás, mergulhada nas profundezas da degradação social. Doenças, imoralidade, pobreza, violência, desnutrição, ignorância, crime, abusos na família, secas e depressão eram abundantes. A bebedeira era o mecanismo de escape mais utilizado, e, às segundas-feiras, encontravam-se jogados nas ruas homens que, em vez de entregarem em casa o envelope de pagamento para benefício de sua família, gastavam tudo que ganhavam nos bares até ficarem inertes e em estado de estupor.

Algumas igrejas evangélicas foram fundadas em Almolonga, e nenhuma delas tinha mais que algumas famílias que lutavam para tentar manter a cabeça acima das águas do desespero. Nenhuma delas foi capaz de influenciar aquela cidade. Todos estavam sob o perverso comando de Maximón, o espírito territorial que Satanás designou para que mantivesse aquela região nas trevas.

Hoje, tudo é diferente. Os maiores prédios, salpicando as montanhas ao redor de Almolonga e as ruas dessa cidade, são de igrejas evangélicas. Mais de 90% da população é de cristãos nascidos de novo. A vida familiar é alegre, e as crianças já estão terminando seus estudos na escola. As doenças parecem evitar a cidade. As ruas e o comércio têm nomes bíblicos. Em vez de seca, água artesiana brota do solo para regar as plantações. Os repolhos são do tamanho de uma bola de basquete. As cenouras são do tamanho do antebraço de um homem. Os fazendeiros entregam seus produtos do sul do México até o Panamá em caminhões novos, que compraram com dinheiro vivo. E a última cadeia foi fechada quatro anos atrás, pois o crime é praticamente inexistente nessa cidade!

O que aconteceu?

Vinte e cinco anos atrás, Mariano Riscajché, um dos pastores evangélicos que lutava nesse campo espiritual de batalha, tentava aconselhar um dos alcoólatras mais notórios da cidade. Mariano ficou bastante desencorajado, pois não chegava a lugar nenhum. Mas o Espírito Santo sussurrou-lhe uma sugestão: Tente algo novo, expulse o demônio do alcoolismo. Embora ele não tivesse nem treino nem experiência com o ministério de libertação, por puro desespero, com a autoridade conferida pelo sangue de Jesus Cristo, ordenou ao demônio para sair. E este saiu! Um homem foi salvo e ficou totalmente livre de seu vício. Essa notícia se espalhou rapidamente, e não demorou muito para Mariano atingir a marca de 400 novos convertidos a Cristo, após expulsão dos demônios que os aprisionavam.

Hoje, Mariano tem uma igreja com dois mil membros na praça principal; outras igrejas também crescem bastante, e o ministério de libertação está presente em todas as igrejas.

As mudanças estão a caminho!

Poucos discordariam da idéia de que os ministérios de libertação nas igrejas locais de todo o país evitam chamar a atenção. Não conheço nenhuma cidade na qual o ministério de libertação esteja disponível ao público em geral como acontece, por exemplo, com outras funções, tais como dentistas, mecânicos, advogados, clínicas de massagem e afins, lanchonetes, ou, no que diz respeito ao assunto, adoração cristã. Essa é a única coisa que devemos mudar se for para o esperado reavivamento acontecer. Minha esperança é que este novo guia sobre libertação nos ajude a chegar a esse ponto.

As tendências, como as concebo, caminham na direção correta. No início do século passado, o movimento pentecostal começou a chamar atenção para a atuação dos demônios. Infelizmente, entretanto, os líderes das igrejas tradicionais tinham a tendência de criar estereótipos para os pentecostais, com pessoas que estavam "às raias da loucura". Depois da Segunda Guerra Mundial, líderes como Thomas Zimmerman, das Assembleias de Deus, conseguiram fazer sucesso no pentecostalismo da corrente principal, mas às custas da redução de sua característica principal, incluindo-se a prática de expulsão de demônios. A renovação carismática, com início na década de 1960, acreditava em demônios, mas, por outro lado, jamais proporcionou uma mobilização para libertação em grande escala.

Ainda, esses desenvolvimentos ajudaram a preparar o terreno para mudanças positivas. Os líderes cristãos, como Neil Anderson, Fred Dickason, Charles Kraft, Jack Hayford e John Wimber continuam a fazer com que nosso conhecimento sobre demônios, em todas as esferas, aumente muito. Carismáticos independentes e adeptos da Terceira Onda começaram, cada vez mais, a dar início ao ministério de libertação. Ministérios como Cleansing Stream Ministries [Ministérios Fonte de Purificação] descobriram formas para ativar os ministérios de libertação na igreja local em toda a nação. O resultado bruto é que muito mais pastores de igrejas locais de todas as tendências denominacionais, agora, acreditam de modo literal em demônios, e a atividade desses pastores em relação à libertação é muito maior que há dez anos.

Ministério de libertação nas igrejas locais

Agora é o momento de passar da crença em demônios à incorporação de ministérios de libertação no cotidiano de nossas igrejas. O clima está maduro para mudanças. Um problema óbvio é que muitos pastores gostariam de fazer mais, mas não tem muitas coisas em que se apoiar. Não tiveram um curso sobre demonologia no seminário nem na escola bíblica. Minha sugestão para esses pastores que possam estar lendo este livro é começar a ensinar a congregação, talvez por meio de uma série de sermões, as sete premissas da demonologia básica:

1. Demônios existem.
2. Demônios são seres criados e cada um deles tem uma personalidade distinta.
3. Eles agem em toda a população humana.

4. Eles têm a intenção de fazer o mal — buscam causar tanta desgraça quanto possível nesta vida e na vida por vir. Eles ficam contentes quando atormentam as pessoas.
5. Eles estão organizados de forma hierárquica, e Satanás ocupa a posição mais alta.
6. Demônios têm muitos poderes sobrenaturais para executar seus desejos perversos.
7. Eles foram derrotados pelo sangue de Jesus e são vulneráveis à confrontação pelos cristãos cheios do poder do Espírito Santo.

Remover as barreiras

A boa notícia é que um número cada vez maior de pastores e outros líderes cristãos aceitam e ensinam essas sete premissas da demonologia. A má notícia é que, dentre os que crêem nas sete premissas, algumas noções infelizes foram desenvolvida ao longo dos anos e elas realmente têm a tendência de se tornar barreiras para a implementação da libertação demoníaca na vida real. Em sua forma extrema, essas barreiras podem até mesmo sufocar o Espírito Santo — e isso não é nada bom!

Creio que, se for para chegarmos ao ponto em que Deus estaria disposto a nos confiar o grande reavivamento, temos de fazer o máximo possível para fazer o que pudermos para remover pelo menos três dessas barreiras infrutíferas:

1. *A noção de que os cristãos são imunes ao tipo de atividade demoníaca que exige libertação pessoal.* Muitos de meus amigos que acreditam em demônios tropeçam nessa questão. Costumava pensar que esse era um ponto de vista muito benigno, mas já não penso da mesma forma. Agora, estou convencido de que esse pensamento é, na verdade, uma séria barreira para o reavivamento. Ninguém expressou isso de forma mais precisa que John Eckhardt, pastor em uma igreja de afro-americanos em uma região carente de Chicago:

"Logo depois de ensinar em nossa cidade sobre o tópico das maldições, alguns ministros atacaram a idéia de que muitos cristãos tenham maldições, que necessitam ser anuladas, sobre sua vida. Ensinei essa série por um mês e vi tremendos resultados. Muitos cristãos foram libertados de maldições e de demônios que operavam por trás dessas maldições. No entanto, há muitas pessoas que ensinam que os cristãos não precisam de libertação de demônios.

"Tivemos de enfrentar oposição antes e continuaremos a enfrentá-la. Entretanto, dessa vez, a indignação surgiu em meu interior para defender a verdade: *cristãos precisam de libertação das maldições e dos demônios*. O Senhor disse-me que a verdade precisa ser defendida."[1]

2. *A noção de que meu método de libertação é superior a todos os outros.* Há muitas formas de expulsar demônios. Verdade, algumas metodologias são mais compatíveis que outras dependendo dos dons, do temperamento, da personalidade e das experiências passadas com um determinado ministério de libertação. Mas isso não é suficiente para que um ministro de libertação chegue à conclusão de que: "Meu caminho é o correto, e todos os demais estão equivocados!". Esse pensamento tem a tendência de fragmentar as tropas dividindo-as em campos distintos, em vez reuni-las para essa batalha.

Fico feliz em relatar que, embora essa atitude tenha sido bem prevalente no passado, as coisas agora estão mudando. Tenho o privilégio de prover liderança apostólica ao movimento Apostolic Roundtable Deliverance Ministers [Mesa Redonda Apostólica dos Ministérios de Libertação] (ARDM), que se reúne uma vez por ano para estruturar os relacionamentos por meio da mútua prestação de contas. Esse grupo de 20 e tantos ministros de libertação altamente qualificados, antes, jamais tiveram a oportunidade de conhecer uns aos outros e apreciar o fato de serem colegas. Agora, que eles se sentam regularmente à mesa juntos, há crescente respeito pelas distintas metodologias de libertação. Todos se regozijam com o princípio básico: os demônios são expulsos!

3. *A noção de que os demônios são distribuídos por toda a raça humana.* Essa afirmação é politicamente correta, mas mal orientada. Essa idéia tende a prevenir o pensamento claro em relação à estratégia de evangelismo. O fato é que há concentrações maiores de demônios em algumas regiões que em outras. Há mais demônios *per capita* [por indivíduo], por exemplo, na Tailândia que nos Estados Unidos. Nos Estados Unidos há mais demônios *per capita* [por indivíduo] em Nova Orleans que em Cedar Rapids, no Estado de Iowa. Os demônios são mais ativos entre os muçulmanos, os hindus e os budistas que entre os cristãos. Os demônios concentram-se mais nas cidades que em áreas rurais. Nas cidades, há mais demônios *per capita* [por indivíduo] nas regiões mais carentes que nas áreas mais residenciais.

Pegue, por exemplo, as áreas carentes como uma ilustração de como a estratégia deveria ser planejada. Certa vez, estudei os materiais promocionais de vários ministérios nas áreas carentes. Descobri que eles anunciavam serviços médicos e dentários, roupas para os sem-teto, acompanhamento escolar para as crianças em idade escolar, os 12 passos dos alcoólicos anônimos, centros de gravidez traumática, centros de cuidados diurnos, sopão, grupos de estudo bíblico, agência de empregos, assistência legal e basquete à meia-noite. Mas, adivinhe o quê? Nenhum deles menciona expulsão de demônios! Seria difícil imaginar Jesus enviando seus discípulos para evangelizar uma área carente hoje sem primeiro instruí-los a curar os doentes e expulsar os demônios! Quanto mais comprometido um grupo está com o ministério em uma área carente mais sério deve ser em relação aos ministérios de libertação, e isso de forma aberta e explícita.

Conclusão: acreditemos em Jesus!

O reavivamento — o grande derramamento do Espírito Santo pelo qual oramos há muito tempo — vem! Prefiro vê-lo o mais cedo possível e sei que você também prefere isso. Comecemos a levar os ministérios de libertação mais a sério. Acreditemos em Jesus quando ele diz: "'Estes sinais acompanharão os que crerem: em meu nome expulsarão demônios'" (Mc 16.17). Iniciemos poderosos ministérios de libertação nas igrejas locais de nossas cidades. Removamos as barreiras lançadas pelo inimigo. Se fizermos isso, guiados pelo Espírito Santo em cada passo ao longo do caminho, nossas orações por reavivamento logo serão respondidas!

COMO MINISTRAR LIBERTAÇÃO AOS EMOCIONALMENTE FERIDOS

Capítulo 8

PERDOAR O IMPERDOÁVEL

Doris M. Wagner

Ministrava libertação há pouco tempo quando comecei a ouvir histórias, de partir o coração, das pessoas a quem eu tentava ajudar. A maioria dos homens e das mulheres sofria em razão das mais variadas feridas emocionais que lhes foram infligidas por outros. Algumas das feridas pareciam intencional e outras, não. No entanto, o fato era que essas pessoas haviam sido emocionalmente mutiladas e, naquela época, não eram capazes de ser tudo o que Deus as criou para ser.

Rejeição

Feridas causadas por outras pessoas, muitas vezes, resultam em alguma forma de rejeição. Espero que você separe um tempo para ler cuidadosamente o capítulo 10, de Chris Hayward, sobre rejeição. Essa é uma ferramenta que Satanás utiliza com muita frequência para prejudicar os indivíduos, tanto os cristãos como os incrédulos. A rejeição pode ser grave, como, por exemplo, acontece com crianças indesejadas. Elas sabem disso, e isso as machuca. Crianças adotadas, com freqüência, sofrem grave rejeição e têm o sentimento de abandono que as leva a se tornar jovens rebeldes e difíceis. Essas pessoas são atormentadas com a questão: "Por que meus pais não me queriam?". Elas são feridas, embora o amor dos pais adotivos seja pródigo. Um demônio de rejeição muitas vezes entra nessa ferida e torna a vida dessas pessoas infeliz.

Outras formas comuns de rejeição se manifestam por causa das circunstâncias negativas em casa e na escola: um divórcio, uma má situação no emprego, desastres financeiros, uma deficiência física, um acidente que deixe seqüelas, como o ficar desfigurada e outros fatores. As pessoas não se sentem queridas, amadas, afortunadas e uma série de outros sintomas. Elas algumas vezes culpam a si mesmas ou os outros e, em razão disso, a ferida emocional se instala.

Pecado deliberado

O pecado deliberado pode levar a feridas emocionais que se manifestam por toda sorte de problemas emocionais, além de ser um convite aberto aos demônios. Oro por muitos que já fizeram este tipo de lamento: "Como poderia fazer tal coisa?". Alguns buscam falsas religiões e são tentados a fazer coisas ruins, resultando em depressão, ansiedade e, até mesmo, em doenças sexuais e problemas mentais. É uma boa idéia obedecer aos Dez Mandamentos e aos ensinamentos do Novo Testamento. Viver de acordo com a Palavra de Deus livra-nos de toda sorte de problemas emocionais (v. Jo 5.6-14).

Abuso sexual

Muitas vezes, fontes de diversas feridas emocionais dizem respeito a questões sexuais. Recordo-me de ouvir no rádio sobre um caso na corte do Estado da Califórnia, quando morava ali, provavelmente na década de 1980. Não me recordo se havia um júri nesse caso, mas, provavelmente, não havia, pois a juíza passou a sentença nessa instância. Gostaria que a juíza fosse Judy, pois, certamente, ela faria um trabalho melhor nesse caso. Tratava-se de uma menina de 12 anos de idade que fora violentada, e, essa juíza deixou o estuprador ficar livre de qualquer penalidade, pois, em suas próprias palavras, a menina "não fora machucada".

Orei por um bom número de vítimas de estupro e posso assegurar que a pessoa que foi violentada, quer seja homem quer seja mulher, foi seriamente ferida, física e emocionalmente. A vida nunca mais é a mesma. O demônio muitas vezes usa essas terríveis experiências para abrir diversas portas ao demoníaco. Nem todos os casos são parecidos, mas, com freqüência, tive de lidar com uma longa fila de demônios, incluindo-se muitos destes: trauma, luxúria,[a] medo, raiva, ódio, rejeição, rejeição de si mesmo, ódio de si mesmo, espírito de ódio em relação ao homem ou à mulher, espírito de ódio em relação a Deus, pornografia e desamparo; também, em casos extremos, prostituição, aborto, morte, suicídio, homossexualidade, lesbianismo, bestialidade e assim por diante. Essa não é uma gravura muito bonita.

Fico particularmente aborrecida e sinto muita raiva do demônio quando crianças sofrem abuso sexual. Mal posso falar sobre o assunto sem chorar. Nos últimos meses, um bom número dessas histórias ganhou destaque na mídia. Os casos são descritos em detalhes. Se você leu os relatos dessas vítimas, pode ver que muitas delas sofreram colapso emocional. A perversidade daqueles que cometeram pecados e crimes, em alguns casos, é transferida para as vítimas. "Pessoas que sofreram violência infligem violência em outros" e "pessoas feridas ferem outros" são afirmações, muitas vezes, verdadeiras nesses casos. Algumas das pessoas que sofreram abuso sexual abusam de outros da mesma forma. E, ainda, outras vítimas sofrem dor continuamente por meio de pesadelos, dos casamentos desfeitos, dos medos que se manifestam de muitas formas: desespero, ansiedade, depressão profunda, raiva e ódio incontroláveis, concupiscência, pornografia e todas as formas de pecado sexual. Algumas pessoas chegam a cometer suicídio. E o cenário fica ainda mais estranho.

O abuso sexual é apenas uma das formas de vitimar alguém, e falei muito dele por ser muito comum. Embora odeie dizer isso, o número de abusos sexuais parece estar crescendo. Creio firmemente que a aceitação cada vez maior de programas de televisão e de filmes de qualidade inferior e obscenos, bem como da pornografia impressa e veiculada pela Internet, contribui para a imitação dessas atividades e fornece abertura frequente para o espírito de luxúria invadir aqueles que são fascinados por essas coisas

---

[a] Luxúria: Comportamento desregrado com relação aos prazeres do sexo; lascívia, concupiscência [N. do E.].

ou participam delas. Quando o cristão conservador busca proteger nossas crianças dessas coisas, os liberais lamentam o fato de nós, os cristãos, não entendermos a Primeira Emenda da Constituição! Como isso é triste, para eles e para nós também!

O oculto

As pessoas, crianças com freqüência, apresentadas à força aos rituais de ocultismo, na feitiçaria ou no satanismo, são vítimas do medo paralisante e prolongado, da dor indescritível e, em alguns casos, das cicatrizes mentais resultantes da tortura. Essas emoções feridas são aberturas para os demônios atormentar ainda mais suas vítimas. Trauma, raiva, feitiçaria, concupiscência, rejeição da forma mais vil, depressão e muitas outras doenças espirituais surgem, e cada uma delas traz seu conjunto de demônios específicos. Para os que foram vitimados pelo oculto, a vida deles jamais será a mesma. O trauma e os efeitos negativos perduram.

É muito difícil para mim até imaginar alguém querendo ferir uma criança, sujeitando esse jovem ao abuso que tem conseqüências físicas e emocionais profundas e de longo termo. Os animais não tratam seus filhotes dessa forma! Talvez a única explicação razoável seja a natureza caída e pecaminosa acompanhada da ajuda de Satanás e seus demônios.

Talvez, o aspecto mais triste de abusos dessa natureza é o fato de que aqueles que são provenientes de um ambiente permeado pela feitiçaria e pelo satanismo muitas vezes não conseguem deixar a dor partir. Minha experiência é que esses indivíduos profundamente feridos, mesmo depois de aceitar com muita alegria a Cristo como seu Salvador, ficam algumas vezes com raiva da pessoa ou das pessoas que os vitimaram. A inclemência, ou ausência de perdão, instala-se e torna-se uma fortaleza demoníaca na vida deles.

Amargura, ressentimento, ódio e raiva

A inclemência, ou ausência de perdão, é muitas vezes acompanhada por quatro outros demônios, muito amigos da inclemência: amargura, ressentimento, ódio e raiva. Além da ferida emocional infligida, a pessoa que sofreu abuso sofre com essa angústia adicional, fazendo com que tudo fique muito pior. Paz e alegria são enganosas; e os relacionamentos ficam terrivelmente destruídos.

A questão-chave a se fazer pode ser esta: a pessoa tem razões para sentir raiva, amargura, confusão ou dor? É lógico que sim. Essa pessoa foi vitimada por outras — um crime impelido por Satanás, que veio para roubar, matar ou destruir (v. Jo 10.10). E roubou-se, destruiu-se e matou-se muito. Para tornar as coisas ainda pior, talvez a pessoa que praticou abuso seja algum parente ou algum outro indivíduo perigoso que não está na cadeia — não se fez justiça. Por conseguinte, acrescenta-se o desamparo à raiva, à amargura, à confusão e às feridas.

Cristo pode curar

Seria maravilhoso se todos os problemas fossem totalmente apagados no momento da conversão, mas a realidade é que eles se prolongam e roubam a alegria do novo convertido a Cristo. Nosso Salvador é capaz de curar essas feridas tão profundas? Ele já pagou o preço por todos os pecados? O novo convertido a Cristo precisa dar novos passos para se apropriar de mais liberdade? O que impede que a ferida seja totalmente curada em todos os casos em que está presente? Essas perguntas são feitas por pessoas boas que buscam entender o cristianismo. As respostas são sempre a mesma.

É claro que Cristo é capaz de curar as feridas profundas. Sim, ele já pagou o preço total. Quanto à liberdade, descobri que a chave, em geral, está no perdão. Nesses casos em que a total liberdade não acontece na conversão, uma sessão de perdão e de cura interior quase sempre resulta em total liberdade e libertação.

A sujeição à inclemência

O capítulo foi intitulado de "Perdoar o imperdoável". Algumas atrocidades e horríveis pecados cometidos contra crianças, mulheres e pessoas desamparadas parecem, em termos humanos, atos imperdoáveis. Mas não somos "do mundo" (Jo 17.14); e o Senhor nos ordenou a perdoar, mesmo quando isso parece algo difícil de ser feito (v. Mt 18.21,22).

Veja bem, a inclemência, ou ausência de perdão, é um tipo de sujeição. A sujeição é como uma corda invisível que amarra tudo com um nó. Mas as boas notícias são que essa sujeição pode ser rompida, e aqueles que sofreram abuso podem experimentar liberdade completa. O que é ainda mais empolgante é que essa liberdade, muitas vezes, estende-se àqueles que são perdoados, como também àqueles que fazem uso desse dom do perdão. Já presenciei circunstâncias mudarem drasticamente quando a vítima perdoa aquele que o submeteu a uma terrível injustiça. Isso é algo similar a ser solto da prisão.

Há dois aspectos do perdão que são muitas vezes ignorados. Primeiro, estender o perdão à pessoa não quer dizer perdoar o pecado, a injustiça, a ferida ou, até mesmo, o crime cometido por aquela pessoa. O perdão simplesmente solta as partes presas pelos laços da sujeição. Talvez, possa explicar esse aspecto de forma mais fácil ao relatar uma experiência pessoal.

Perdão: a chave para viver bem e morrer bem

Alguns meses atrás, tive de esperar por um exame de laboratório em um hospital, bem amplo e bom. Muitas pessoas tinham de vir até esse local para tirar sangue e fazer todo tipo de exame médico. Como a sala de espera estava muito cheia, comecei a procurar algo que pudesse ler e descobri que aquele hospital produzira uma série de panfletos para falar de uma variedade de necessidades dos pacientes e seus familiares. O panfleto pelo qual me interessei naquele momento intitulava-se *Preparar-se para morrer bem*. Assim, li o que ele dizia para os pacientes com doenças terminais.

Meu marido, Peter, e eu, pouco tempo antes de fazer esses exames, tivemos uma conversa com nossas três filhas e seus maridos para discutir um pouco sobre a idéia de que certamente chegará o momento em que nós dois já teremos partido. Discutimos uma série de coisas, mas logo descobrimos que algo que nossas filhas queriam muito que fizéssemos era falar sobre como gostaríamos que nosso funeral fosse realizado. Uma das meninas, aos prantos, implorou: "Por favor, não peçam para que eu escolha o caixão de vocês!". Só nesse momento percebemos que faríamos um grande favor a nossas filhas se não as sobrecarregássemos com todos esses preparativos em um momento de profunda dor, quando poderíamos fazer isso de antemão e já deixar todas as despesas pagas.

Pensei que o panfleto dizia respeito a esses preparativos e comecei a lê-lo. Fiquei bem surpresa ao ler que era muito mais que isso, pois apresentava conselhos práticos e corretos. Gostaria de citar um parágrafo desse panfleto, escrito pelo dr. Kay Talbot, Ph.D.:

> Planejar o funeral, deixar testamento, resolver questões espirituais e dizer adeus são formas importantes de expressar sua individualidade, de comunicar seus últimos desejos e de deixar um legado para todos que ama. Você, para completar algo inacabado e ter serenidade, precisa perdoar e/ou ser perdoado. O perdão não quer dizer fechar os olhos para os comportamentos abusivos ou insensatos, nem confiar em quem não é digno de confiança. Perdoar é algo que você faz para você mesmo ter paz; o perdão dissolve a raiva, como se ele fosse um antiácido. É uma forma de olhar para os outros como pessoas incapazes de amar e de apreciar você da forma como precisa. Você perdoa a pessoa, não o ato. Aqueles que pedem perdão e o recebem de Deus, dos outros e de si mesmos são capazes de viver os dias que lhe restam com maior liberdade que antes. O perdão liberta seu espírito.[1]

Esse é um dos tratamentos mais eloquentes que já vi sobre esse assunto do perdão. Espero que muitas pessoas, não só as que têm doenças terminais, aceitem do fundo do coração esse conselho!

Perdão: uma ordem e uma escolha

Provavelmente, o segundo aspecto mais importante é que o perdão é uma escolha. Na verdade, é uma ordem de nosso Senhor e Salvador Jesus Cristo; mas nós, como indivíduos, temos a opção de obedecer ou de desobedecer a essa ordem, pois nos foi dado o livre-arbítrio para fazermos escolhas. Fazer escolhas muitas vezes acarreta viver as consequências dessas escolhas.

A passagem mais familiar das Escrituras que ensina sobre o perdão é a de Mateus 6.9-13, conhecida como o pai-nosso. Quando os discípulos pediram a Jesus para que lhes ensinasse a orar, ele lhes disse para que orassem o pai-nosso, em que encontramos o seguinte: "'Perdoa as nossas dívidas, assim como perdoamos aos nossos devedores'" (v. 12). Depois de Jesus completar a oração, ele retorna ao versículo 12 e aprofunda a idéia apresentada ali, como para salientar sua importância: "'Pois se perdoarem as ofensas uns dos outros, o Pai celestial também lhes perdoará. Mas se não perdoarem uns aos outros, o Pai celestial não lhes perdoará as ofensas'" (v. 14,15). Fica claro que a inclemência, ou ausência de perdão, pode nos trancar em uma prisão.

> Ele quer que fiquemos trancados na prisão da inclemência, ou da ausência de perdão, e que tranquemos outros na cela vizinha à nossa.

Lido, com freqüência, com pessoas cujo pecado é muito grande para que sejam perdoadas, e elas sentem-se indignas. Ou sentem que os pecados ignóbeis cometidos contra elas são tão graves que é impossível que cheguem a perdoar seus agressores. Como podem perdoar os indivíduos que deixaram a vida delas em ruínas? Isso, é óbvio, é exatamente o que Satanás sopra no ouvido delas, pois quer que elas acreditem nisso. Ele quer que fiquemos trancados na prisão da inclemência, ou da ausência de perdão, e que tranquemos outros na cela vizinha à nossa. Mas, graças a Deus, Jesus veio para " 'proclamar liberdade aos presos' " (Lc 4.18).

O perdão pode ser difícil

Quando, em uma sessão de libertação, chegamos a um ponto em que fica claro que a pessoa por quem oro precisa perdoar alguém que cometeu um pecado, uma injustiça, uma falsa acusação, uma traição, um abuso e, até mesmo, um crime, simplesmente fazemos uma pausa. A seguir, peço para que a pessoa ore ao Senhor e estenda o perdão à pessoa que a feriu. Algumas vezes, isso é muito difícil. A seguir, enfatizo o fato de que, com essa atitude, estamos libertando as duas pessoas envolvidas nessa experiência dolorida. Muitas vezes, encorajo a pessoa a fazer a seguinte oração: "Como Cristo perdoou todos meus pecados, escolho perdoar [insira o nome da pessoa em questão] por [insira a ofensa]". Perdão é uma escolha. Perdão é obediência a Jesus Cristo. Perdão, em geral, é a chave para a liberdade. Essa liberdade é liberdade das amarras que prenderam, possivelmente por muitos anos, uma pessoa ao pecado de outra.

Um demônio da inclemência

Quando se comete uma injustiça ou pecado sério, como, por exemplo, o abuso sexual infantil, a criança se lembra da dor, da violação, do trauma, do pânico e de tudo que lhe foi negado com essa atitude e, vez após vez, visita tal situação em sua mente. A inclemência, ou a ausência de perdão, instala-se e, por fim, convida um demônio da inclemência, ou da ausência de perdão, a estabelecer moradia na alma dessas pessoas. O que esse demônio conquistou foi o direito legal de estar ali, porque ele se alimenta da injustiça e das visitas recorrentes ao dano sofrido. Ele pode ficar muito entrincheirado nessa pessoa.

No entanto, quando uma pessoa estende o perdão, remove-se o direito legal para que esse demônio fique ali, e este tem de sair quando se ordenar, em nome de Jesus, que saia. Algumas vezes, esses demônios iniciam uma luta para ficar, ou eles podem até dizer que não têm de sair (o que é uma mentira). O arrimo deles foi destruído pelo perdão. Obviamente, é preciso orar por todos os outros traumas, e os demônios correspondentes devem ser expulsos à medida que nos deparamos com eles. Mas o poder deles está muito mais fraco, uma vez que a casa deles foi dividida (v. Mt 12.25). A seguir, é preciso fazer uma oração séria e direcionada à cura das memórias. Certifique-se de que compreende muito bem o capítulo de Dale Sides sobre rachaduras da alma (capítulo 13), pois é um recurso valioso para a cura de memórias causadas por traumas.

"Odeio o ar que ele respira!"

Deixe-me lhe contar a dramática história de uma mulher por quem orava e que tinha de lidar com a inclemência, a ausência de perdão, em algumas áreas. Ela tinha sérias desavenças com seu marido a respeito das finanças da casa. Em suas próprias palavras, ao olhar em retrospectiva para a situação, esta foi a forma como descreveu sua situação: "Odiava meu marido e contratei um advogado para fazer o divórcio. Tornei-me uma pessoa com instintos suicidas e fui hospitalizada. Tinha problemas familiares". Abusaram dos gastos e deviam cerca de 5 mil dólares só de imposto de renda que deveriam ser pagos no mês seguinte. Como o problema parecia ser culpa basicamente do marido, pedi-lhe que o perdoasse. Ela respondeu-me: "Odeio o ar que ele respira!". Portanto, pedi-lhe que fosse para casa e orasse a Deus para ajudá-la a chegar ao local em que ela poderia escolher perdoá-lo. Cerca de duas semanas depois, recebi um telefonema em que ela afirmava apenas isto: "Agora, já posso perdoá-lo". Ela voltou a procurar-me, e oramos. Ela foi capaz de perdoar o marido. Oramos e expulsamos o demônio da inclemência, ou ausência de perdão, e do ódio, com muitos outros.

Antes de ela sair, pedimos a Deus que suprisse aquela enorme necessidade financeira que tinham, os 5 mil dólares. Alguns dias mais tarde, ela me telefonou. Amo esse telefonemas que se iniciam com esta exclamação: "Você nem imagina o que aconteceu!". Ela prosseguiu e disse que foi acordada às 7 horas da manhã (estávamos na Califórnia naquela época) com um telefonema da costa leste, de um escritório de uma seguradora especializada em seguro contra acidente pessoal. Dois anos atrás, ela requerera o pagamento em razão da séria doença que a acometera, mas a companhia de seguro nunca lhe dera nenhuma resposta à requisição. A pessoa do outro lado da linha disse-lhe que os papéis que ela enviara caíram entre duas mesas e acabavam de ser recuperados. Naquele dia mesmo, enviariam um cheque de 5 mil dólares para o pagamento que lhe era devido por causa de sua doença. Tenho certeza de que houve uma operação de causa e efeito nesse episódio. O perdão é uma arma poderosa contra o demônio, e creio que, nesse caso, Deus honrou aquele passo de obediência. E, para mostrar o quanto se alegrara com isso, o Senhor a honrou ao suprir imediatamente suas necessidades prementes.

Algumas semanas mais tarde, recebi um bilhete dela em que dizia: "O ódio por meu marido dissipou-se. Todos os dias, oro e busco maneiras de agradar meu marido. A cura está alcançando minha família. Tudo deu uma guinada de 180º graus. Ficamos empolgados ao ver o que Deus faz a cada novo dia". Um bilhete como esse para um fatigado ministro de libertação remove em um instante a fadiga e dá-lhe novo ânimo para prosseguir.

Não adie o perdão

Não podemos permitir que a inclemência, ou a ausência de perdão, instale-se em nossa vida, nem por um dia sequer. As Escrituras ordenam-nos a não permitir que o sol se ponha sobre nossa ira (v. Ef 4.26). Por quê? Porque a ira, bem como a inclemência, ou a ausência de perdão que a acompanha, envenena o espírito e cresce com o tempo, fornecendo uma porta de entrada para a atividade demoníaca. É bom pensar a respeito da inclemência, ou da ausência de perdão, como um luxo que não temos como sustentar.

Temos em nosso poder a habilidade de perdoar, porque o Senhor deu isso a nós, os cristãos. A obediência é a chave, e quanto mais cedo a usarmos, melhor. O demônio nos diz que temos direito de nos agarrar à inclemência, ou à ausência de perdão, e, de acordo com os padrões do mundo, provavelmente temos mesmo esse direito. Mas não estamos no mundo — somos cidadãos do céu; e, como tal, temos o poder de perdoar o imperdoável. As palavras de Jesus são verdadeiras; e ao conhecer a verdade e ao ser obediente a ela, podemos ter certeza que "'conhecer[emos] a verdade, e a verdade [n]os libertará. [...] Portanto, se o Filho [n]os libertar, [...] [nós] de fato ser[emos] livres'" (Jo 8.32,36). Nada de cativeiro, nada de dor, nada de vítima, mas realmente livres. Gosto disso!

Capítulo 9

LIBERAR AS RAÍZES DE AMARGURA PROVENIENTES DOS JULGAMENTOS

Cindy Jacobs

Certo dia, meu marido, Mike, chegou em casa depois de um dia de trabalho na American Airlines, em Dallas, Texas, com uma notícia chocante — venderíamos nossa casa, e ele voltaria para a escola! Aquele comportamento era muito estranho para meu marido. Para início de conversa, nenhum de nós jamais tomou decisões unilaterais, como aquela, sem consultar um ao outro. A outra razão é que ele sempre me dissera que não seria preciso ter seu mestrado em administração para exercer sua função.

Naquela noite, tentei conversar com ele e apresentar minhas razões — tudo inútil. Comecei: "Vamos orar juntos sobre esse assunto para saber o que o Senhor quer que façamos". Entretanto, nada o demovia daquela idéia — a casa deveria ser vendida, e utilizaríamos todo nosso dinheiro em seus estudos.

Na manhã seguinte, separei um tempo de oração para perguntar ao Senhor o que ele tentava me dizer por meio daquela situação. Realmente queria perguntar ao Senhor para saber quem seqüestrara meu marido e o substituíra por esse alienígena. Sentei-me, imóvel, e tentei aquietar meu espírito encolerizado. Meus pensamentos estavam agitados com questionamentos para Deus que percorriam toda a escala desde: "Como ele ousa ser tão arrogante?" a: "Senhor, ele não está dividindo a vida comigo de uma forma amorosa e gentil".

Por fim, aquietei meu ser para poder ouvir o Senhor realmente falar em meu coração. Ele murmurou para mim: "Cindy, Mike não está agindo de forma razoável, não é mesmo?". Ao sentir que só enfrentaria mais problemas que os que já tinha por causa de minha atitude lamentável, acalmei-me e fiquei quieta e ouvi. Por fim, o Senhor disse: "Você está colhendo o que plantou".

Naquele instante, vi-me criança, sentada em nosso carro cheio de utensílios domésticos com meu pai, que era pastor de igreja, e nossa família. Estávamos deixando a cidade bem cedinho para que ninguém nos visse partir. Realmente não compreendia para onde íamos e a razão para aquela mudança. Só sabia que meu mundo estava mudando, e ninguém me dissera o que estava acontecendo.

Não tento culpar meus pais. Eles, certamente separaram um tempo para me explicar o que acontecia se eu soubesse perguntar. Entretanto, muitos anos depois, por causa do prospecto de uma mudança similar, senti o mesmo que sentira antes.

A percepção seguinte que veio a minha mente foi o livro que li recentemente, *The Transformation of the Inner Man* [A transformação do homem interior], de John e Paula Sandford. O capítulo intitulado "Bitter Root Judgement and Expectancy" ["A raiz de amargura proveniente do julgamento e da expectativa"] teve reflexos em meu coração, e, daí em diante, minha vida foi transformada.

De repente, sabia o que estava acontecendo. Sentia amargura pelo que meu pai fizera e ainda não o perdoara por, sem nenhuma explicação, mudar de um lugar para o outro quando eu era criança. Agora, colhia os frutos por intermédio de meu marido. Arrependi-me rapidamente desse pecado, perdoei meu pai e quebrei o poder dessa colheita maléfica pelo poder do sangue de Jesus na cruz.

Naquela noite, Mike chegou em casa do trabalho assobiando, pois estava feliz. Ele nem mencionou vender a casa. Mais tarde, naquela mesma noite, criei coragem para perguntar-lhe se ainda pensava em voltar a estudar. Ele sorriu e disse algo parecido com o seguinte: "Não, pensei sobre o assunto hoje e decidi não voltar a estudar".

Contaminação por causa das raízes de amargura

Depois dessa experiência, voltei a estudar o tema referente às raízes de amargura nas Escrituras, e também sobre o plantar e colher. Hebreus 12.15

afirma: "Cuidem que ninguém se exclua da graça de Deus; que nenhuma raiz de amargura brote e cause perturbação, contaminando muitos".

Por mais incrível que pareça, minha amargura contaminou Mike e causou grandes problemas para mim!

Os Sandfords dizem o seguinte a respeito dessa contaminação:

> Nossa raiz de amargura, por causa da força da colheita, acaba por contaminar muitos. Fazemos com que ajam ao nosso redor de algumas maneiras por meio das quais possam resistir a nós com sucesso, sem nos levar em consideração. Toda pessoa casada ou qualquer outro tipo de parceiro pode perguntar: "Por que ele não se tornou uma pessoa melhor e mais firme ao se associar comigo?", e: "Será que minha amargura o contaminou?", ou: "Estou colhendo algo por intermédio dessa pessoa?".[1]

Outro princípio bíblico que me ajudou em minha situação foi Gálatas 6.7: "Não se deixem enganar: de Deus não se zomba. Pois o que o homem semear, isso também colherá". Não só as sementes que plantamos voltam para nós, mas também retornam em medida muito maior que aquela em que a plantamos. Oséias 8.7 afirma: "'Eles semeiam vento e colhem tempestade'".

Plantei um julgamento em relação a meu pai e, agora, colhia isso por intermédio de meu marido! Meu pai, a figura masculina em minha vida quando era criança, fizera, sem intenção, com que eu sentisse dor ao não explicar a situação da igreja e nossa partida subseqüente. Agora, Deus, ao permitir que fizesse a colheita por intermédio de meu marido, tentava revelar-me a amargura que tivera naquela situação. Assim que a amargura foi revelada, houve arrependimento pelo julgamento que fizera, e o poder da inclemência, ou da ausência de perdão, foi quebrado, e Mike ficou livre para pensar por si mesmo. Minha raiz de amargura não mais o contaminava.

Raízes de amargura, muitas vezes, levam-nos a ver situações através da lente da contaminação. Quando julgamos o comportamento de alguém e, em conseqüência disso, ficamos amargos a respeito disso, nossos olhos, repentinamente, ficam obscurecidos por aquilo que a Bíblia chama de viga. Lemos em Mateus 7.1-5:

"Não julguem, para que vocês não sejam julgados. Pois da mesma forma que julgarem, vocês serão julgados; e a medida que usarem, também será usada para medir vocês.

Por que você repara no cisco que está no olho do seu irmão, e não se dá conta da viga que está em seu próprio olho? Como você pode dizer ao seu irmão: 'Deixe-me tirar o cisco do seu olho', quando há uma viga no seu? Hipócrita, tire primeiro a viga do seu olho, e então você verá claramente para tirar o cisco do olho do seu irmão".

Raízes de amargura proveniente dos julgamentos não é o mesmo que inclemência

Precisamos entender que as raízes de amargura provenientes dos julgamentos não é o mesmo que inclemência, ou ausência de perdão. Os julgamentos que fazemos em meio a nossa amargura, na verdade, dão início a um círculo vicioso que nos levam a cair em um mesmo conjunto de situações reiteradas vezes até que possamos lidar com as questões de nossa vida que estão na raiz do problema. Nosso misericordioso Pai celestial faz isso por causa do pecado, pois este, quando chega a estar totalmente maduro, traz a morte (v. Tg 1.15).

O Senhor Jesus morreu na cruz para que pudéssemos ter vida, e vida em abundância (v. Jo 10.10). Portanto, se houver algo em nossa vida que se oponha à vida plena, o Senhor quer levar isso à cruz para que morra ali.

Quando julgamos os outros, nós realmente os amarramos para que não possam ver seus problemas. Tornam-se prisioneiros de nosso julgamento até que os libertemos ao liberar nosso julgamento e os perdoar. Assim, trazemos o poder da cruz para conduzir a situação, e eles são libertos.

Um exemplo muito dramático disso aconteceu como resultado de orar com uma amiga em favor da salvação de seu marido. Durante nosso período de oração, ela, com um misto de desgosto e tristeza, disse o seguinte: "George [esse não é seu nome verdadeiro] jamais nascerá de novo! Ele nem mesmo quer aceitar a Cristo". Naquele momento, o Espírito Santo fez-me dizer: "Jewel [esse também não é seu nome verdadeiro], não diga isso! Você precisa liberá-lo dessa raiz de amargura proveniente do julgamento para que ele possa ficar livre para receber o Senhor em sua vida".

Jewel ficou chocada por um momento e, a seguir, percebeu o que ela fizera. No mesmo instante, ela orou: "Pai, arrependo-me agora pelo julgamento que fiz a respeito de George, de que ele se recusa a nascer de novo e não está nem mesmo interessado nisso. Em nome de Jesus. Amém". Na semana seguinte, seu marido nasceu de novo.

Raízes de amargura provenientes de julgamentos são muito mais poderosas que aquilo que os conselheiros chamam de "expectativa psicológica". Isso ocorre quando alguém foi ferido por uma figura de autoridade e tem a expectativa de que todos os outros líderes o tratem da mesma forma. Na verdade, como já dissemos antes, por causa das raízes de amargura, os líderes são contaminados. Portanto, sem ter consciência disso, eles começam a tratar a pessoa ferida da mesma forma abusiva que a figura de autoridade do passado a tratava.

Uma observação importante sobre o assunto é que se percebermos que agimos de uma forma que não é habitual em relação a determinada pessoa, talvez essa pessoa esteja colhendo por nosso intermédio. Podemos lutar contra a contaminação que essa pessoa nos impinge por meio da amargura. É possível reconhecer isso e pôr fim a essa contaminação que nos atinge. Já fiz isso em mais de uma ocasião. Isso realmente funciona, pois fui capaz de tratar a pessoa de forma bem diferente depois da oração de libertação.

Brasas de fogo

O Senhor nos trará de volta àquela determinada situação em que primeiro plantamos raízes de amargura e falhamos em nossas atitudes e em nossos julgamentos a fim de assegurar que seremos curados daquelas atitudes enraizadas. Na verdade, até mesmo depois de liberar aqueles que julgamos, o Senhor muitas vezes nos traz a uma situação similar para assegurar se, realmente, lidamos com nosso padrão de pensamento nessa área. Isso aconteceu mais de uma vez em minha vida.

Embora eu tenha liberado meus julgamentos, perdoado a pessoa e quebrado a maldição que acompanha o julgamento, minha mente ainda precisa ser renovada nessa área. Talvez você diga que minha alma precisava ser restaurada (v. Sl 23.3). Por essa razão, o Senhor trouxe-me de volta a uma situação similar em que fui falsamente julgada por uma figura de autoridade. Mas Deus utilizou essa situação para curar essa área de minha vida.

Podemos chamar essa experiência de "brasas de fogo". Você se lembra da história de Jesus em sua aparição após a ressurreição para os discípulos após aquela decepcionante noite de pescaria (v. Jo 21.4-19)? Jesus ficou na praia e chamou seus discípulos para perguntar-lhes se tinham algo para comer. A chave dessa história é que ele estava preparando peixes sobre as brasas da fogueira — o mesmo tipo de fogo ao lado do qual Pedro se aquecia quando negou Cristo (v. Jo 18.18,25-27). Foi nesse cenário que o Senhor disse a Pedro: "'Simão, filho de João, você me ama mais do que estes?'" (Jo 21.15). Jesus prosseguiu com sua fala e pediu para que Pedro alimentasse seus cordeiros e suas ovelhas (v. v. 15-17), terminando com um convite a Pedro: "'Siga-me!'" (v. 19).

Que descrição do verdadeiro perdão! O Senhor trouxe Pedro de volta ao lugar de sua mais profunda e mais tenebrosa vergonha; Jesus o alimentou; e, a seguir, ele comissionou Pedro para segui-lo. Jesus, em essência, disse: "Pedro, ainda o amo e quero que você seja meu discípulo. Eu o perdôo".

Tive uma experiência de cura similar por intermédio de um ministro de Deus, embora, por muitos anos, tenha sido ferida por vários pastores na igreja que prometera me proteger. Por fim, os relacionamentos envolviam tanto a dor como as bênçãos. Entretanto, para alguns, havia mais dores que bênçãos.

Quando nos mudamos para Colorado Springs e comecei a freqüentar a igreja em que nosso bom amigo, Dutch Sheets, era o pastor responsável, descobri que ainda enfrentava lutas. Percebi que Dutch mudara de posição em minha vida: de amigo para figura de autoridade. A parte gloriosa dessa história é que somos tão bons amigos que tive liberdade de contar-lhe sobre minhas feridas do passado e do círculo vicioso que elas criaram.

Jamais esquecerei o dia que ele me olhou nos olhos e disse: "Cindy, provarei que todos os outros pastores estavam errados na forma como a trataram. Essa será uma experiência maravilhosa para você". E sabe o quê? Ele estava certo! Mike e eu fomos muito beneficiados por ser membros da igreja Springs Harvest Fellowship, e Dutch foi um fiel protetor e defensor sempre que precisamos dele.

Em nossa vida cristã, é fundamental entendermos o fato de que dores antigas e amarguras do passado contaminam nosso coração e nossa vida. O Senhor é fiel em nos deixar saber a diferença entre a dor de nosso coração e as lutas que surgem em nossa alma, se apenas pedirmos para que nos ajude. As pessoas em posição de autoridade em nossa vida também nos abençoarão se aprendermos a distinguir a verdade em meio às mentiras do círculo vicioso.

Abraçar a liberdade que acompanha a liberação das raízes de amargura provenientes dos julgamentos

O princípio da liberação das raízes de amargura provenientes do julgamento é uma das verdades mais poderosas que aprendi em meu caminhar cristão. Toda vez que há uma situação que não faz sentido a minha volta, sempre verifico para ver se tenho alguma raiz de amargura.

Anos atrás, ensinei sobre esse tópico em uma conferência para mulheres, em Dallas, no Texas. Assim que comecei a orar para que as pessoas liberassem julgamentos sobre suas famílias, uma mulher pensou em sua filha. A filha desaparecera alguns anos antes, e a família nunca mais recebera notícias dela e de onde andava. Obviamente, essa era uma questão de profunda angústia para toda a família.

Aquela senhora liberara os julgamentos que fizera em relação a sua filha. Ela a liberou do julgamento de que a jovem não era uma boa filha e de que sempre criava problemas. A mãe também julgara que sua filha não se importava com o quanto sua família fora afetada com sua saída. Depois de acabarmos a oração, fizemos um intervalo. A mulher ficou surpresa ao receber, durante aquele breve intervalo, um telefonema da filha que saíra de casa havia muito tempo. A menina disse a sua mãe: "Mãe, desculpe-me por ter saído de casa. Posso voltar?". A mãe, chorando copiosamente, respondeu-lhe: "Ó, minha querida, é claro que você pode voltar para casa. Volte hoje mesmo!".

Minha história sobre a liberação das raízes de amargura provenientes de julgamento aconteceu logo depois de Mike e eu nos mudarmos para El Paso, no Texas, onde havíamos comprado uma casa grande com porão. A máquina de lavar e a de secar ficavam no porão, e nós as herdamos com a casa. A máquina de secar apresentava problemas, pois, constantemente, aquecia demais. Temia que as roupas pegassem fogo, mas, como na época tinha um bebezinho, tinha montanhas de roupas para lavar.

Contei a Mike os problemas que enfrentava com aquela máquina e pedi-lhe que desse uma olhadela nela (ele é muito jeitoso e consegue consertar quase tudo). Oras, meus apelos não foram ouvidos! Assim, comecei a reclamar e, depois, a chorar. Terminei minhas súplicas com estas palavras: "Mike Jacobs, você realmente não liga a mínima se esta casa pegar fogo e também não se importa com o fato de que tenho montanhas de roupas sujas e fedidas no porão para lavar!".

No dia seguinte, depois de me acalmar, tive uma revelação instantânea de que julgara Mike por nunca querer me ajudar com os serviços da casa. A secadora era apenas mais um item em uma longa fileira de outras tarefas domésticas. Arrependi-me rapidamente de meu julgamento e perdoei Mike. Naquela noite, ele, quando chegou em casa, e *sem que eu pedisse nada*, consertou a máquina de secar. Bem, fiquei realmente empolgada — e dancei pela casa toda no dia seguinte durante minha devocional! (Não posso chamar esse tempo que separo para Deus de momento de quietude, pois nem sempre fico quieta durante esse período.)

Dar passos para liberar as raízes de amargura provenientes dos julgamentos

Talvez você esteja pensando: *Tudo bem, Cindy, eu desisto! Você provou seu caso. Sei que tenho listas e listas de julgamentos em relação a minha mãe, meu pai, meu irmão, meu pastor e muitas outras pessoas. Ajude-me!*

Fico feliz por você pedir ajuda, pois fico extremamente satisfeita, enquanto escrevo estas palavras, ao imaginar que você ficará realmente livre nos próximos momentos.
Eis aqui o que você precisa fazer:

1. Faça uma lista dos relacionamentos em sua vida que podem ter sido maculados pelas raízes de amargura provenientes do julgamento. (Não se esqueça de você mesma!)
2. Se possível, peça a algum(a) amigo(a) para que ore com você a fim de liberar essas raízes de amargura. Tiago 5.16 afirma: "Portanto, confessem os seus pecados uns aos outros e orem uns pelos outros para serem curados. A oração de um justo é poderosa e eficaz". Se você não tem ninguém que possa orar com você, não se preocupe. Deus está aí com você, e, na verdade, é para ele que você faz sua confissão.
3. Peça ao Espírito Santo para que revele a você todas as raízes de amargura, das quais você não tem consciência.
4. Faça uma lista dos julgamentos.
5. Comece a orar e libere a pessoa que mais lhe feriu ou por intermédio da qual você mais colhe seus julgamentos. É comum as pessoas começarem a fazer isso com as questões da família de origem. Procure os fios da meada que percorrem sua vida e que dão origem a muitos círculos viciosos da colheita (ou seja, aquilo por meio do qual você é traída vez após vez).

Eis aqui um exemplo de uma oração para liberar seu pai:

Pai, em nome de Jesus Cristo de Nazaré, eu libero agora os seguintes julgamentos sobre meu pai:
[insira esses julgamentos específicos].

Dois exemplos de julgamentos que talvez você precise liberar é o de que ele jamais ouve você ou o de que ele era um homem austero. Isso não quer dizer que seu pai a ouvia ou de que ele não fosse austero, mas apenas que você precisa liberá-lo para que essa contaminação que afeta você não afete todas as figuras de autoridade ao seu redor. É também possível que houvesse algum tipo de desonra na forma como tratou seus pais, e isso também retornará para você. Êxodo 20.12 instrui-nos: "'Honra teu pai e tua mãe, a fim de que tenhas vida longa na terra que o Senhor, o teu Deus, te dá'".

6. Esqueça aqueles que você julgou e peça ao Senhor para perdoar você por ter julgado.
7. Quebre o poder da colheita que tem o efeito de uma maldição sobre sua vida. Repita estas palavras: "Quebro agora as maldições que foram liberadas contra mim resultantes de meus julgamentos".
8. Aplique o poder da cruz a todas as áreas de sua vida em que você colhe o que plantou com as raízes de amargura de seus julgamentos. Um exemplo de oração que você pode fazer seria este aqui:

Deus Pai, trago agora o poder da cruz para carregar essas raízes de amargura provenientes de julgamentos que fiz. Oro para que o poder dessas raízes de amargura seja quebrado hoje em minha vida.

Fico muito empolgada por você à medida que, a partir de hoje, inicia um começo totalmente novo em sua vida. A verdade, à medida que anda em plenitude em Cristo, libertará você e todas as pessoas que ama.

Capítulo 10

SUPERAR A REJEIÇÃO

Chris Hayward

Nenhum outro problema de relacionamento traz dor semelhante à dor da rejeição. O espírito da rejeição pode ser encontrado em quase todos os romances ou dramas. Ele tem raízes profundas na essência do nosso ser. Introduzido no jardim de Éden, até hoje, esse sentimento continua a deixar sua marca indelével em cada um de nós. Ninguém está livre dos efeitos da rejeição, somente Jesus pode livrar-nos de suas conseqüências mortais.

Alguns mais que outros

Todos nós já nos sentimos rejeitados, alguns de forma mais profunda que outros. Ser molestado sexualmente por um membro da família, por exemplo, pode causar um sentimento de rejeição tão profundo que o sofrimento que esse sentimento causa é mais intenso que a dor de ser queimado com fogo. Além disso, o inimigo de nossas almas usa toda experiência negativa para nos fazer internalizar o sentimento de rejeição. Mais adiante, neste capítulo, você compreenderá o motivo pelo qual o Diabo é tão determinado em infligir esse sentimento aos filhos de Deus.

Qualquer tipo de rejeição é dolorosa. Existem pessoas que carregam, até sua vida adulta, um forte sentimento de rejeição causada, muitas vezes, por uma infeliz intervenção de um professor da escola de ensino fundamental. Uma criança que ouve o pai dizer: "Você é um estúpido! Eu queria que você nunca tivesse nascido!", pode ser afetado por toda a sua vida. Quando um jovem é o último a ser escolhido para fazer parte de um time, ele pode desenvolver baixa auto-estima por causa do sentimento de rejeição, o que pode predispô-lo ao fracasso na vida adulta. Essas "pequenas" rejeições vão se acumulando com o decorrer tempo e tornam-se como uma onda gigante que carrega tudo o que encontra pelo caminho.

Definir os termos

A rejeição é o ato de manter à distância ou de descartar alguém ou algo. Isso implica na negativa de creditar valor a algo ou a alguém, exatamente como nos sentimos quando somos rejeitados. Começamos a achar que não temos nenhum valor à medida que experimentamos um opressivo sentimento de indignidade. A rejeição também é o ato de negar amor. Essa talvez seja a definição mais importante de todas. Em conseqüência disso, na mesma proporção que internalizamos a rejeição, sentimos uma correspondente inabilidade de dar ou receber o amor.

Quando internalizamos o espírito da rejeição, temos dificuldade para receber o amor de Deus de forma plena. Aceitamos seu amor intelectualmente, mas somos incapazes de experimentá-lo emocionalmente. Da mesma forma, isso é verdadeiro, quando outra pessoa tenta expressar amor por nós. Dependendo do nosso grau de rejeição, também rejeitamos o afeto do Senhor. O sentimento de indignidade faz com que qualquer tentativa de demonstrar afeto pareça irreal. E assim, evitamos intimidade com o outro. Enquanto acharmos difícil amar e confiar, manteremos uma polida distância. Em paralelo a isso, também achamos difícil expressar ou receber o amor de Deus e temos dificuldade para confiar nas pessoas. A adoração torna-se um esforço quase impossível de intimidade com Deus.

A teia da aranha

Em uma noite de verão no Texas, olhei para fora, e um raio de luz deslizava pela porta, possibilitando que visse uma aranha tecendo sua teia sobre o deque. Enquanto a noite avançava, eu observava a aranha tecendo com delicada precisão. Quando fui me deitar, a teia estava completa. Eu pensei que pela manhã, poderia pegar uma vassoura e apagar todos os vestígios de sua presença. Percebi que essa é a maneira exata como a graça de Deus funciona. Embora o Diabo possa levar anos tecendo um intrincado plano de rejeição em torno de nossa vida, o nome de Jesus pode remover todos os traços de rejeição.

Você pode pensar que pelo fato de os efeitos da rejeição o acompanharem há tanto tempo, estará destinado a sofrer com eles pelo resto de sua vida. Tenha esperança! O nome de Jesus pode libertá-lo dessa terrível armadilha da rejeição. "'Eu lhes dei autoridade para pisarem sobre cobras e escorpiões, e sobre todo o poder do inimigo; nada lhes fará dano'" (Lc 10.19).

O propósito do Diabo e o propósito de Deus

Jesus revelou o propósito e o objetivo do Diabo, com estas palavras: "'O ladrão vem apenas para roubar, matar e destruir; eu vim para que tenham vida, e a tenham plenamente'" (Jo 10.10).

Primeiro, Satanás veio para roubar. A palavra "roubar" no grego é *klepto*,[1] da qual deriva a palavra em português cleptomania. A forma de agir do inimigo é pelo furto — ele pega sem que ninguém veja, até que seja demasiado tarde para fazer alguma coisa. E o que ele quer roubar? Nossa fé, nossa paz, nossa alegria e nossa libertação em Cristo.

Segundo, Satanás veio para matar. Nesse versículo, a palavra usada para "matar" refere-se a sacrifício.[2] A intenção de Satanás é fazer-nos pensar que não temos valor e que nossa vida não tem finalidade.

Terceiro, Satanás veio para destruir. A palavra grega "destruir" quer dizer "arruinar",[3] nosso inimigo quer que, no fim de nossa vida, olhemos para trás e vejamos um monte de entulho.

Jesus, por sua vez, veio para trazer-nos vida — vida plena. Em vez de remover, ele adiciona. Em vez de nos sacrificarmos por coisas inúteis, vivemos nossa vida para o propósito e o destino que o Senhor preparou para nós. Melhor ainda, ele, em vez de testemunhar nossa ruína, constrói para nós um belo futuro.

Dois reinos

O reino das trevas

Fundamentado em João 10.10 e em outros versículos, sabemos que o reino de Satanás é aquele em que não encontramos amor, alegria, paz, aceitação e perdão. Em seu reino maligno existe só rejeição, desilusão, destruição, divisão e desespero. Deus é amor. Satanás odeia a Deus e, por conseguinte, ele é o oposto de tudo o que Deus é. Mas por que ele quer nos "roubar" o amor de Deus? Mais adiante, veremos a razão disso.

O Reino de Deus

O Reino de Deus é um reino de amor, de aceitação e de perdão. Ele oferece-nos misericórdia e graça. É o Deus de toda a esperança. Inerentes ao nome de Deus são seus atributos. Ele é o pastor que dá sua vida por nós (v. 1Jo 3.16). Ele é nosso Deus poderoso para quem nada é demasiado difícil (v. Sl 46). Ele é nosso médico, o que cura nossas feridas (v. Êx 15.26). Ele é nossa justiça, a que nos faz entrar no céu (v. Jr 33.16). É nossa paz, a que acalma as águas turbulentas de nossa vida (v. Ef 2.14). Nunca nos deixará, nem nos abandonará (v. Hb 13.5). Ele é nosso Salvador, ele destruiu os trabalhos das trevas em nossa vida (v. Rm 11.26).

O propósito da rejeição

Não há a menor dúvida de que a verdadeira natureza do nosso Inimigo é um imenso ódio por Deus e pela humanidade. Deus revela sua glória por intermédio dos seres humanos (v. Sl 8), e, para aqueles que recebem seu Filho como Salvador, ele já preparou uma posição superior, até mesmo acima da posição ocupada pelos anjos (v. lCo 6.3). Satanás sabe que dificilmente terá sucesso em nos fazer negar ao Senhor, ou nossa fé, assim, ele tem outra maneira de nos tornar ineficazes: levar-nos a rejeitar o amor de Deus.

"Porque em Cristo Jesus nem circuncisão nem incircuncisão têm efeito algum, mas sim a fé que *atua pelo amor*" (Gl 5.6, grifo do autor). Nesse texto, Paulo nos diz, de forma clara, que a fé trabalha por meio do amor. Em outras palavras, quando amamos com intensidade, nossa fé é grande. Por outro lado, se amamos pouco, nossa fé também é pequena. Jamais vi alguém com uma grande fé e que fizesse coisas notáveis para Deus, e, ao mesmo tempo, cheio de rejeição. Lembre-se, rejeição é o ato de negar amor a alguém. Aqueles que estão sujeitos ao espírito da rejeição têm uma preocupação excessiva com a opinião dos outros. Na verdade, eles tornam-se tão preocupados consigo mesmos, que não agem pela fé. Quando isso acontece é por que os planos de Satanás tiveram sucesso. Ele sabe que nós não queremos negar ao Senhor, então ele trabalha em segredo, como o cleptomaníaco, roubando aos poucos nosso amor por Deus e enchendo-nos com rejeição a Deus. Com o tempo, depois de muita rejeição e sofrimento, Satanás, devagarzinho, rouba de nosso coração o amor a Deus e ao próximo.

Assim, acabamos por nos tornar uma igreja cheia de rejeição. Não experimentamos a alegria de servir a Deus e a paz da sua presença. As rupturas e as divisões no corpo de Cristo decorrem disso. A igreja torna-se anêmica e ineficaz. O inimigo realiza o que se propôs a fazer: ele nos transforma em pessoas "sem fé".

Com o tempo, barreiras são erguidas ao redor do coração das pessoas. Atrás de cada barreira, existe um trabalho demoníaco para perpetuar e para manter essas barreiras, em particular, a barreira da rejeição que nos impede de amar e de confiar.

As quatro barreiras da rejeição

Rejeição a Deus
Medo da rejeição
Auto-rejeição
Rejeição aos outros
REJEIÇÃO

Existem diversas formas de barreiras. Elas podem ser físicas ou emocionais. A Bíblia não utiliza essa linguagem quando fala sobre rejeição, no entanto, podemos ver seus efeitos na vida dos personagens bíblicos — em especial, na vida de Adão e Eva. Atrás de cada barreira, existe uma atuação demoníaca que perpetua a rejeição.

O inimigo trabalha com a decepção. Para que Satanás alcance seu objetivo, precisamos rejeitar a verdade de Deus, acreditar no engano do Diabo e internalizar a mentira da rejeição. Por isso, precisamos nos arrepender de todas as vezes que demos lugar à rejeição e deixamos de confiar em Deus. Devemos renunciar, também, a cada situação em que aceitamos as trapaças do Diabo. Feito isso, quebramos o jugo a que nos submetemos, o jugo de servidão a Satanás e suas mentiras.

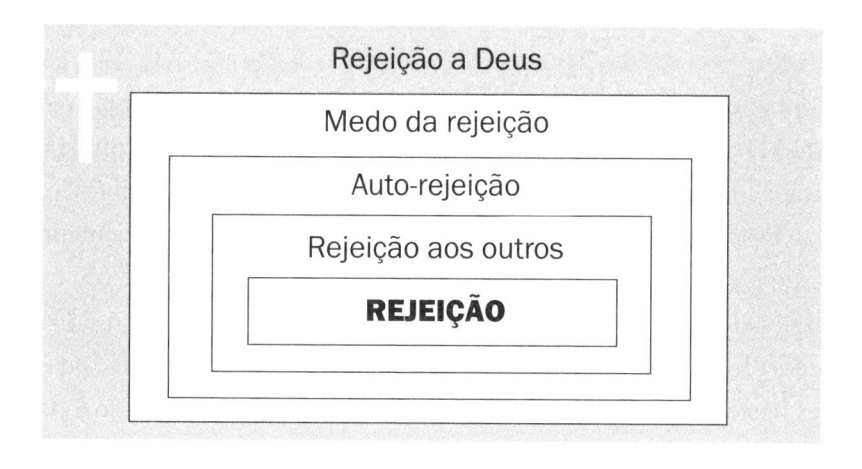

```
┌─────────────────────────────────────┐
│        Rejeição a Deus              │
│  ┌───────────────────────────────┐  │
│  │      Medo da rejeição         │  │
│  │  ┌─────────────────────────┐  │  │
│  │  │     Auto-rejeição       │  │  │
│  │  │  ┌───────────────────┐  │  │  │
│  │  │  │ Rejeição aos outros│  │  │  │
│  │  │  │  ┌─────────────┐  │  │  │  │
│  │  │  │  │  REJEIÇÃO   │  │  │  │  │
│  │  │  │  └─────────────┘  │  │  │  │
│  │  │  └───────────────────┘  │  │  │
│  │  └─────────────────────────┘  │  │
│  └───────────────────────────────┘  │
└─────────────────────────────────────┘
```

Neste capítulo foram incluídas orações que encorajarão você a derramar seu coração diante de Deus. Ele deseja libertá-lo do espírito da rejeição.

Rejeição a Deus

"Quando a mulher viu que a árvore parecia agradável ao paladar, era atraente aos olhos e, além disso, desejável para dela se obter discernimento, tomou do seu fruto, comeu-o e o deu a seu marido, que comeu também" (Gn 3.6).

Essa primeira barreira é a que chamo de um fardo pesado, difícil de carregar. Sem ela, as outras não podem ser erguidas. Se essa barreira for levantada, com certeza, outras também o serão. A maioria de nós está mais preocupada com nossa própria rejeição e não percebe que somos nós quem, muitas vezes, rejeitamos a Deus. Rejeitamos sua palavra, suas ações, seu caráter e seu amor.

Eva foi iludida e acreditou que Deus não se importava com seu bem-estar. Talvez, ela tenha se sentido rejeitada. O diálogo no jardim deixa claro que a serpente tentava retratar Deus sob uma perspectiva desfavorável, questionando seus motivos etc. Eva, finalmente, foi convencida a tomar as rédeas da situação em suas próprias mãos. Rejeitou a Deus e comeu do fruto da árvore proibida. Adão ficou ao lado dela e fez o mesmo: "... tomou do seu fruto, comeu-o e o deu a seu marido, que comeu também" (Gn 3.6).

Tornamo-nos intolerantes com Deus. Questionamos seu amor provedor: Por que Deus não responde a nossas orações? Por que ele não muda essa situação? Quando se compadecerá de nós? Por que ele nos limita? Como Adão e Eva, tomamos as rédeas da situação em nossas mãos, e rejeitamos o amor de Deus, suas palavras e seus caminhos. A barreira da rejeição é um fardo pesado, difícil de carregar, e ela foi construída para afastar a Deus, mantê-lo fora de nossas vidas e tornar possível a construção de todas as outras barreiras. Se você identifica essa barreira, quero convidá-lo a pedir perdão por permitir que o sentimento de rejeição ganhasse espaço em sua vida. Convido você a renunciar ao Inimigo e quebrar seu domínio sobre a seu viver.

Oração

Deus Pai, peço perdão por rejeitar ao Senhor e a sua palavra. Perdoe-me, por não acreditar que o Senhor me ama e me aceita. Peço perdão por tomar as rédeas da minha vida em minhas próprias mãos. Perdoa-me por meu orgulho, teimosia, vontade própria e rebelião. Renuncio a toda resistência a Deus e ao Espírito Santo. Recuso-me a aceitar por mais tempo a influência negativa do espírito da rejeição em minha vida. Quebro toda palavra e todos os acordos que fiz com o espírito da rejeição a Deus. Desfaço todas as conexões e influências familiares que têm relação com o espírito da rejeição a Deus. E agora, pela autoridade que me foi dada, por causa do sacrifício de Jesus na cruz, que morreu por meus pecados, destruo a barreira da rejeição a Deus e renuncio a ela em nome de Jesus.

Medo da rejeição

"Ouvindo o homem e sua mulher os passos do Senhor Deus que andava no jardim quando soprava a brisa do dia, esconderam-se da presença do Senhor Deus entre as árvores do jardim" (Gn 3.8).

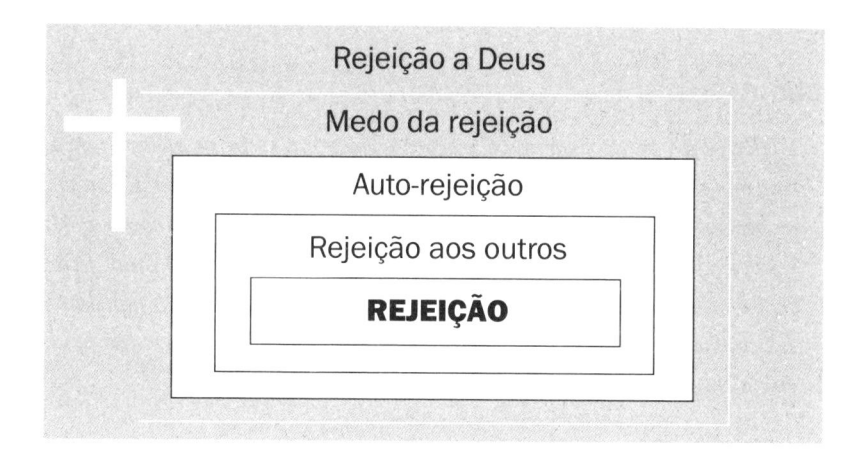

```
            Rejeição a Deus
           Medo da rejeição
            Auto-rejeição
           Rejeição aos outros
              REJEIÇÃO
```

Uma vez aberta a porta da rejeição, rejeitar a Deus é somente uma questão de tempo, antes que outras barreiras sejam erguidas. Uma dessas barreiras é o medo da rejeição. Adão e Eva esconderam-se de Deus (Gn 3.8). Temiam a resposta de Deus a seu ato de rebelião. Desconheciam o medo. O temor de Adão e Eva depois da Queda é resultado do pecado que distorceu a percepção que o homem tem de Deus. Atribuímos a ele motivações pecaminosas, porque agora nós o vemos através dos olhos da rejeição. É importante deixar que nossa mente seja renovada ao ser lavada pela palavra de Deus (v. Rm 12.2). O entulho deve ser retirado. Nós precisamos ter a mente de Cristo.

Da mesma forma que Adão e Eva se esconderam, também nos esconde-mos com medo da rejeição. Começamos a desconfiar de Deus e dos outros. Suspeitamos das intenções das pessoas. Estabelecemos relacionamentos temporários. Você já observou que algumas pessoas sabotam intencional-mente os relacionamentos? Quando começam a ficar íntimos de alguém, de repente, afastam-se. A auto-rejeição nos leva a rejeitar os outros antes que eles tenham oportunidade de nos rejeitar. Dizemos: "Ninguém vai me magoar outra vez. Vou construir uma barreira para me proteger da possibilidade de ser magoado por relacionamentos potencialmente dolo-rosos". Ao fazer isso, continuamos a alimentar a rejeição. Nossos medos mais profundos vêm à tona e trazem mais rejeição ainda.

Oração

Pai, peço perdão por toda decepção, mentira, suspeita, desconfiança, controle e manipulação. Peço perdão por tentar agradar as pessoas, em vez de procurar agradar ao Senhor. Renuncio ao espírito por trás do medo da rejeição. Rejeito essas mentiras. Anulo todas as palavras ou acordos feitos com o medo da rejeição. Desfaço todas as conexões e influências familiares relacionadas com o medo da rejeição. Medo da rejeição, em nome de Jesus, eu resisto a você e destruo suas barreiras.

Auto-rejeição

"Os olhos dos dois se abriram, e perceberam que estavam nus; então juntaram folhas de figueira para cobrir-se" (Gn 3.7).

Não é preciso ser botânico para saber que folhas colhidas de uma figueira logo murcham e morrem. Na melhor das hipóteses, essa é uma solução provisória. Como o amor de Deus é maravilhoso e eterno! Você observou que foi Deus quem procurou por Adão e Eva? Deus não exigiu que eles aparecessem diante dele em um tribunal; em vez disso, procurou-os pelo jardim (v. o Gn 3.9). O Senhor substituiu as vestes de vergonha que eles vestiam por algo redentor. Essa foi a primeira vez que um animal foi morto e seu sangue derramado para o perdão de pecados; então sua pele transformou-se em vestimenta para Adão e Eva. "O Senhor Deus fez roupas de pele e com elas vestiu Adão e sua mulher" (Gn 3.21).

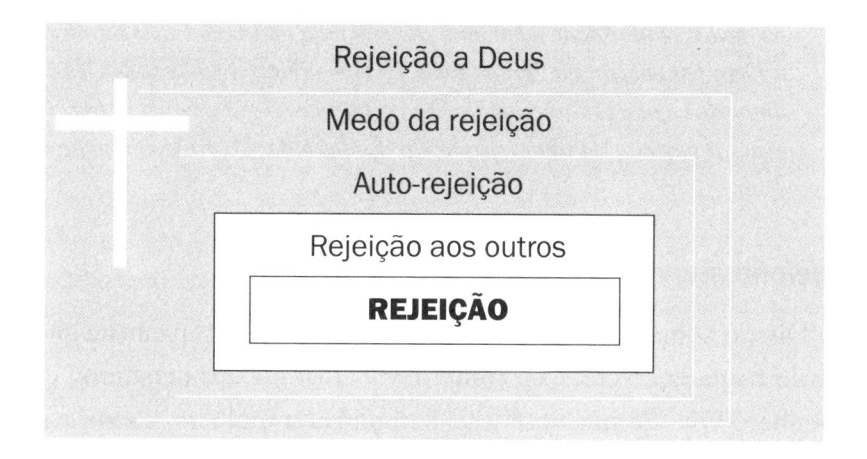

```
Rejeição a Deus
    Medo da rejeição
        Auto-rejeição
            Rejeição aos outros
            REJEIÇÃO
```

É natural que sintamos vergonha das coisas erradas que fizemos. A intenção de Deus nunca foi a de que nos cobríssemos de vergonha. Jesus morreu, ressuscitou e levou sobre si os nossos pecados e a nossa vergonha. Grande parte do nosso sofrimento vem da auto-rejeição. Toda desordem de apetite e toda baixa auto-estima têm suas raízes nesse espírito maligno.

Quando sentimos que nossa vida não tem sentido nem esperança — quando todos os pensamentos que poderiam nos aproximar de Deus parecem despedaçados —, ele nos faz ver além dessa realidade. É verdade que Deus não descansa até que rejeitemos o que não tem valor em troca do que é eterno. Seu amor exige isso.

Caro irmão e cara irmã, vocês são insubstituíveis! Não existe nenhuma alma como a sua, e ninguém mais pode ser você! Deus gosta de você como você é. A descrição do que aconteceu na cruz é maravilhosa. Seu sangue foi vertido para perdoar o pecado e a vergonha de cada um de nós. Fomos revestidos em Cristo, o Eterno, o Redentor!

Oração

Pai, peço perdão pela auto-rejeição. Peço perdão por odiar sua criação. Perdão por resistir a seus planos para minha vida. Arrependo-me por tentar ser alguém que eu nunca poderia ser. Perdão Senhor por sempre precisar da aprovação dos outros. Escolho aceitar seu amor por mim, e por quem o Senhor quer que eu seja. Renuncio ao espírito de auto-rejeição. Quebro seu poder e autoridade sobre mim. Rejeito toda maldição e dou permissão a Deus para operar em minha vida. Escolho aceitar a palavra de Deus, o amor de Deus e os caminhos de Deus para minha vida. Senhor, derruba agora a barreira da auto-rejeição em minha vida. Peço isso em nome de Jesus.

Rejeição aos outros

"Disse o homem: 'Foi a mulher que me deste por companheira que me deu do fruto da árvore, e eu comi'. E o SENHOR Deus perguntou então à mulher: 'Que foi que você fez?' Respondeu a mulher: 'A serpente me enganou, e eu comi'" (Gn 3.12,13).

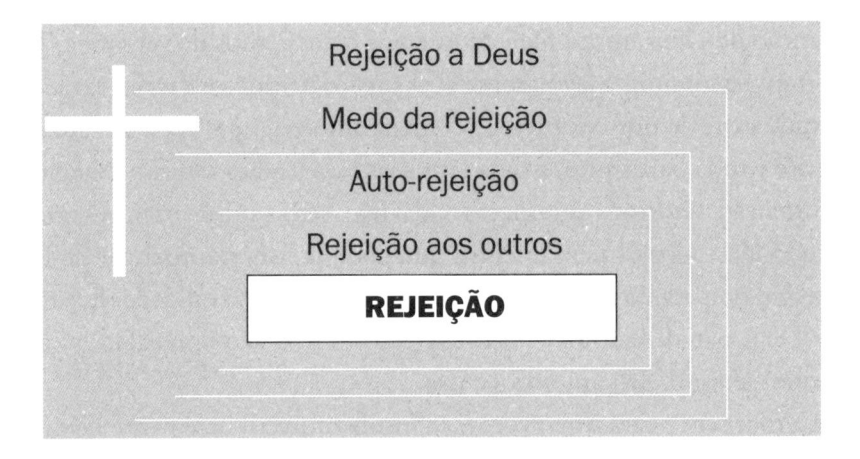

Quando não queremos aceitar a responsabilidade por nossas ações, procuramos oportunidades para culpar o outro. Construímos barreiras — primeiro contra Deus, e em seguida, contra os outros e contra nós mesmos. Procuramos outra pessoa ou algo para culpar. O marido culpa a esposa, e a esposa culpa o marido por suas expectativas não satisfeitas e por sua infelicidade. Dizem: "Ah, se ela tivesse me apoiado!", ou: "Ah, se ele tivesse sido mais amoroso e carinhoso!". O ódio e a intolerância raciais estão sob controle do espírito da rejeição ao outro. Devemos escolher amar e perdoar as outras pessoas, caso contrário, ficaremos aprisionados e atormentados — marcados pelo espírito da rejeição.

"'Irado, seu senhor entregou-o aos torturadores, até que pagasse tudo o que devia. Assim também lhes fará meu Pai celestial, se cada um de vocês não perdoar de coração a seu irmão'" (Mt 18.34,35).

Convido-o a apresentar-se diante do Senhor agora e escolher perdoar aqueles que o feriram, alguns sentimentos não foram esquecidos, porque ainda trazem dor e sofrimento. Entretanto, para perdoar, você não precisa sentir que ama aqueles que o feriram. O perdão é uma escolha, não um sentimento. Quando você escolhe perdoar, obedece aos mandamentos de Deus.

"'Pois se perdoarem as ofensas uns dos outros, o Pai celestial também lhes perdoará. Mas se não perdoarem uns aos outros, o Pai celestial não lhes perdoará as ofensas'" (Mt 6.14,15).

Os sentimentos de rejeição podem voltar mais tarde, ou não. Você será libertado de imediato. Perdoar não quer dizer desculpar a atitude. Aquilo que fizeram a você pode ter sido algo perverso e indesculpável. Perdoe-os e seja perdoado. Deixe que Deus seja o juiz deles.

Oração

Pai, peço perdão por rejeitar outras pessoas. Peço perdão por não perdoar aqueles que me feriram, por ter guardado ressentimento e ser amargo com as pessoas. Perdão Senhor, por permitir que a minha dor me levasse a rejeitar os outros antes que eles me rejeitassem. Renuncio ao espírito da rejeição aos outros. Recuso-me a aceitar por mais tempo essa influência em minha vida. Escolho ser uma pessoa que aceita, e não que rejeita. Renuncio a todas as palavras, acordos e conexões com esse espírito da rejeição. Renuncio a todas as influências familiares que possam reforçar a rejeição dos outros a minha pessoa. Agora, espírito da rejeição, sua barreira foi destruída; você não tem nenhuma autoridade sobre a minha vida. Resisto a você e o rejeito. Sua derrota foi consumada na cruz de Jesus. Declaro que sua influência em minha vida termina aqui e agora! Por causa do Espírito de Deus, que me dá poder e autoridade, ordeno que me solte de sua prisão. Ordeno que me deixe agora. Oro em nome de Jesus. Amém.

O Senhor quer que sua igreja seja forte, vibrante e saudável. O corpo de Cristo é tão saudável quanto seus membros o são individualmente. Para sermos pessoas que agem por fé, precisamos ser movidos pelo poder do amor de Deus. Abra mão da rejeição, mande-a embora — ela é inimiga de Deus e destruidora de seu povo. Todos nós podemos crescer no amor e na graça do Senhor Jesus Cristo. Amém.

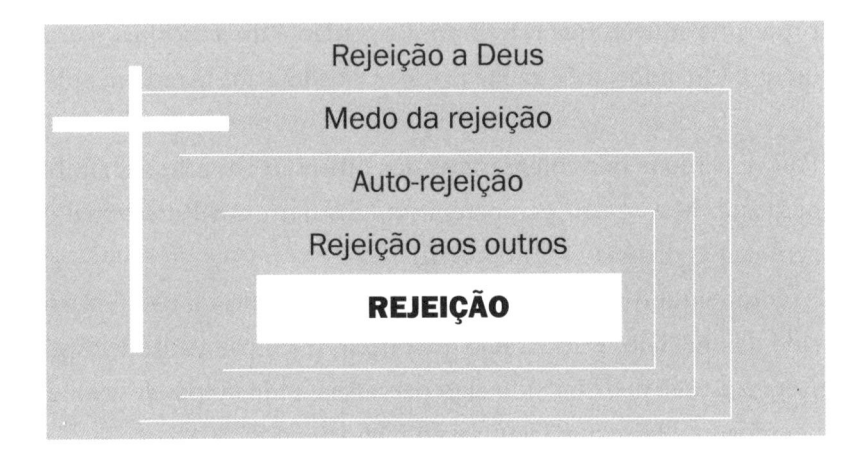

Rejeição a Deus
Medo da rejeição
Auto-rejeição
Rejeição aos outros
REJEIÇÃO

Capítulo 11

LIBERTAÇÃO DO MEDO E DA IRA

John Sandford

Existe um Inimigo. Normalmente, estamos protegidos dele (v. o Sl 91.11). Estamos escondidos em Cristo (v. Cl 3.3). Nossos pecados, entretanto, nos deixam vulneráveis, e aspectos de nossa natureza pecaminosa não crucificados servem de palco para a atuação e o controle de forças demoníacas. Os demônios têm acesso a nós por outros meios além de nosso pecado ou nossa natureza pecaminosa. Ministrei, certa vez, a um homem cuja mãe fora prostituta; ela ampliou seu negócio até transformá-lo em uma empresa capaz de atrair muitos clientes. Por causa do pecado da mãe, ele já nasceu com os demônios da luxúria.

Às vezes, os pecados dos antepassados permitem a opressão demoníaca. Pessoas inocentes são oprimidas porque um antepassado participou da maçonaria, ou Estrela Oriental, ou de alguma outra forma de magia ou de bruxaria (v. Dt 5.9; 18.9-13).

Se você luta com esse tipo de problema ou se ministra a alguém nessa situação, saiba que, em geral, a opressão demoníaca herdada não traz grandes dificuldades para libertação. Você leva a pessoa a se arrepender de seus pecados e dos pecados de seus antepassados, e o que quer que esteja alojado em seu interior por causa disso é lançado fora. A pessoa precisa renunciar ao ocultismo e fechar todas as brechas de seu coração e de sua mente; toda brecha deve ser removida. Se as brechas forem fechadas, a libertação da possessão demoníaca será permanente.

Opressão como prática de um hábito emocional

É uma matéria difícil de ser tratada sem a interferência das estruturas emocionais de nosso caráter — sentimentos recorrentes, reações ou "práticas" (Cl 3.9). Esses sentimentos são mais arraigados do que qualquer outra coisa que herdamos. Criamos respostas práticas e as integramos ao nosso caráter, com razoável sucesso. Conforme já dissemos, certa vez, observamos que a origem da demonização ocorrera por causa de pecados hereditários, e, na maioria das vezes, esta é uma batalha ganha. Arrependimento e autoridade desalojam facilmente o demônio. Quando um demônio se aloja em nosso caráter por intermédio de um hábito emocional é preciso muito mais que uma simples libertação, é necessário impedir o retorno do demônio junto com outros sete vezes piores que ele (v. Lc 11.26).

Satanás não está em toda parte nem é onisciente (conhecedor de tudo). Por conseguinte, uma pessoa pode desenvolver uma falha de caráter, andar por um caminho perigoso ou sentir ira de forma crônica antes que um demônio encontre a brecha que existe por causa desse mau hábito. Isso não acontece apenas quando uma pessoa participa de atividades de ocultismo. A magia é um campo de atuação do demônio, e essa prática provoca a demonização imediata. Mas pode levar um bom tempo antes de demônios fazerem moradia em uma "casa" emocionalmente pecaminosa, existente em nós.

Infestação

Quando os demônios fazem moradia em nós, diversos níveis de demonização podem ocorrer. O primeiro é a *infestação*. Imagine a cabeça de uma pessoa cercada pelo zumbindo de vespas. Os demônios podem estar em volta dela, mas não em seu interior. Por exemplo, quando ela peca ou tem por hábito o medo ou a ira (ou alguma outra emoção negativa), um dos demônios que a rodeia tem acesso ao seu interior, temporariamente. Pode ainda, ganhar terreno ou mesmo o controle da pessoa por meio dessa emoção habitual que se transforma em um ataque de pânico ou em um acesso de ira (luxúria, ou o que quer que seja). Mas quando a pessoa cai em si, lançando fora o que sente, e arrepende-se do que fez, ela é perdoada, e a influência demoníaca, quebrada. Ela pode impedir que essa porta seja reaberta, quando percebe sua maneira carnal de agir e arrepende-se dela; e, ainda melhor que isso, quando descobre como isso se originou em sua vida, ora por perdão, perdoa os outros e crucifica essa prática na cruz de Cristo.

Habitação

O segundo nível é a habitação. Nesses casos, existe permissão pessoal para a entrada de demônios. Um demônio só tem permissão para habitar partes exteriores da mente e do caráter. Não obstante, uma guerra é travada, porque o Espírito Santo não permite que qualquer coisa demoníaca permaneça na pessoa sem oposição, em lugar tão próximo de sua habitação, o coração. O cristão pode livrar-se disso rapidamente ou isolar o demônio, como as células brancas do sangue fazem quando cercam uma infecção específica, mantendo-a isolada e sem ação.

Esse foi o meu caso. Antes de me converter, durante muito tempo, por curiosidade, pesquisei o ocultismo. Por causa do medo escondido em mim, permiti o acesso de um demônio. Mas as orações das pessoas próximas e minha força do caráter impediram-no de agir. Logo depois, converti-me e fui cheio do Espírito Santo, e esse demônio foi obrigado a se expor. Amigos amarraram-no e o expulsaram; depois, arrependi-me, renunciei à prática do ocultismo, fechei todas as portas e fui liberto.

Obsessão

O terceiro nível é a obsessão. Essa é uma condição espiritual e psicológica. Nos casos de obsessão, um demônio tem acesso à mente e ao caráter, conquistando a permissão para ampliar sua influência e domínio. Quase sempre, esse demônio chama outros para ajudá-lo a controlar a pessoa. Assim, em casos de obsessão, é raro tratarmos com um único demônio. Esse era o caso de Maria Madalena, de quem Jesus expulsou sete demônios (v. Mc 16.9). Quando um cristão obsessivo é liberto do controle demoníaco, torna-se capaz de ser quem Deus planejou que ele fosse. Algum acontecimento ou situação traumática pode levar essa pessoa a ficar outra vez sob o controle do demônio. Psicólogos não cristãos observam esse comportamento, mas como não sabem que isso se deve à atuação de demônios, eles diagnosticam as pessoas que sofrem desse problema de obsessivas-compulsivas. Uma vez que essa expressão descreve a condição e a atividade do nosso corpo, é provável que esse seja o diagnóstico apropriado. Entretanto, o que esse termo realmente descreve é o retorno das falhas de caráter por meio das quais os demônios podem manipular e controlar cada vez mais a pessoa.

Nos casos de obsessão, a libertação não ocorre somente pela compreensão do que acontece — medo, ódio, ira, lascívia etc. — ainda que, segundo os especialistas em demônios, todas as emoções estejam envolvidas no processo. A princípio, medo e ira não são atuação de demônios. Em geral, são práticas habituais da nossa carne. Não estamos livres da carnalidade. Ela deve ser levada à cruz pela confissão, arrependimento e perdão e ser ali crucificada (v. Rm 6.11). Somente quando os cristãos insistem na prática de um hábito pecaminoso, como o medo ou a ira, essa prática torna-se obsessiva. Em algum ponto do processo, um demônio encontra um lugar disponível para ser habitado e convida outros para se juntar a ele. Os demônios especializam-se. Assim, se o lugar for o da ira, o demônio da ira entra, molda-se ao hábito de induzir à irritação e tem todas as oportunidades para exacerbar as reações, levando a vítima a acessos de raiva constantes. O demônio do medo pode criar o hábito do medo e levar a pessoa a ter ataques de pânico. (Embora seja importante notar que nem todos os ataques de pânico são demoníacos nem induzidos pelo demônio.) Em todo o caso, tais ataques são sempre convites abertos para que os demônios venham aumentar sua atuação e sua permanência.

Às vezes, o demônio deve ser expulso antes que você possa levar a pessoa a reconhecer esse mau hábito. Depois disso, a pessoa pode se arrepender desse pecado, perdoar aqueles que o causaram e crucificar esse mau hábito na cruz de Cristo. Às vezes, o Senhor nos guia a agir de forma diferente, e você, antes que possa amarrar o demônio e destituí-lo do controle que exerce sobre a pessoa, precisa derrubar a casa onde ele mora.

É importante compreender que o ministério de libertação precisa da orientação e plenitude do Espírito Santo. Não existe uma série de regras fixas e rígidas nem palavras mágicas para resolver todas as situações. Por conseguinte, não há nenhuma fórmula garantida, como se fosse uma receita de bolo, que possa ser usada. *Sempre que tratamos das estruturas emocionais influenciadas ou habitadas por demônios, precisamos fazer distinção entre o que é demoníaco e o que é natural. Para isso, devemos seguir a orientação do Espírito Santo em cada situação.* Nós precisamos expulsar o demônio e, depois, curar essa casa, ou podemos demolir a casa ao ministrar cura à personalidade e ao caráter e, depois, expulsar o demônio. Visto que a expulsão e destituição dos demônios são realizadas no poder do Espírito Santo, precisamos pedir sua orientação para saber qual desses procedimentos realizar primeiro em cada uma das situações que enfrentamos. Paula e eu, em geral, destruímos primeiro a habitação do demônio, mas não é sempre assim que agimos.

> **O ministério de libertação precisa da orientação e plenitude do Espírito Santo. Não existe uma série de regras fixas e rígidas nem palavras mágicas para resolver todas as situações.**

Possessão

O quarto nível é a possessão. A possessão quer dizer que os demônios ganharam o controle total. A personalidade original é completamente suprimida; o que resta da fala e da personalidade está sob o controle do demônio. A possessão é rara. Jamais vi um cristão possuído, embora já tenha visto muitas possessões de não cristãos em países pagãos. Não acredito que a possessão total possa acontecer com pessoas que nasceram de novo por meio da fé no sacrifício de Cristo Jesus. Aquele que está em nós é mais forte que aquele que está no mundo (v. 1Jo 4.4), e ele não permitirá que isso aconteça. Concordo com aqueles que dizem que os cristãos não podem ser possuídos. Mas, também sei que cristãos podem ser oprimidos por demônios nos outros três níveis, porque ministrei libertação a centenas deles.

Os frutos da carne

Não fomos criados para ser rancorosos nem medrosos; nenhum de nós foi criado para entregar-se à luxúria, à inveja, à malícia ou a qualquer outro dos frutos da carne. Deus nos criou à sua imagem para manifestarmos todos os frutos de seu Espírito Santo. Assim, a causa do medo, da ira ou da mentira é o pecado original. *Pensamentos que sucumbem ao medo ou à ira (ou a algum outro fruto da carne) não devem ser considerados normais, pois eles não são manifestações de quem realmente somos, ou seja, do plano de Deus para nossa vida, mas, desde a Queda, no Éden, esse é o comportamento habitual do ser humano que luta contra as manifestações da carne.* Quando adiamos o arrependimento e a rejeição ao pecado ou deixamos de imitar a Cristo, de orar, de perdoar, de ser misericordiosos e de praticar o amor, abandonamos o que é normal e servimos de habitação para os demônios.

Medo

Paulo diz, "Pois Deus não nos deu espírito de covardia, mas de poder, de amor e de equilíbrio" (2Tm 1.7); "'Quando vocês ficarem irados, não pequem.' Apazigúem a sua ira antes que o sol se ponha, e não dêem lugar ao Diabo" (Ef 4.26,27). Alguns cristãos pensam que ter medo é pecado e sempre o confessam, como se tivessem quebrado leis eternas. Mas sentir medo é normal, uma reação saudável colocada em nós por nosso Criador. Se não conhecêssemos o medo, não fugiríamos de um carro em alta velocidade. Talvez, chegássemos a dar um passo para fora de um edifício, estando no vigésimo andar. Não acharíamos insensatez ficar na linha de fogo em uma batalha. O medo é bom. É o que fazemos com ele que o torna bom ou insano, ou seja, pode se tornar uma obsessão se não for controlado e, finalmente, uma manifestação demoníaca.

Ira

O mesmo se aplica à ira. A ira é saudável. É sinal de nosso amor por alguém que se comportou mal, de nosso interesse pela justiça ou de reação a uma injustiça ou ofensa. Não precisamos nos arrepender e pedir perdão a toda hora, por ficarmos irados. Sentir ira não é pecado. Como sabemos disso? Porque nosso Senhor nunca pecou, contudo a Escritura diz que "Irado, olhou para os que estavam à sua volta, e, profundamente entristecido por causa do coração endurecido deles, disse ao homem: 'Estenda a mão'. Ele a estendeu, e ela foi restaurada" (Mc 3.5). A ira é um alerta do Senhor para nosso coração. Ela nos diz que precisamos tomar uma atitude. A ira, para os cristãos, é uma chamada para ministrar compreensão, perdão e uma possível reconciliação! Infelizmente, mesmo entre cristãos, a ira, com freqüência, é usada para dominar, manipular, controlar ou enganar pessoas, afastando-as da proteção que o auto-equilíbrio proporciona. O que fazemos com a ira é o que determina o resultado desse sentimento: ou semelhantes a Cristo ou pecadores; no primeiro caso, um convite ao derramamento do Espírito Santo; no segundo caso, um pedido de ajuda aos demônios.

O problema da repressão

Quando não admitimos nosso medo ou nossa ira e escolhemos suprimi-los, eles nos causam incontáveis danos. Quando a emoção é reprimida, em um esforço inútil para manter o autocontrole, é melhor reconhecer sua existência em oração — para que não vire um hábito que permita a entrada de demônios. A repressão parece ser o oposto do medo ou da ira descontrolados; no entanto, quando reprimimos esses sentimentos, o pânico ou a ira descontrolados tornam-se um hábito. Na verdade, ambos são um convite ao controle demoníaco. A diferença é que pelo fato de o medo e de a ira terem sido reprimidos, a pessoa afetada, com frequência, pensa que tal sentimento não existe, quando, na realidade, um vulcão é alimentado em seu interior. Algum dia, esse vulcão entrará em erupção em um ataque de pânico ou de ira.

Morto para si e vivo para ele

Seja qual for o caso, é necessário investigar, discutir e ouvir a orientação do Espírito Santo sobre quais são as causas desse medo e dessa ira na vida da pessoa. Não basta apenas perceber a ação demoníaca e mandar o Diabo embora. Como dissemos antes, libertação e cura são necessárias. Conselhos e orações podem curar e também livrar a pessoa de recaídas. Para mim, é uma alegria estar nesse ministério a serviço do Senhor e trazer conforto e libertação divina às almas atormentadas. Os demônios e a libertação não são o mais importante, mas, de qualquer modo, esse é um trabalho emocionante. Contudo, esse ministério é primordial para a saúde interior e traz satisfação cumpri-lo ou recebê-lo. Quem é importante? O Senhor e nossa obediência a ele.

Qualquer pessoa que esteja a serviço do Senhor e de outras pessoas é um ministro, mas o ministério de libertação e de cura toca o coração de modo especial, por isso, evite deixar-se levar apenas pela experiência ou apoiar-se apenas nos dons do Espírito. Somos chamados, todos os dias e todos os momentos, para morrer para o que conhecemos e o que somos a fim de sermos instrumentos úteis na mão do Senhor. O que importa é o Senhor e seu Reino. A ele pertence toda glória. Em outras palavras, quanto mais bem-sucedido e cheio de poder se torna o ministério de libertação e cura, mais devemos nos humilhar com perseverança, lembrando-nos da nossa natureza caída e creditando toda glória ao Senhor.

Por exemplo, se em determinado dia, com a primeira pessoa a quem ministrar, o Espírito Santo revela a causa do medo ou da ira, adivinhe o que acontecerá se eu não puser imediatamente aquela revelação sobre o altar e não morrer para ela? A resposta a essa pergunta é o que as outras pessoas que eu atender nesse dia receberão, quer tenham consciência disso quer não. Esse é o meu trabalho hoje. Ministrar a pessoas afligidas pelo medo e pela ira, em razão de causas naturais e/ou demoníacas, não requer apenas conhecimento intelectual sobre o assunto, mas também que nosso "eu" morra a fim de que vivamos para Deus todos os dias.

O medo e a ira no ministério de libertação

Quais as duas coisas que, mais que qualquer outra, mantêm-nos enredados em nós mesmos e impedem-nos de nos dedicar à ministração a outras pessoas? Medo e ira! Todos nós temos nossos próprios medos – medo de não fazer as coisas direito, medo de que dessa vez falharemos. Portanto, falhamos em não confiar na orientação do Espírito Santo que nos dá discernimento e, para decidir o que fazer, colocamos nossa confiança em nosso conhecimento ou em nossa experiência. Precisamos ter sempre consciência de que a ira, fundamentada em falhas conhecidas ou em libertações temporárias, estrutura-se em nosso eu interior.

Por exemplo, se Deus ainda não libertou alguém por quem oramos; ou se uma pessoa parece incapaz de manter-se equilibrada, ela pode voltar a sentir medo e ira até que a libertação seja consolidada. Chame isso como quiser. O problema é seu. O que eu descrever é algo tão antigo quanto o que Jesus declarou:

> "Por que você repara no cisco que está no olho do seu irmão, e não se dá conta da viga que está em seu próprio olho? Como você pode dizer ao seu irmão: 'Deixe-me tirar o cisco do seu olho', quando há uma viga no seu? Hipócrita, tire primeiro a viga do seu olho, e então você verá claramente para tirar o cisco do olho do seu irmão" (Mt 7.3-5).

Qualquer pessoa que entra no campo de batalha do ministério de libertação e de cura, com freqüência, é disciplinado e corrigido pelo Senhor, para não ser derrotado pelo Diabo e para alcançar o coração do outro com discernimento e verdade (v. o Gl 6.1,2). Se um ministro de libertação não age dessa forma, ele não escuta o que o Senhor diz. Alguma coisa em seu interior resiste à direção e orientação do Espírito Santo, o que o leva a agir por seu próprio entendimento; e isso mostra que ele está enredado na cilada do Diabo e precisa de libertação. Quantos ministros do Senhor vimos cair pelo caminho?

Medo e ira assaltam os cristãos todos os dias, talvez, um número maior que aqueles que vêm para serem libertos e curados! Isso quer dizer que cada um de nós que ministra libertação a outros, precisa manter uma vida de comunhão com Deus. Apenas o perfeito amor de Deus, que lança fora o medo (v. 1Jo 4.18), é que nos permite, quando o Senhor nos usa para limpar os escombros do medo e da ira dos outros, continuar revigorados e alegres nele.

As boas-novas

As boas notícias são multifacetadas: Deus quer e pode libertar e curar seus filhos do medo e da ira e de qualquer outro problema emocional ou demoníaco. Ele é tão amoroso a ponto de sempre libertar e curar a nós, pessoas tolas que sempre nos envolvemos em dificuldades desnecessárias e em problemas inúteis. Ele arrisca a glória de seu ministério quando, vez após vez, utiliza vasos frágeis como nós (v. 2Co 4.7). A batalha já está ganha, e temos a poderosa tarefa de um ministério de remoção. Deus que pode fazer tudo em um estalar de dedos, permite que desfrutemos a alegria de, ao seu lado, ministrar libertação e cura. Somos equipados com poder e autoridade para expulsar todo tipo do demônio. E, por fim, esse trabalho nos beneficiará, porque, algum dia, ninguém mais precisará de libertação e de cura do medo e da ira — nem de qualquer outra coisa torpe! Louvado seja o Senhor, aleluia!

Capítulo 12

COMO O TRAUMA AFETA A PESSOA POR INTEIRO

Peter Horrobin

O trauma é um efeito colateral dos eventos que nos acontecem e que estão além do nosso controle. Um evento traumático pode incluir desde um acidente em uma estrada, uma queda da escada, um abuso sexual ou uma má notícia inesperada. Ninguém faz planejamentos para esses eventos, e, por sua natureza, nunca estamos preparados para eles.

Os eventos traumáticos podem ter consequências a curto e a longo prazo. A forma como somos afetados por eles depende, em larga escala, de diversos fatores: severidade do incidente, circunstâncias locais, pessoas envolvidas, nossa reação, nosso temperamento, nosso poder de recuperação, nosso bem-estar emocional, nossa aptidão física, nossa educação, nossa idade, nossas experiências anteriores, nossa espiritualidade e a totalidade da nossa personalidade em Cristo.

Um incidente pode ser muito traumático para uma pessoa e ter pouca importância para outra. Duas pessoas da mesma idade podem cair da mesma altura da escada e sofrer ferimentos físicos idênticos. É menos provável que a menina que escorregou e caiu porque carregava coisas demais desenvolva um trauma do que a menina que escorregou e caiu porque tentava escapar das atenções de um pai abusivo. Dois meninos podem cair de um barco em águas rasas. O adolescente de 1 metro e 80 centímetros pode acabar sentado na água, rindo de sua situação; mas o adolescente cinco anos mais velho pode cair de cara na lama, engolir a água e lutar por sua vida. Anos mais tarde, os dois podem ter diferentes memórias desse incidente: o adolescente mais velho pode tornar-se um adulto com medo crônico de água e não conseguir aprender a nadar, além de sofrer ataques regulares de pânico e enfrentar problemas ao longo de toda sua vida.

Onde sofremos o trauma

Do ponto de vista médico, traumas são os danos físicos que um órgão do corpo sofre em conseqüência de um ferimento. Levei meu filho de 10 anos para jogar boliche e descuidei-me o bastante a ponto de deixar cair uma bola em meu pé. Quando fui levado para a sala de emergência, cerca de 1 hora da tarde, a enfermeira responsável escreveu em seu formulário de admissão: "Trauma no dedão do pé esquerdo". Eu a corrigi aos berros: "Não, meu dedão do pé está quebrado; o único trauma que eu experimentei foi ter feito algo tão estúpido na frente do meu filho!".

Tecnicamente, entretanto, a enfermeira estava certa. É a parte afetada pela pancada que sofre o trauma. Essa declaração nos leva a uma questão mais ampla. Como ter certeza de que quando temos um ferimento físico, as conseqüências ficam limitadas apenas à realidade física? Como saber se outras partes de nosso ser também não foram afetadas pela pancada e, portanto, estão traumatizadas?

Mães sabem instintivamente a resposta para essa questão básica, mas importante. Uma criança de três anos pode sofrer uma centena de pequenos ferimentos que fazem parte da rica experiência de aprendizagem da vida! Durante um jogo, a criança dá encontrões, cai e bate violentamente sua testa no concreto. Ela, imediatamente, explode em lágrimas e corre para a mãe, que abre bem os braços, toma a criança em seu colo e cobre de beijos o local ferido!

Concretamente, não existe nada de terapêutico nesse beijo, mas seu efeito, geralmente, é imediato e eficaz. O beijo não eleva o grau de saúde física, mas o amor e a segurança do abraço materno removem quase que imediatamente o trauma interno que o ferimento poderia causar à criança! Se a mãe empurrasse a criança, afastando-a e recusando-se a mostrar cuidado e amor naquele momento, a choradeira continuaria por longo tempo, e o trauma interno estaria na raiz da necessidade de cura da memória.

Todas as partes estão envolvidas

Deus nos criou com espírito, alma e corpo. Em 1 Tessalonicenses 5.23, Paulo expressa o desejo de que seus leitores sejam completos nas três áreas. Podemos usar as palavras "espírito", "alma" e "corpo" para descrever três aspectos distintos e diferentes do que Deus criou quando fez a humanidade. Na realidade, o que quer que aconteça a uma parte, afeta a outra. Em vida, o espírito, a alma e o corpo estão unidos de forma indissolúvel. Somente na morte é que o corpo se separa do resto do nosso ser.

É impossível, na experiência humana, que uma parte do nosso corpo experimente alguma coisa que não afete as outras partes. Um atleta treina o corpo para ganhar uma medalha de ouro nos jogos olímpicos. Quando as medalhas são entregues, o pescoço é usado para pendurar a medalha, foi o corpo do atleta que correu, mas é ele quem recebe os elogios. Nenhum atleta afirmaria: "Oh, não me elogie, foi meu corpo quem fez essa proeza!". A medalha foi realmente conquistada por um trabalho em equipe, ou seja, pelo trabalho do espírito, da alma e do corpo!

Da mesma forma que Deus nos fez uma unidade composta de espírito, alma e corpo, o espírito e a alma também não podem sofrer as conseqüências dos traumas físicos? E o corpo também não pode sofrer quando um trauma de natureza diferente afeta a alma? Sem dúvida, a resposta a essas importantes perguntas é afirmativa, um sonoro e enfático: "Sim!".

Deus nos ensinou um inacreditável princípio de cura interior quando, por exemplo, percebemos pela primeira vez a extensão do dano que o sofrimento da pessoa exterior (corpo) pode causar à pessoa interior (espírito e alma — em especial, as emoções). Quando aplicamos esse princípio por meio da oração, observamos a cura de doenças físicas, consequências de traumas ocorridos na infância.

Os médicos passam por rigoroso e intenso treinamento para tratar os traumas que afetam o corpo. Após um acidente, a responsabilidade imediata deles é fazer um exame de emergência para salvar e preservar a vida, seguido pelo tratamento específico para a cura do caso em questão. Mas quais são as consequências futuras desses traumas, se a pessoa interior não for tratada com o mesmo cuidado e atenção que os médicos dão ao corpo? Os efeitos podem variar de temores ao longo da vida à instabilidade emocional, de tendências ao suicídio à incapacidade física.

A história de Lynda

Lynda era uma mulher jovem que tinha todos estes sintomas: sua vida tornara-se intolerável, e ela perdera toda esperança. Quando conhecemos Lynda, ela tinha 26 anos de idade, estava processando o governo australiano e recebia pensão pela perda de sua capacidade de trabalho. Depressiva e com tendências suicidas, ela sofria com muitas dores e efeitos colaterais severos por causa dos medicamentos. Quando perguntamos se poderíamos orar por ela, a princípio, recusou. Lynda, por muito tempo, orara por cura sem resultados e não queria correr o risco de receber, mais uma vez, uma resposta negativa de Deus.

Lynda contou-nos sua história. Três anos antes, caminhava por uma montanha, à noite, com seu grupo de jovens da igreja. Ninguém a avisara dos perigos do lugar. Ela escorregou em um degrau do caminho e caiu do penhasco até um barranco. Faltaram apenas 10 metros para ela cair nas rochas logo abaixo. Quebrou a coluna em quatro lugares e ficou ali por quase onze horas até ser socorrida. Que experiência traumática! Os médicos fizeram tudo o que era possível naquela época, e também, nos anos subsequentes. Três anos depois do acidente, não havia mais nada que os médicos pudessem fazer por ela. Sua única opção era tentar viver com as consequências do acidente para o resto da vida.

Explicamos, com cuidado, para Lynda que quando machucamos o corpo, nossas emoções também ficam feridas. Seu corpo foi atingido pela queda, mas o que quer que tivesse acontecido a ele, também afetara seu espírito e sua alma. Contamos a ela algumas histórias de pessoas que receberam cura física e que também receberam a cura interior de Deus. Explicamos como o corpo (pessoa exterior) é, com frequência, um reflexo do que acontecesse no interior (pessoa interna), e, às vezes, algumas doenças físicas não podem receber cura completa até que a pessoa receba também a cura interior.

Partilhamos com ela as Escrituras sobre como Isaías profetizou que um dos ministérios de Jesus seria a cura do "coração quebrantado" (Is 61.1). Quando compreendeu que a palavra "quebrantado", usada nesse versículo, quer dizer "dividido em pedaços separados", ela entendeu que não somente seu corpo fora quebrado pela queda, mas também seu coração (seu espírito e sua alma, ou seja, seu ser interno) se partira. Então, Lynda começou a compreender o que acontecera com ela naquele acidente.

A esperança traz cura para o trauma

Aos poucos a esperança brilhou nos olhos de Lynda; ela começou a orar outra vez e deixou que outras pessoas compartilhassem o que Deus fazia em sua vida e aprendeu com elas. Encontramos Lynda em uma conferência especial para médicos cristãos. Ela participava do evento porque fora enfermeira. Quando chegou a hora de orar, Lynda foi cercada por dúzias de médicos, anestesistas, clínicos, cirurgiões e fisioterapeutas!

Todos viram quando Deus fez um milagre em seu corpo, diante de seus olhos, pois ela foi curada do trauma interior. Pedimos a Deus que revelasse a dor que havia no coração ferido de Lynda. De pronto, ela caiu no chão, na mesma posição em que fora encontrada no penhasco; era como se um pedaço seu ainda estivesse lá, ferido, sem que ela tivesse consciência disso, e, por essa razão, essa parte de seu ser ficou sem tratamento. Falamos com amor e com suavidade a seu espírito e a sua alma e pedimos que Jesus começasse a curar seu interior. Nós a levamos a perdoar aqueles que deveriam tê-la advertido do perigo.

Sempre que as pessoas passam por um trauma severo, sua vulnerabilidade abre uma perigosa porta que pode ser usada pelo Inimigo para mantê-las sob o controle de demônios. Isso aconteceu no caso de Lynda — ela estava presa por seu medo interior. Ela foi liberta do espírito do medo e da enfermidade que tomara conta dela por causa de seu trauma. Também tivemos de orar pela libertação das dificuldades que surgiram depois do trauma que ela viveu por causa de alguns tratamentos hospitalares assustadores. Pedimos a orientação de Deus, e o Senhor nos mandou orar por essas dificuldades. Depois abençoamos um óleo e ungimos Lynda para que fosse curada fisicamente. Vimos, perplexos, junto com todos aqueles médicos, quando Deus derramou seu Espírito Santo sobre ela; vimos seu corpo ferido ser colocado nas mãos de Deus. O corpo é, naturalmente, auto-curativo, mas o corpo de Lynda fora impedido de ser curado em conseqüências de todos os trauma que se instalaram em seu interior por causa de seus ferimentos físicos.

Cinco anos depois

Logo após essa conferência, Lynda causou consternação no escritório de benefícios de pensões de Sydney. Foi a primeira vez que alguém que fora declarada inválida (por três médicos diferentes) pediu o cancelamento dos benefícios, porque estava curada! Cinco anos depois, Lynda viu se cumprir o que antes parecia um sonho impossível. Deus colocou um homem em sua vida, com quem ela se casou e planeja ter filhos!

Deus é verdadeiramente um realizador de milagres. Quando oramos pelas pessoas, é importante que façamos nossa parte para lhes trazer cura. Com freqüência, quando alguém sofre fisicamente, as pessoas oram somente pela cura do corpo. Quando as circunstâncias têm origem em eventos traumáticos, é importante orar pelo coração machucado, e não apenas pelo o corpo ferido. O corpo não pode ser inteiramente curado enquanto ainda refletir a dor interna, porque a dor interna é causada pelo trauma.

> O corpo não pode ser inteiramente curado enquanto ainda refletir a dor interna, porque a dor interna é causada pelo trauma.

A necessidade de libertação

Ao orar pelas pessoas traumatizadas, é essencial ter compreensão da possível necessidade de libertação. Satanás não respeita as pessoas; quer seja um ministro quer seja um incrédulo, ele, por intermédio dos demônios, usa todas as oportunidades possíveis para ter acesso à vida daquela pessoa. Quanto mais traumático o evento, mais vulnerável a pessoa fica.

Os acontecimentos que provocam os piores traumas na pessoa interior, em geral, são aqueles causados de forma deliberada por alguém próximo e que ocupa posição de autoridade e de proteção espiritual. Quando pais, parentes próximos, professores, ministros e outros, em quem uma criança confia, são a origem do trauma abusivo, os danos posteriores e a influência demoníaca relacionadas a ele são sempre maiores.

Na área de abuso sexual, às vezes, o trauma interno é descoberto só quando a pessoa se casa. Memórias e emoções dolorosas e demoníacas podem ser trazidas à tona pela expectativa da realização sexual. Em conseqüência disso, as relações sexuais podem transformar-se em um momento de intenso medo e pânico. Em vez de ser uma fonte da alegria e de satisfação, podem destruir o relacionamento que a vítima mais deseja. Isso também precisa fazer parte do processo de cura.

Em um capítulo curto como este, não é possível entrar em maiores detalhes sobre como trazer cura àqueles que foram atingidos pelo abuso. Não existe diferença entre os princípios de cura das consequências de um trauma causado por acidente inocente ou por abuso deliberado.

Quanto tempo ainda?

Quando Jesus curou o menino epilético, perguntou a seu pai, "'Há quanto tempo ele está assim?'" (Mc 9.21). Essa é uma pergunta importante, uma vez que a resposta nos faz entender como orar pelas coisas certas. Talvez a maior razão pela qual as pessoas não são curadas é por que oram pela coisa errada.

Uma senhora, usando um colar ortopédico, veio à reunião de oração e pediu para que orássemos por sua asma. Senti-me inclinado a ungi-la com óleo e orar por sua saúde física, mas Deus me orientou a fazer uma pergunta sobre a idade de Jesus! "Trinta e três anos", respondeu ela imediatamente. "Quantos anos você tem?". Ela respondeu: "Trinta e seis". "O que aconteceu quando você estava com três anos?". Ela explicou: "Estava em um pequeno avião, aterrissando em uma ilha da Indonésia. O avião caiu, e todos morreram, mas porque eu era criança, fui lançada sobre um assento e sobrevivi".

De imediato, soube como orar. Pedi a Deus que trouxesse cura à criança interior assustada — cujo tórax, quando o avião bateu no chão, fora esmagado pelo cinto de segurança, e cuja garganta fora pressionada no momento do impacto. Era como se seu coração fosse esmagado pela dor, e a criança ferida estivesse deitada sobre os restos do avião em uma ilha distante.

Falamos a ela com amor e a incentivamos a pedir que Jesus a curasse — em especial, que curasse a dor interna pela perda dos pais que morreram no acidente. Pedimos a ela que perdoasse aqueles que foram os responsáveis pelo acidente. Ordenamos que os espíritos do medo e da enfermidade, que ainda estavam aprisionando em seu corpo, causando os mesmos sintomas de trinta anos atrás, saíssem.

Essa mulher, a seguir, experimentou uma profunda libertação e cura. O movimento normal da sua garganta foi restaurado, e, pela primeira vez, desde que ela se lembrava, começou a respirar com naturalidade de novo. Ela soube que asma era coisa do passado. Deus a curou do trauma interior, deixando seu corpo livre para receber a cura que ela esperava há tanto tempo.

Vimos centenas de pessoas serem curadas dessa maneira. Quando Deus cura nosso interior, então estamos livres para receber a cura no corpo físico.

Quando um trauma não está resolvido

Por fim, apenas uma palavra sobre as pessoas que começam a sofrer fisicamente por causa de um trauma não resolvido e de uma dor interna. Por exemplo, imagine uma mãe que recebe a notícia da morte repentina de um filho em um acidente de carro. Ela, na verdade, não teve nenhum sofrimento físico. A dor interna é imensa, e o corpo expressa essa dor — com frequência, com grande quantidade de lágrimas, e em casos mais graves, com gemidos.

Para alguns de nós, a notícia terrível é tão traumática que somos incapazes de lidar com o choque. O coração é ferido, a dor não é expressada, e tudo fica fechado em nosso interior. O luto interno, uma conseqüência do trauma, começa a afetar nosso bem-estar físico. Alguns médicos acreditam que o luto não resolvido pode, até mesmo, ser a causa primária do câncer.

Uma senhora com o coração ferido partilhou comigo que sua jovem filha morrera queimada. Descreveu a casa queimando de forma tão vívida que eu conclui que o acidente era bastante recente. Quando perguntei, descobri que sua filha morrera quatorze anos antes de nossa conversa. Se naquela noite Deus não curasse suas feridas, ela passaria o resto de seus dias com seu coração ferido e viveria cheia de traumas. Quem sabe quais conseqüências físicas secundárias isso poderia acarretar?

O trauma não resolvido, mais do que imaginamos, é a mais antiga causa de doenças e de enfermidades. É importante que deixemos o Senhor curar nosso interior, como também devemos lhe pedir a cura física.

Capítulo 13

CONSERTAR AS RACHADURAS DA ALMA

Dale M. Sides

O corpo fica dilacerado, machucado ou alquebrado em virtude do impacto de um objeto sobre ele, porém a alma sofre rachaduras em virtude do trauma e da sobrecarga emocional. Uma rachadura na alma de alguém, com freqüência, é muito mais grave que um machucado no corpo. Caso não seja tratada de forma adequada, o resultado pode ser uma personalidade deturpada, algo muito parecido com um osso quebrado que, se não for bem cuidado, fica deformado.

Curar um indivíduo emocionalmente ferido é complicado, porém o problema pode ser ainda maior, pois os demônios podem penetrar nas pessoas nos momentos de trauma. Por exemplo, um dos personagens mais disfuncionais da Bíblia é o louco gesareno (v. Mc 5.1-5). Ele, aparentemente, estava tomado por demônios que precisavam ser expulsos, e o resultado de sua libertação foi que ele ficou vestido, sentado e "em perfeito juízo" (v. 15).

Sim, os demônios eram um problema, mas o problema fundamental é de que forma eles entraram. O homem gesareno tinha uma rachadura em sua alma que permitiu que os demônios entrassem; por conseguinte, esse aspecto era o último que precisava ser curado (v. Mc 5.15). É importante observar que esse relato não enfatiza os demônios, mas a libertação desse homem por intermédio de Jesus. Portanto, não devemos nos desesperar! Essas rachaduras na alma podem ser reparadas *caso* reconheçamos que há um problema e que nos reportemos à Palavra de Deus como nosso manual para o tratamento. A moral da história é o seguinte: caso não consertemos a rachadura pela qual os demônios entraram, teremos de repetir a libertação novamente.

Por essa razão, meu intuito ao escrever este capítulo é apresentar o remédio para reparar a rachadura pela qual os demônios obtiveram acesso. Também desejo mencionar alguns textos bíblicos para documentar esse tipo de cura. No entanto, a minha principal ênfase está em mostrar de que forma o Espírito Santo trabalha conosco para reparar a rachadura e para bloquear de uma vez por todas a porta de acesso dos demônios.

Antes de começar, gostaria de enfatizar que consertar essa rachadura requer um tratamento em duas etapas. Assim como as colas de vedação, esse tratamento tem uma substância para preencher o vazio e um endurecedor. Pode até parecer que resolveremos o problema com apenas um dos elementos, sem o outro — e, por vezes, resolve-se mesmo, mas por curto espaço de tempo —, entretanto, quando ambos são utilizados, a rachadura é preenchida a ponto de *não deixar vestígios*. O Espírito Santo propicia a ação inicial de identificar o lugar do problema e de preencher a rachadura com a verdade; porém, a Bíblia, invocada e confessada repetidas vezes é o endurecedor que completa o processo.

> Caso não consertemos a rachadura pela qual os demônios entraram, teremos de repetir a libertação novamente.

A evidência bíblica

Lucas 4.18, de forma incontestável, testemunha que o Espírito Santo apoiou Jesus na proclamação da liberdade aos presos. Mais que isso, diz que ele veio para libertar aqueles que estivessem oprimidos. À medida que examinamos mais atentamente o termo "oprimidos", identificaremos a verdadeira promessa da Palavra de Deus, curar aqueles que estivessem traumatizados.

"Oprimidos" de Lucas 4.18, é retirado do grego *thrauo* que significa "despedaçado", ou "quebrado em pedaços".[1] Portanto, tal promessa afirma de forma literal que o Espírito Santo tem o ministério de dar a liberdade àqueles que estejam quebrados ou despedaçados. Além disso, a palavra-chave está relacionada com a palavra "feridas" da história do bom samaritano: "Aproximou-se, enfaixou-lhe as *feridas*, derramando nelas vinho e óleo. Depois colocou-o sobre o seu próprio animal, levou-o para uma hospedaria e cuidou dele" (Lc 10.34, grifo do autor).

O termo "ferida" deriva-se da palavra grega *trauma*[2] — literalmente "trauma". Estabelecendo-se a relação, constatamos a promessa de Deus de que o bom samaritano, Jesus Cristo, cura nosso trauma por intermédio do ministério do Espírito Santo. Ademais, Lucas 10.34 diz que Jesus cura a ferida (trauma) derramando óleo e vinho. O óleo e o vinho simbolizam os dois componentes do tratamento: o óleo representa o ministério do Espírito Santo, e o vinho refere-se à Palavra de Deus, focalizando especificamente a absolvição pelo sangue de Jesus.

Vi, literalmente, milhares de pessoas renovadas em esperança ao tomar conhecimento desses versículos, porque a fé resulta de ouvir a palavra de Deus (v. Rm 10.17). Eles perceberam que não é somente uma tática, mas uma vívida e vital promessa do Deus todo-poderoso para aqueles que lutam contra as disfunções da aflição, da rejeição, do abandono, da raiva, da luxúria, do orgulho e assim por diante. Para parafrasear essa afirmação, o Deus todo-poderoso diz: "Jesus veio para curar o trauma do seu coração despedaçado. Por intermédio do Espírito Santo e da Palavra de Deus, ele pode juntar novamente os pedaços de seu coração". Louvado seja o Senhor!

Em Lucas 4.18, vimos que o Espírito Santo cura os que estão com o coração despedaçado. Fazendo-se uma pesquisa sobre os textos em que as palavras "cura" e "coração" são utilizadas no mesmo versículo, descobrimos de que forma o Espírito Santo encontra e repara essas rachaduras de nosso coração. Mateus 13.15, João 12.40 e Atos 28.27, todos utilizam o verbo "curar" e a palavra "coração", e todos eles referem-se a Isaías 6.10. Um único versículo que mencionou três vezes esses termos mostra uma magnífica verdade: essa verdade é sobre *como* um coração dilacerado é curado.

> Pois o coração deste povo se tornou insensível; de má vontade ouviram com os seus ouvidos, e fecharam os seus olhos. Se assim não fosse, poderiam ver com os olhos, ouvir com os ouvidos, entender com o coração e converter-se, e eu os curaria (Mt 13.15).

Esse versículo afirma que se pudermos ver com os verdadeiros olhos e ouvir com os verdadeiros ouvidos de nosso coração, nosso espírito pode converter-se ("voltariam para mim"; BLH) e ser curado. A palavra grega para "converter" que encontramos neste versículo é *epistrepho*, cuja raiz tem o sentido literal de "voltar".³ Esse versículo nos diz que, se enxergarmos e ouvirmos com o espírito, poderemos retornar ao Senhor a fim de que nosso coração despedaçado seja curado. À medida que seguimos com essa retrospectiva das Escrituras, encontramos a primeira referência aos olhos sendo abertos, ou, como veremos, sendo fechados. Essa busca nos conduz a Gênesis 3, onde a queda da humanidade está registrada.

Ver com os olhos verdadeiros

O que provoca um trauma é percebermos determinada situação com nossos olhos físicos, em vez de fazê-lo com nossos olhos espirituais. A chave para sermos curados de um trauma é olhar a situação com nossos olhos espirituais, e não com os carnais.

Em Gênesis 3.5, o demônio disse a Eva que, caso ela comesse da árvore do conhecimento do bem e do mal, seus olhos seriam abertos. De fato, em Gênesis 3.7 é dito que seus olhos foram abertos. Então, o demônio mentiu? Sim. Mas você precisa compreender que o demônio, em matéria de mentiras, prefere sempre decepcionar e dizer meias-verdades. Observe que em Gênesis 3.7 é dito que seus olhos foram abertos, *e* eles perceberam que estavam nus. Portanto, na realidade, os olhos de seu corpo foram abertos, porque haviam perdido a verdadeira visão de seus olhos espirituais.

Observar situações traumáticas com os olhos físicos é que nos leva ao medo, porque temos medo da morte. Podemos ficar estupefatos com sensações emocionais até o ponto em que nossa alma se quebra sob a tensão da pressão emocional. Emoções são aspectos maravilhosos de nossa alma. São o tempero da vida, porém tempero demais causa azia. De idêntica forma, as emoções são boas quando moderadas, porém, quando, por acidente, esvaziamos todo o saleiro sobre nosso maravilhoso frango assado, acontece uma desgraça. Ou jogamos fora o frango, ou retiramos dele todo o sal. Quando as emoções se acumulam sobre nós graças a nosso medo de punição ou da morte de nosso corpo físico, nossa alma pode quebrar-se sob tal pressão.

Quando acontece essa quebra, os demônios, quer sejam os causadores do evento quer estejam apenas tirando proveito dele, penetram na "mente desguarnecida". Uma vez que tenham entrado na pessoa, quando ocorre um evento similar, e a mesma emoção vem à tona, os demônios tomam o controle dessa porção do cérebro e fazem com que a pessoa pense da forma que eles querem que a pessoa pense. Os demônios refugiam-se na emoção anormal.

É bem possível eliminar os demônios da pessoa; porém, caso a lembrança do evento inicial não seja curada, ou a rachadura consertada, a possibilidade de que os demônios retornem é muito alta. Assim, a solução não reside somente em expulsar os demônios, mas em curar também a rachadura, de forma que os demônios não possam voltar.

De que forma é possível curar a rachadura?

A chave para consertar as rachaduras da alma é o Espírito Santo conduzir a pessoa ferida por meio das lembranças passadas e mostrar a essa pessoa o que acontecia no reino do espírito no momento do trauma. A isso chamamos abrir os olhos do coração ou do espírito. A passagem abaixo descreve uma oportunidade em que o Senhor abre os olhos espirituais de uma pessoa.

> E Eliseu orou: "Senhor, abre os olhos dele para que veja". Então o Senhor *abriu os olhos do rapaz*, que olhou e viu as colinas cheias de cavalos e carros de fogo ao redor de Eliseu (2Rs 6.17, grifo do autor).

A promessa está também no Novo Testamento.

Peço que o Deus de nosso Senhor Jesus Cristo, o glorioso Pai, lhes dê espírito de sabedoria e de revelação, no pleno conhecimento dele. Oro também para que *os olhos do coração de vocês sejam iluminados* (Ef 1.17,18, grifo do autor).

O Espírito Santo pode abrir os olhos de nosso espírito e sobrepujar o medo e o trauma que nós experimentamos. Deixamos passar uma grande verdade a respeito da habilidade do Espírito Santo nos mostrar coisas do passado. Nós, muitas vezes, pensamos apenas nas possibilidades do Espírito Santo nos revelar o futuro (v. Jo 16.13), mas ele pode também nos revelar o passado. Por exemplo, no livro de Gênesis, lemos a respeito de como ele levou Moisés ao passado e propiciou-lhe a revelação de coisas que aconteceram em épocas anteriores. Da mesma forma, o Espírito Santo levou Lucas ao passado e revelou-lhe os detalhes que aparecem em Atos. Esta é a chave para se obter a cura do trauma: permitir que o Espírito Santo lhe conduza à época do trauma e lhe mostre o que acontecia em seu espírito no momento do incidente. *Ele sobrepõe o trauma com a realidade.* Você se dá conta da realidade quando a vê com seus verdadeiros olhos — os olhos do espírito.

Por exemplo, uma senhora procurou-me para um ministério porque tinha ataques de pânico no trânsito congestionado. Ela podia ficar tão apavorada a ponto de sair da estrada para esperar que o tráfego diminuísse. Quando a atendi em meu ministério, eu apenas pedi ao Espírito Santo para trazer à tona o momento do incidente que provocara o trauma, a abertura das portas para que o espírito do medo penetrasse. Quase que imediatamente ela disse: "Tenho cinco anos e estou no carro de minha mãe". E continuou: "Outro carro entrou na nossa frente, batemos nele. Minha mãe está voando através do pára-brisas". A seguir exclamou: "Ó, Deus! Nós vamos morrer".

A essa altura, pedi ao Espírito Santo para que abrisse os olhos de seu espírito e lhe mostrasse o que acontecera naquele momento. O fenômeno foi o mesmo que ocorreu quando Eliseu fez a oração por seu servo a fim de que ele pudesse ver a realidade do espírito — exceto que o Espírito Santo a conduzira ao passado. A senhora, a seguir, suspirou e disse: "Quem é esse homem enorme no acento do passageiro, com seus braços ao meu redor?". Respondi-lhe: "Esta é a presença do anjo do Senhor protegendo-a!". Ela perguntou: "E ele sempre esteve ali?". Minha resposta foi afirmativa. "Ele estava lá naquele dia e foi por isso que você também não voou através do pára-brisas".

Uma vez que o medo fora afastado e que o lugar em que o demônio se escondia fora revelado, apenas ordenei ao demônio. "Espírito do medo, saia em nome de Jesus. Você não pode mais se esconder aí". A senhora deu um gemido e soprou o espírito para fora de seu corpo. Ela nunca mais foi acometida por ataques de pânico.

A raiz da emoção do medo, ou a âncora que a segurava, foi removida quando ela viu o anjo. Agora, quando ela está no tráfego, ou em qualquer outro lugar que a faça sentir medo, esse sentimento não encontra mais lugar para viver dentro dela, de forma que ela se livrou do trauma inicial, e seu efeito não se manifesta mais nela. Uma vez que o demônio se foi, ela assumiu o controle de sua própria mente e de sua vontade.

Entreguei a ela versículos das Escrituras para "consolidar" sua posse do Espírito Santo. Desde essa época, 2Timóteo 1.7 e Hebreus 13.5 passaram a ser sua fortaleza. A qualquer momento que pressinta o medo se aproximando, ela verbaliza esses versículos:

> Pois Deus não nos deu espírito de covardia, mas de poder, de amor e de equilíbrio (2Tm 1.7).

> Porque Deus mesmo disse: "Nunca o deixarei, nunca o abandonarei".

Vi indivíduos curados do medo, da raiva, da luxúria, da rejeição, das doenças sexuais, dos distúrbios da alimentação e da vergonha — e fico constantemente surpreendido com a libertação experimentada pelas pessoas.

Cite a Palavra de Deus

Os demônios não podem ler sua mente, de forma que quando eles voltam, eles conversam com você e tentam fazer com que você verbalize uma abertura. Em lugar de dizer o que eles querem que você diga, faça o que Jesus fez. Ele citou a Palavra de Deus — literalmente, palavra por palavra, em voz bem alta e com muita fé que os demônios sentiram frio na espinha.

Na Bíblia, temos o poder do movimento. Ele é liberado no reino dos sentidos como uma energia ativa que sai dos lábios de um santo de Deus. Na realidade, de acordo com Salmos 103.20, os anjos seguiram as ordens de Deus quando ouviram a voz do Senhor. Assim, nos momentos em que você pronuncia as palavras da Bíblia, uma vez que o Espírito Santo esteja atuando em você, os anjos obedecem às suas palavras da mesma forma que obedeceram as palavras de Jesus quando ele caminhava pela terra.

A Sagrada Escritura tem energia que é libertada quando suas palavras saem de sua boca. Cite a Palavra de Deus e acrescente força ao que o Espírito Santo já fixou em sua alma.

Conclusão

As promessas de Deus são sempre verdadeiras. Ele enviou o Espírito Santo para ajudá-lo a curar os desacertos de seu passado mediante a remoção das mentiras do desajuste emocional. A mentira é removida quando o Espírito Santo mostra a você o que aconteceu com o seu espírito no momento do trauma. Ele sobrepõe o trauma com a verdade. Uma vez que a verdade esteja plantada em sua mente, quando você cita versículos da Bíblia relacionados ao tratamento, a ferida é totalmente curada.

Deus não quer que você viva de forma desacertada por causa de antigas e horríveis lembranças. A verdade se sobrepõe ao trauma quando o Espírito Santo conduz você ao encontro da verdade por intermédio de seus verdadeiros olhos, os olhos do espírito. Uma vez que você conhece a verdade, constrói sua força mental e emocional citando as palavras da Bíblia.

A verdade se sobrepõe ao trauma, trata o coração despedaçado, equilibra as emoções e cura os desequilíbrios. A verdade vem do Espírito da Verdade e da Palavra da Verdade. É um remédio com duas partes: Jesus, o bom samaritano, aplica o óleo do Espírito Santo, *e* o vinho da Palavra de Deus. Jesus veio para curar todos que estão oprimidos e para libertar aqueles que foram traumatizados (v. Lc 4.18).

COMO MINISTRAR LIBERTAÇÃO AOS QUE ESTÃO SEXUALMENTE DESTRUÍDOS

Capítulo 14

MINISTRAR AOS QUE VIVEM EM ESCRAVIDÃO SEXUAL

Doris M. Wagner

Deus criou os seres humanos com a capacidade de se reproduzirem. No primeiro capítulo da Bíblia, a Escritura afirma: "Criou Deus o homem à sua imagem, à imagem de Deus o criou; homem e mulher os criou. Deus os abençoou e lhes disse: 'Sejam férteis e multipliquem-se! Encham e subjuguem a terra! Dominem sobre os peixes do mar, sobre as aves do céu e sobre todos os animais que se movem pela terra'" (Gn 1.27,28).

Em Gênesis 2, encontramos uma descrição detalhada da criação do homem e da mulher. "Deus fez uma mulher e a levou até ele" (v. 22), e a seguir, no versículo 24, lemos: "Por essa razão, o homem deixará pai e mãe e se unirá à sua mulher, e eles se tornarão uma só carne". Aqui fica claro que o próprio Deus criou a instituição do casamento, fazendo Eva se tornar a mulher de Adão e dando instruções aos futuros homens e suas mulheres. Eles deveriam estabelecer seus próprios lares e tornar-se "uma só carne".

Tornar-se uma só carne

Tornar-se "uma só carne" refere-se a uma união inseparável. Observe que Eva foi criada para duas finalidades específicas: ser companheira e auxiliadora de Adão. "'Não é bom que o homem esteja só; farei para ele alguém que o auxilie e lhe corresponda'" (Gn 2.18). Para mim, isso fala do interesse de Deus pelo lado emocional de Adão; e, aparentemente, o companheirismo, o amor, os cuidados, a amizade e outras atitudes similares eram necessidades de Adão. Para mim, isso ainda fala das questões práticas exigidas pela vida: Deus, para que o trabalho estivesse completo, achou necessário que Adão tivesse a seu lado uma auxiliadora que lhe correspondesse.

Em meu íntimo, sempre sorri ao ler a descrição da criação, particularmente o último ato de Deus na criação: a criação da mulher. Observe que, à medida que Deus criava as coisas, uma a uma, aparecia a frase: "E Deus viu que ficou bom" (Gn 1.18,21,25). Depois, como mencionei anteriormente, Deus se deu conta de que algo em toda a criação não estava bom, e isso dizia respeito ao fato de que não era bom que homem estivesse só (Gn 2.18). Faltava algo, e tratava-se da criação da mulher para tornar-se a outra metade do homem, como aconteceu. Uma vez criada, tornaram-se "uma só carne", e o trabalho encontrava-se aparentemente terminado. "E Deus viu tudo o que havia feito, e tudo havia ficado *muito bom*" (Gn 1.31, grifo do autor). Ele utilizou-se da criação da mulher para elevar a criação a um patamar superior ao anterior.

O inimigo e a maldição

Satanás entra em cena no capítulo 3. Como o anjo desejava glória e adoração para si, aproximou-se de Eva e transformou a ordem e o desejo de Deus, pois em sua sugestão algo que era bom passou a ser algo mau. Os fatos precipitaram-se rapidamente. Satanás foi amaldiçoado; o marido deveria controlar a mulher, e esta deveria dar à luz seus filhos em meio à dor; a terra foi amaldiçoada e o homem teria de trabalhar duramente para fazê-la produzir a colheita; foi-lhes dito que um dia morreriam e que seus corpos se decomporiam (v. Gn 3.14-19). Finalmente, o casal foi expulso do jardim (v. v. 23)

Desde esse fatídico acontecimento, Satanás tem trabalhado para continuar a distorcer as ordens e o desejo de Deus. Uma das maneiras mais comuns que ele utiliza é a de confundir as diretrizes de Deus sobre o casamento para enganar as pessoas, fazendo-as pensar que as ordens de Deus com relação ao sexo e ao casamento podem ser questionadas.

Quando Deus disse a Adão e Eva: "'Sejam férteis e multipliquem-se!'", eles deveriam ter relações sexuais para que isso pudesse acontecer. Como Deus criara o corpo deles, certamente eram belos e perfeitos — o mais belo homem e a mais linda mulher que jamais existiram. Eles teriam a melhor experiência sexual de todos os tempos. Talvez, por esse motivo, a sexualidade humana foi uma das coisas que Satanás escolheu para perverter.

A luxúria entra em cena

Quando chegamos em Gênesis 6, notamos que corrupção e violência contaminaram a terra, exceto Noé e sua família. Assim Deus começou tudo de novo após o dilúvio. Muitos especialistas da Bíblia acreditam que Gênesis 9.24 trata da homossexualidade, iniciada por Cam, contra seu pai Noé quando este estava bêbado. Assim, aparentemente, não demorou muito para que a luxúria entrasse em cena novamente, ainda que houvesse na terra somente um punhado de pessoas.

Sexo e luxúria tornaram-se um problema desde essa época. A Bíblia certamente não silencia a respeito desses episódios, uma vez que há mais instruções que Deus precisa dar para manter seu povo no rumo certo. O sexo é uma parte muito importante da vida; e Satanás trabalha horas extras para seduzir, enganar e perverter um presente de Deus, causando, no mínimo, confusão e, no máximo, horror.

Ao longo dos últimos vinte anos, em minhas orações de libertação, pouquíssimas pessoas que entraram em meu escritório não necessitavam de alguma forma de libertação de demônios sexuais. Neste capítulo, tratarei de alguns dos casos mais comuns, e alguns de meus bons amigos que trabalham no campo da libertação também contribuíram com outros casos de luxúria.

Pornografia

Parece que Satanás estava presente quando a nova tecnologia foi inventada. Ele frequentemente trabalha buscando pervertê-la para tirar vantagens. Ele teve grande sucesso, particularmente com as diversas formas de comunicação, já que as utiliza para difundir a pornografia.

O *Dicionário eletrônico Houaiss da língua portuguesa* define "pornografia" da seguinte forma: "estudo da prostituição; coleção de pinturas ou gravuras obscenas; característica do que fere o pudor (numa publicação, num filme etc.); obscenidade, indecência, licenciosidade; qualquer coisa feita com o intuito de ser pornográfico, de explorar o sexo tratado de maneira chula, como atrativo (p.ex., revistas, fotografias, filmes etc.)".[1] Dentre as mais recentes, provavelmente, poderia estar a arte, tanto em desenhos como em esculturas. As pessoas tentaram capturar a beleza da criação de Deus. No passado, muitos objetos de desenhos ou esculturas incluíam montanhas cobertas de neve e céu azul, nuvens almofadadas e árvores com folhas brilhantes de outono; flores exóticas; pássaros e borboletas; frutas de dar água na boca, de diversos tamanhos, formatos e cores; o rosto de uma criança sorrindo; uma macieira em flor ou repleta de frutos; um cavalo magnífico e brilhante em um denso gramado ao sol do meio-dia.

Todavia, alguém, um dia, há muitos anos, decidiu fazer alguns vergonhosos desenhos, moldar figuras obscenas em barro ou fazer esculturas em mármore para vender. A coisa difundiu-se, e muitas pessoas foram levadas a observar tais criações pela excitação que esse tipo de arte causava. Tornou-se um negócio lucrativo e assim nasceu a pornografia, que foi bem-sucedida desde seu surgimento.

Em minha experiência de orar pelas pessoas, descobri que muitas lutam contra a pornografia. Esta parece ser altamente capaz de produzir dependência, criando na mente imagens que se recusam a sair e que, muitas vezes, deixam a pessoa com desejo insaciável por mais. E a pessoa afetada não precisa ir longe para encontrar mais. A pornografia abriu seu caminho em livros (imagine que a primeira prensa gráfica foi construída para permitir a chegada da Bíblia às mãos das pessoas comuns), em revistas, em fotografias e no cinema. Ela foi altamente difundida por meio de vídeos, DVDs e especialmente pela Internet. Os empresários que administram a indústria da pornografia descobriram como infiltrar-se em *sites* utilizados para compras e pesquisas, *sites* técnicos ou equivalentes, para conectar os usuários da Internet aos seus mais de um milhão de *sites* pornográficos (que sempre se multiplicam) na esperança de exibir e vender seus produtos. Essa tática, sem a menor sombra de dúvida, é muito bem-sucedida.

Abrir a porta para um demônio

Por que as pessoas lutam? Porque a exposição repetida à pornografia abre a porta para que o demônio da pornografia entre e assuma o controle. Ele não sai por conta própria; ao contrário, ele, para ser expulso, precisa ser confrontado por uma força maior que a dele. Demônios (espíritos satânicos) buscam hospedeiros humanos, da mesma forma que os parasitas, como os piolhos ou as lombrigas, também os buscam e prendem-se ao corpo humano para alimentar-se dele. Os demônios precisam encontrar um lugar para se fixar. Pessoas que não se envolvem com pornografia não precisam ficar temerosas dos demônios da pornografia. Em outras palavras: sem exposição, não há infestação. As pessoas precisam expor-se à pornografia para que sejam infestadas pelos demônios da pornografia. No entanto, uma vez que a repetida exposição à pornografia abre a porta aos demônios, é necessário encontrar uma forma que seja mais forte que esses demônios para que as pessoas sejam libertadas deles.

> A exposição repetida à pornografia abre a porta para que o demônio da pornografia entre e assuma o controle.

Como afirmei acima, os demônios não saem por conta própria. Na realidade, eles podem persuadir seus hospedeiros a convidar outros demônios para entrar. A pornografia conduz muitas vezes a problemas como a masturbação compulsiva, a fornicação, o vitimar-se, dentre outros. Esses demônios precisam ser enfrentados com a autoridade e o nome de Jesus e expulsos — essa ação é o que liberta as pessoas dos demônios e descontamina a pessoa. Devemos ainda mencionar que uma nova infestação é uma possibilidade, e que, nesse caso, o procedimento de libertação terá que ser ministrado novamente.

Algumas pessoas acham que a libertação traz imunidade para sempre, mas a verdade é outra. A recomendação precisa de Jesus para a mulher que caiu em adultério em João, capítulo 8, é: "vá e abandone sua vida de pecado" (v. 11). Pessoas que foram aprisionadas pelos demônios da pornografia precisam adotar medidas drásticas para se livrarem deles para sempre. No entanto, descobri que pessoas que foram libertadas desses demônios ficam tão agradecidas que não acham tão difícil superar a tentação.

Chegar à raiz do problema

Muitas pessoas se envolvem com a luxúria a ponto de ficar endemoninhadas. Quando começo a ministrar a uma pessoa que sofre por causa dos demônios da luxúria, faço duas perguntas básicas. A primeira é: "Você realmente quer que ore por você, de forma que possa libertar-se dessa escravidão?". Surpreendentemente, alguns respondem de forma negativa. Mas a batalha já está meio vencida, caso eles estejam desesperados para que Deus os limpe do problema sexual que apresentaram para você. Homens e mulheres, muitas vezes, procuraram-me para pedir ajuda, com lágrimas correndo-lhes pelas faces. Nesses casos, a libertação é uma tarefa fácil. Os demônios já sabem que estão no olho da rua, e tremem de medo.

A segunda pergunta que faço é: "Como é sua família, e quando seus problemas começaram?". Descobri que sempre preciso pesquisar a história da pessoa, porque, como as Escrituras afirmam repetidas vezes, os pecados dos pais são transmitidos aos filhos (v. Êx 20:4,5). Os demônios da luxúria têm uma grande tendência de ser hereditários. O que isso quer dizer?

Deixe-me apresentar um exemplo de minha experiência. Oro, com freqüência, por pessoas que sofrem de problemas de masturbação compulsiva. Em primeiro lugar, pergunto: "Quando isso começou?". Um homem relatou-me: "Isso é um problema tão antigo, praticamente desde que me conheço por gente. Começou, provavelmente, quando tinha quatro anos". Bem, isso é antinatural! Conclui-se que esse garoto tinha alguma ajuda sobrenatural.

Luxúria herdada

Assim, aprofundamo-nos na pesquisa para ver se conseguimos colher informações a respeito dos pais e dos avós maternos e paternos. Fazemos perguntas como: "Você foi concebido fora do casamento?". (Descobrimos que pessoas concebidas em meio à luxúria, muitas vezes, defrontavam-se com ela.) "Houve traição, fato conhecido por todos, em sua família? Há, em sua família, casos de pornografia, adultério, abuso sexual de crianças, prostituição ou equivalentes?". Se houver respostas afirmativas para essas perguntas, precisamos começar nossa oração para expulsar o espírito da luxúria herdado. Isso precisa ser descoberto antes que iniciemos o tratamento dos problemas que o indivíduo tem em sua vida.

De que forma oramos para expulsar um espírito da luxúria herdado? Descobri que a pessoa sente grande alívio quando digo: "Isto não é só culpa sua. Você recebeu alguma ajuda para iniciar-se nesse caminho". Bem, então a quem devemos culpar? Obviamente, muita culpa pode ser atribuída à pessoa que permitiu que esse pecado se introduzisse no ambiente familiar. Essa pessoa facilitou a atuação do demônio da luxúria que conduziu seus hospedeiros a um maior número de oportunidades de pecado sexual. Muito bem, então, o que devemos fazer a respeito disso?

É importante que a pessoa que busca libertação de um espírito da luxúria herdado perdoe aquela pessoa que permitiu a entrada do espírito no seio da família. Não importa que essa pessoa tenha falecido há muito tempo. Oferecer o perdão remove as bases legais para que o espírito da luxúria habite no hospedeiro, o que abre caminho para ordenar ao espírito que se retire. Mesmo que a evidência da presença de um espírito de luxúria não seja conclusiva, tento cobrir todas as alternativas e, de qualquer forma, oro contra um espírito da luxúria herdado, porque a pessoa pode não dispor de todas as informações. Pecados sexuais não são comumente divulgados para todos os membros da família. Caso eu tenha me equivocado, nenhum mal foi causado.

Depois desse processo, cuido das necessidades individuais da pessoa por quem oro, e, a cada um dos espíritos sexuais que a afligem, ordeno que se retire. Quando essa etapa se conclui, ordeno ao espírito que vá embora, em nome de Jesus. Refiro-me ao espírito da luxúria, que a pessoa convidara a entrar. Trata-se de um espírito diferente do espírito da luxúria herdado. Eu os trato como demônios distintos.

Incubus e Sucubus[2]

Espíritos da luxúria herdados com freqüência permitem que os espíritos sexuais *Incubus* e *Succubus* atuem enquanto a pessoa dorme. O que acontece é que o indivíduo tem um sonho muito real no qual uma "pessoa" se aproxima e a convida para fazer sexo, ou efetivamente consuma o ato sexual. Essa "pessoa" pode agir de forma heterossexual ou homossexual, e o clímax sexual acontece no momento em que o indivíduo acorda. Essa "pessoa", se estiver representando um homem, não será apenas uma fantasia mental, mas, na realidade, um demônio chamado *Incubus*; caso atue como mulher, esse demônio é chamado *Succubus*. Acho horrível que espíritos demoníacos não convidados muitas vezes, embora nem sempre, acompanhem gerações de uma mesma família. Alguns mais destemidos chegam mesmo a abordar a pessoa durante o dia. Quando os expulso, chamo-os pelo nome, e eles, em geral, saem dando um grande soco em seu hospedeiro. Parece que seu disfarce cai quando os chamamos pelo nome.

Masturbação compulsiva

Neste estudo sobre a melhor forma de ministrar àqueles acometidos da escravidão sexual, acredito ser importante tratar da questão da masturbação compulsiva. Orei com homens para os quais, em particular, tratava-se de um impulso exasperador, sempre presente. Um homem masturbava-se usualmente três vezes ao dia, o que comprometia seu casamento, uma vez que ele não dava a devida atenção a sua esposa. Mas de que forma resolvemos esse problema?

Depois que identificamos o fato de que a masturbação compulsiva está presente na vida de uma pessoa, procuramos outras pistas e causas do problema. É comum a pessoa já ter hábitos formados em relação à pornografia. Por vezes, o problema resulta de algum tipo muito forte de rejeição. Em geral, a pessoa foi vítima de abuso sexual quando criança ou adolescente. É bem possível que o espírito da luxúria tire vantagens de um trauma sexual, como, por exemplo, o estupro, que lhe tenha permitido a entrada naquela oportunidade — mesmo que a vítima não tivesse dado espaço para que o evento ocorresse. Assim, continuamos nossa busca por informações.

No caso do homem mencionado, as pistas sobre a causa determinante da presença do demônio estavam claras. Não me lembro de todas, entretanto fui claramente orientado por Deus sobre como orar, e o caso resultou de fácil solução. Ele tornou-se totalmente liberto da escravidão e voltou para casa para anunciar a vitória publicamente para seus amigos. Há poucas pessoas mais agradecidas sobre a terra do que aquelas que foram libertadas de escravidões duradouras.

Exercer o ministério para a pessoa por inteiro

Descobri, ao orar por pessoas que sofrem da escravidão sexual, que essas pessoas se dividem em duas grandes categorias: aquelas que trouxeram os problemas para sua vida e aquelas que foram vitimadas ou sofreram sérios abusos por parte de quem cuidava delas ou de pessoas violentas. É mais fácil orar pelos primeiras — aquelas que têm lágrimas correndo pelas faces e querem ser libertadas. Elas ficam muito tristes com seus pecados e desejam arrepender-se e ser curadas das conseqüências desses atos que repugnam. No caso do segundo grupo, aqueles que foram vítimas de violência, a complexidade é muito maior, em virtude de uma gama de outros problemas muito sérios que ocorreram. Dentre as dificuldades encontradas, podemos incluir coisas como raiva; ódio; ódio a si mesmo; tendências suicidas; homossexualidade; distúrbio de identidade dissociativa (anteriormente chamada de desordem de personalidade múltipla); afetividade deslocada; e uma enorme quantidade de outros distúrbios emocionais que necessitam de cuidados, os quais compreendem uma atmosfera carinhosa e tratamento, assim como libertação.

Muito vezes, os ministros da libertação não ministram para a "pessoa por inteiro". Assim, o trabalho não pode ser considerado completo até que os aspectos emocionais também sejam tratados. A melhor parte da sabedoria reside em não acreditar que, pelo fato de os espíritos demoníacos serem expulsos, o trabalho ficou completo. Caso a cura emocional ainda seja necessária, ore por aquilo que ainda precisa ser feito e encaminhe a pessoa para um pastor ou conselheiro que possa cuidar do caso daí em diante.

Confidencialidade

Duas perguntas muito importantes que sempre temos em mente são as seguintes: "Por que essa pessoa está atormentada? Quando tudo começou?". Em geral, a sondagem desses aspectos revela pistas muito importantes sobre como orar. É vital que a pessoa por quem oramos dê informações sobre todos os fatos relevantes a respeito de seu problema. Uma abertura parcial deve ser desencorajada, assegurando-se confidencialidade total. E essa promessa de confidencialidade jamais pode ser violada. Eu, por exemplo, não faço registros escritos, usualmente sob a forma de questionários, e destruo toda e qualquer anotação na presença da pessoa. Para mim, isso os ajuda no seguinte processo: "'Agora vá e abandone sua vida de pecado'". Acredito que é mais fácil para uma pessoa atender à ordem: "Agora vá e abandone sua vida de pecado" (Jo 8.11) quando ela sabe que aquilo que Deus perdoou está, de fato, esquecido.

Tratar da culpa e da vergonha

O longo dos anos, enquanto orava por pessoas vítimas da escravidão sexual, descobri ser muito importante orar contra dois outros espíritos relacionados: a culpa e a vergonha. É muito fácil esquecer isso, mas agora trato de tal questão como uma parte muito importante de minhas orações. Uma vez que minha disponibilidade de tempo é muito limitada, em virtude de minhas obrigações como presidente de um ministério cristão, posso orar apenas por poucas pessoas, de forma que optei por orar pelos ministros. Muitos não têm a quem recorrer quando procuram libertar-se por medo de perder seu emprego, de sentir-se envergonhados ou de ser expostos em suas congregações. No entanto, sinto-me segura. Não os conheço, e ninguém precisa ficar sabendo que a pessoa que chega para me ver é pastor.

Uma coisa que realmente perturba os pastores que sofrem de problemas sexuais de natureza demoníaca é que eles são chamados a pregar a palavra de Deus. Mas de que forma eles podem pregar contra pecados sexuais se eles próprios são suas vítimas? Eles se sentem hipócritas! Por isso, preciso sempre lembrar-me de orar contra os espíritos da culpa e da vergonha para que os pastores possam pregar como devem. Esses espíritos condenatórios precisam sair. A Bíblia tem um grande número de instruções referentes à preservação da pureza, e toda congregação precisa desesperadamente desse ensinamento.

Libertação e restauração

Recentemente, orei pela libertação de um ministro que se divorciara; desde aquele momento do rompimento de sua união, ele foi impedido de ministrar em sua denominação. Discordo dessa política por várias razões. Primeiramente, acho que Maria Madalena, na Escritura, após ser libertada de sete demônios, tornou-se uma das pessoas mais agradecidas dentre as que seguiam Jesus (v. Jo 19.25). Há controvérsias a respeito de alguns daqueles demônios serem de natureza sexual, mas não importa. Em virtude da posição social da mulher naquele tempo, fico profundamente tocada pelo fato de Jesus, após sua ressurreição, aparecer primeiro para essa mulher, antes endemoninhada, já que ela era uma pessoa muito importante em sua vida, alguém de quem ele cuidava. Marcos 16.9 nos relata: "Quando Jesus ressuscitou, na madrugada do primeiro dia da semana, apareceu primeiramente a Maria Madalena, de quem havia expulsado sete demônios".

O aspecto que procuro realçar é que, uma vez que Maria Madalena já fora libertada dos demônios, Jesus não apresentou as falhas vividas contra ela. Ao contrário, ele gostava de sua admiração e devoção, dando a ela a oportunidade de recomeçar. Se uma pessoa, como o pastor a quem me referi acima, recebeu o perdão por seu passado e mostra-se arrependido, por que ele deveria ser retirado para sempre do ministério? Isso não parece seguir o exemplo do tratamento de Jesus a Maria Madalena. Jesus não censurou Maria Madalena por segui-lo e servi-lo, como se ela fosse uma cidadã de segunda classe.

Sugeri a esse pastor que tentasse iniciar uma igreja junto a pessoas divorciadas, uma vez que inúmeros casamentos naufragam. Muitas dessas pessoas feridas nunca passam pela porta de uma igreja porque se sentem socialmente desclassificadas. Mas alguém precisa presenteá-las com o evangelho. E quem entende melhor de casamentos desfeitos que uma pessoa que passou pela dor e saiu curada do outro lado?

Orar pela limpeza

A última coisa que faço ao orar por uma pessoa infestada por espíritos sexuais demoníacos é orar pela purificação dessa pessoa. Peço a Deus que, de modo miraculoso, limpe a mente dessas pessoas das imagens pornográficas e das experiências sexuais não abençoadas. Peço ainda a Deus que limpe os olhos que se voltaram para o que lhes era impróprio; que limpe os ouvidos de tudo que eles ouviram; que limpe os lábios, a pele, as mãos e os órgãos sexuais, enfim, que limpe tudo: pensamentos, palavras e ações pecaminosos. É extremamente importante quebrar todos os laços da alma com os parceiros sexuais que não eram o cônjuge da pessoa. (v., no capítulo 16, o eloqüente tratamento de Peter Horrobin sobre esse tema). Peço a Deus que abençoe o relacionamento matrimonial atual da pessoa, para que ela seja conforme Deus desejou, completa, com alegria e realização sexual.

Aqueles de nós que atuam no ministério da libertação, regozijam-se ao ver pessoas totalmente renovadas. Trata-se de uma grande decepção para Satanás, que veio para roubar, matar e destruir (v. Jo 10.10). E nós realmente nos alegramos por fazer parte da libertação desses prisioneiros. Vemos grande potencial em qualquer pessoa que queira libertação, e nossa oração é para que muitos se beneficiem da libertação do cativeiro sexual e prossigam, com todo seu ser, seu caminhar para servir ao Senhor.

Jesus respondeu: "Digo-lhes a verdade: Todo aquele que vive pecando é escravo do pecado. [...] Portanto, se o Filho os libertar, vocês de fato serão livres" (Jo 8.34,36).

Capítulo 15

O PECADO SEXUAL: O QUE ELE É, O QUE ELE FAZ E COMO ENCONTRAR UMA SAÍDA

Peter Horrobin

É impossível compreender a natureza e as consequências do pecado sexual sem primeiro compreender qual era o plano e o propósito originais de Deus para com a raça humana. Assim, a partir da compreensão dos propósitos criativos de Deus, podemos começar a entender seu propósito e seu plano para o casamento e, depois, para o sexo no casamento.

Criado para ser criativo

Fomos criados à imagem e semelhança de Deus (v. Gn 1.27). Deus é Espírito e, portanto, também somos seres espirituais. Contudo, Deus, sendo o Criador, é também criativo, e o espírito que existe em nós também é criativo por natureza.

Entretanto, somos mais que espírito; somos também criaturas de carne. E a carne é mais que só o corpo, porque se não houver uma parte de nós que dê instruções ao corpo, este seria incapaz de operar adequadamente. A alma é que dá as instruções ao corpo.

Um corpo sem uma alma seria como um carro sem motorista. Da mesma forma que um carro só se movimenta quando dirigido por seu motorista, o corpo também só se movimenta quando orientado pela alma. E da mesma forma que um mau motorista é capaz de causar danos ao veículo e transformá-lo em um perigo para si, para outros veículos ou para as pessoas que andam na rua, também a alma é capaz de conduzir o corpo para territórios perigosos, colocando em risco ele próprio e, possivelmente, outros.

Portanto, nossa entidade completa consiste de espírito, alma e corpo. É por intermédio do espírito que somos capazes de ter comunhão com Deus. A alma situa-se na interface entre o espírito e o corpo. A alma e o corpo juntos são o que a Bíblia chama de carne, e esta nos permite atuar como seres humanos. O espírito e a alma juntos formam o que chamamos de personalidade do ser humano.

A criatividade reside no centro do espírito humano, e Deus entendeu que ela poderia encontrar sua forma de expressão nos seres humanos por intermédio da carne (o corpo e a alma). Sempre que utilizamos os presentes que Deus nos deu para propósitos abençoados, essa ação torna-se um ato de adoração ao Deus que nos criou.

Portanto, quando uma criança constrói uma torre a partir de blocos de madeira e quando um arquiteto projeta um edifício, eles manifestam a criatividade doada por Deus. Quando um artista pinta um quadro, um autor escreve um livro e um chefe de cozinha prepara uma refeição, eles também expressam algo da criatividade dada ao espírito pelo Criador. Sendo assim, a utilização da sexualidade com que fomos presenteados também pode servir como manifestação desse presente criativo que o Senhor nos deu. O sexo abençoado dentro do compromisso do casamento rejubila o coração de Deus. Quando um marido e sua esposa se manifestam por intermédio de um relacionamento sexual abençoado, temos uma expressão da criatividade humana e um ato de devoção a Deus.

O desafio do livre-arbítrio

Quando Deus nos criou, ele arriscou tudo ao nos dar também o livre-arbítrio. Deus desejava ter um relacionamento conosco que fosse uma expressão de amor, o que quer dizer, entre outras coisas, que Deus deseja um relacionamento que aconteça por meio do exercício de escolhas resultantes do livre-arbítrio, e não por meio de escolhas impostas pela dominação e pelo controle. Isso também quer dizer que os presentes criativos que Deus nos deu podem ser utilizados para propósitos bons ou maus.

Um arquiteto, por exemplo, que é capaz de projetar uma magnífica e inspirada catedral, pode também utilizar essa criatividade para projetar coisas horríveis, como as câmaras de gás de Auschwitz. Um artista pode utilizar pincéis para pintar um quadro de uma beleza exótica, mas também pode utilizar esses mesmos pincéis para pintar uma cena obscena, que transmite horror e degradação. O diretor de um filme pode inspirar, desafiar e entreter com um filme de extraordinária força e sensibilidade, ou pode utilizar-se dessas mesmas habilidades para arrastar os expectadores a participar mentalmente da violência, da pornografia ou de outras situações detestáveis.

Infelizmente, não há limites para os comportamentos extremos da raça humana caída. Através da história, a humanidade mergulhou nas profundezas de comportamentos que são uma abominação a um Deus santo. E a humanidade, até hoje, age dessa forma também no campo da sexualidade, em que os desejos pecaminosos da alma podem muito facilmente colocar-se à frente dos desejos do espírito. A pessoa não redimida não conta com freios espirituais para aplicar em seus comportamentos. Acreditam que são sábios, e o moto: "Farei do meu jeito", torna-se o *mantra* de um mundo sem Deus.

Só agora, com o surgimento da uma crise mundial da AIDS com proporções epidêmicas, o mundo tem oportunidade de avaliar novamente uma das conseqüências físicas de haver removido as restrições sobre o comportamento sexual. Tragicamente, a resposta preferida do mundo não é a de desencorajar a atividade sexual pecaminosa por intermédio de um retorno à ordem abençoada, mas sim a de encorajar uma posição indulgente face ao regime falso de Satanás, mediante a disponibilidade ainda maior de contraceptivos baratos ou gratuitos, não somente para fins contraceptivos, mas também para limitar a gravidade da transmissão da doença em relações heterossexuais ou homossexuais.

O mundo só se incomoda com os perigos físicos do sexo desprotegido. O deus deste mundo vendou de tal forma os olhos dos homens e das mulheres que os perigos espirituais do sexo pecaminoso se tornaram irrelevantes. Nossa sociedade é uma sociedade politicamente correta, em que não há absolutos. Deve-se atribuir posição política idêntica a qualquer sistema de fé ou de crença, a qualquer código moral ou ausência dele; e a verdade cristã tem de ocupar uma posição de igualdade com as falsas religiões, incluindo-se a feitiçaria e o ateísmo.

Os perigos espirituais do sexo pecaminoso

Os perigos espirituais do sexo pecaminoso são tamanhos que nenhum contraceptivo no mundo jamais poderia oferecer proteção contra eles. E muitos daqueles que são membros da igreja são igualmente ignorantes a respeito das consequências espirituais do pecado sexual. Digo "igualmente ignorantes", porque se eles estivessem realmente precavidos quanto a esses perigos, o ensino na igreja poderia, ao menos, refletir os ensinamentos bíblicos, e a incidência do pecado sexual na igreja seria, de forma relevante, menor do que atualmente é.

Na realidade há tanto pecado sexual no Corpo de Cristo que, por vezes, é difícil distinguir entre as práticas sexuais dos cristãos e a dos descrentes! Em lugar da igreja ser o sal e a luz da terra (v. Mt 5.13-16), permitimos que o mundo semeasse veneno no seio da igreja. O pecado sexual, em decorrência da época permissiva em que vivemos, é considerado tão leve que, para muitos, os ensinamentos da Bíblia sobre sexo e sexualidade são desprezados como algo ultrapassado ou, até mesmo, irrelevante. Cheguei a ver cristãos que sugeriram que os ensinamentos da Bíblia foram verdadeiros nos tempos antigos, mas que, agora que desenvolvemos contraceptivos confiáveis, as exigências bíblicas sobre o comportamento sexual não são mais aplicáveis.

> Os perigos espirituais do sexo pecaminoso são tamanhos que nenhum contraceptivo no mundo jamais poderia oferecer proteção contra eles.

Mesmo naqueles setores da igreja em que há um claro e inequívoco ensino com respeito às normas cristãs da conduta sexual, há um entendimento muito pequeno sobre as consequências espirituais do pecado sexual, deixando os cristãos sem nada saber a respeito das razões pelas quais a pureza é verdadeiramente o melhor que Deus tem a oferecer a sua criação. Ao dar cursos sobre essa matéria, descobri que as pessoas, assim que compreendem o que acontece quando pecam sexualmente, sentem a condenação do Espírito Santo, sentem a necessidade da absolvição e, rapidamente, chegam ao ponto em que estão prontos para se abrir à confissão e ao arrependimento.

É por boas razões que Paulo saiu de sua linha de atuação para enfatizar esse ponto e dizer aos cristãos de Corinto: "Fujam da imoralidade sexual. Todos os outros pecados que alguém comete, fora do corpo os comete; mas quem peca sexualmente, peca contra o seu próprio corpo" (1Co 6.18). Como veremos mais adiante (v. o capítulo 16), os pecados sexuais atribuem ao Inimigo poderes sobre o corpo por intermédio dos laços pecaminosos da alma.

Vivemos uma época de rebeldia, quando o respeito pela autoridade não é mais suficiente para restringir o pecado dos voluntariosos; e, infelizmente, dentro da igreja, diminuiu o respeito pela autoridade das Escrituras. A Palavra de Deus não é mais suficiente para restringir o comportamento sexual dos cristãos, e muito menos o dos descrentes. A igreja pode ter começado a ser mais atrativa e carismática, mas ao fazer isso, parece que perdeu algo do temor ao Senhor. E, como está tão claramente explicitado em Êxodo 20.20, "'que o temor de Deus esteja em vocês e os livre de pecar". Nenhuma outra coisa pode evitar que uma pessoa peque, quando ela estiver só e acreditar que ninguém vê o que faz.

Ignora-se totalmente o ensinamento da Bíblia sobre semear e colher (v. Gl 6.7). No entanto, Paulo avisou que se afastar da graça de Deus tornou-se uma desculpa para a indulgência pecaminosa. O cristão nascido de novo (aquele cujo espírito foi restaurado novamente para a comunhão com Deus por intermédio da fé em Jesus Cristo), que vive em um mundo caído, não está livre da tentação em sua vida. A eterna batalha entre a vontade do espírito e a vontade da alma (a carne) é demonstrada por Paulo em Gálatas 5. No versículo 21, Paulo nos adverte que aqueles "que praticam essas coisas [inclusive adultério, fornicação e lascívia] não herdarão o Reino de

Deus". Compreender a diferença entre o sexo abençoado e o pecaminoso para depois escolher trilhar os caminhos de Deus pode ser, sem dúvida, uma questão de vida ou de morte. O autor de Provérbios adverte que a morada dos adúlteros "se dirige para a morte, que é a sua casa, e os seus caminhos levam às sombras" (Pv 2.18).

Portanto, o que, na verdade, é o adultério? Jeremias 3 brinda-nos com uma poderosa percepção sobre o entendimento de Deus a respeito do adultério. Judá e Israel são acusadas de cometer adultério com madeiras e pedras (vide v. 6.10). Não por que praticaram o sexo pecaminoso, mas por que, ao cultuar um falso deus, cultuaram os ídolos. Elas, por meio do culto, uniram-se a outro deus. Jeová era seu verdadeiro Deus, mas elas seguiam um outro deus.

Portanto, o adultério é toda união equivocada. De acordo com essa definição, todo pecado sexual, seja ele antes do casamento, seja ele depois do casamento, seja em relacionamentos homossexuais seja até mesmo em relacionamentos com animais, é definido como adúltero. Por conseguinte, o sétimo mandamento: "'Não adulterarás'" (Êx 20.14), proíbe muito mais que apenas o pecado heterossexual de pessoas casadas. Sua proibição abrange todas as formas de relacionamento sexual não abençoado.

Como este capítulo revela, os grandes perigos espirituais do pecado sexual começam a ficar claros. Minha prece é para que as pessoas, à medida que elas comecem a compreender isso, encontrem o caminho da restauração e da cura.

Graça curadora e misericórdia

Embora as Escrituras enfrentem a realidade de que mesmo os cristãos podem cair em pecado sexual, e sejam claras a respeito do que é certo e errado, elas também se mostram cheias de esperança, falando-nos sobre nosso Deus que deseja perdoar e curar. A promessa de Deus é de que, quando seu povo se humilhar, confessar verdadeiramente seu pecado, arrepender-se e abandonar seu pecado, ele lhes perdoa e os restaura. Embora o que está feito não possa ser desfeito, a história de Davi sobre o encontro com

Deus, após a descoberta de seu adultério com Bate-Seba, é um eloqüente testemunho da misericórdia e da graça curadora de Deus (v. Sl 51).

Fica absolutamente claro, tanto na Escritura como em nossa experiência, que, quando escolhemos caminhar pelos caminhos do deus deste mundo, abrimos as portas para o Inimigo, o que quer dizer que aqueles que conscientemente caminharam em pecado sexual não só precisam arrepender-se, pedir perdão e mudar a rota de seu caminho, mas também precisam de libertação para encontrar a cura total que Deus deseja que tenham.

Não podemos varrer esses fatos para debaixo do tapete espiritual. No entanto, precisamos ser cuidadosos em relação à atitude de Jesus face à mulher que foi pega em adultério. Seus acusadores estavam prontos para apedrejá-la até a morte, mas Jesus teve compaixão dela (v. Jo 8.3-11). É fácil julgar sem compreender.

A primeira vez em que exerci o ministério de libertação com uma prostituta, estava ciente do mal interior que essa mulher de 23 anos de idade causara aos homens. Quando lhe perguntei há quanto tempo era prostituta, e ela me respondeu que havia 13 anos, comecei a reavaliar meus pensamentos. Quando ela me contou sobre a forma como seu pai abandonara a casa, sobre os poucos recursos de que sua mãe dispunha, e sobre como fora levada à prostituição infantil por um homem que lhe dera doces e depois dinheiro para que o deixasse tocá-la, comecei a chorar pelo dano terrível feito por esse homem inescrupuloso e diabólico. Terminei arrependendo-me junto a ela em nome dos homens e do que haviam causado a ela.

Precisamos ser muito cuidadosos para não cair na armadilha de Satanás, ou seja, de proferir condenações sobre aqueles que pecaram sexualmente. Há esperança, perdão, libertação e cura.

Criados para o relacionamento

Conforme explicado por Doris Wagner, no capítulo 14, Deus designou o homem e a mulher um para o outro. Depois, ele propiciou-lhes os recursos por meio dos quais poderiam não só expressar seu relacionamento de forma espiritual, mas também fisicamente. A intenção de Deus para a manifestação sexual entre o homem e sua esposa era que isso pudesse ser o ponto alto do relacionamento humano — uma experiência espiritual profunda de extraordinária unificação —, algo tão espiritual que a mesma palavra hebraica, *yada*, é utilizada para referir-se tanto ao relacionamento sexual entre seres humanos como à intimidade e ao profundo relacionamento espiritual que nós, os seres humanos, somos capazes de manter com o Deus vivo (v. Gn 4.1; Is 43.10).[1]

O sexo foi designado por Deus para ser tão agradável que a sobrevivência da raça humana, por intermédio da reprodução sexual, jamais corresse risco!

Por intermédio da expressão de sua sexualidade, homens e mulheres compartilham com Deus um ato de criação. As relações sexuais, como Deus originalmente planejou, entre homens e mulheres íntegros, é, portanto, um glorioso ato de adoração ao Deus criador.

Embora o corpo do homem tenha capacidade física para um relacionamento casual com qualquer outra mulher, como os animais, sem que seja necessário qualquer comprometimento com um relacionamento, a idéia do sexo casual é totalmente estranha ao plano de Deus para a humanidade. Em nenhum lugar das Escrituras há qualquer indicação da aprovação ao sexo casual, ou fora do casamento formal, nem se encoraja esse comportamento. Ainda assim, isso é tolerado nesta época em que vivemos, quando testemunhamos, em muitas das sociedades do mundo, a busca desenfreada pelos prazeres e pela auto-satisfação irrestrita.

Compreender que a prática sexual abençoada é uma forma de adoração é a chave vital para compreender a razão pela qual o pecado sexual conduz as pessoas à escravidão sexual e demoníaca. Isso por que Deus se rejubila em abençoar seu povo com sua presença espiritual, especialmente quando o estão adorando. Desde 1662, um culto tradicional de casamento, encontrado no *Livro de oração comum*, o livro de preces da Igreja Anglicana, inclui a referência à adoração e ao culto a Deus. Como parte dos votos por meio dos quais os cônjuges se comprometem um ao outro, eles devem dizer estas palavras: "Com meu corpo, eu o adoro".

Sempre que, por meio do uso do livre-arbítrio, fazemos escolhas para agradá-lo, colocamo-nos na situação em que as bênçãos de Deus estão sobre nós. E não há dúvida de que Deus rejubila-se por derramar suas bênçãos sobre os relacionamentos sexuais abençoados vivenciados no casamento formal.

Entretanto, o oposto disso é que, neste mundo caído, Satanás tira vantagem do fato de que fomos feitos para adorar, e de que durante a adoração nos abrimos para o espiritual. Satanás agradece quando nos entregamos às práticas sexuais contrárias às determinações de Deus, porque, nessas oportunidades, não se adora ao Deus vivo, mas Satanás. Deus não entrega sua glória a outro e, portanto, ele não permanece no trono de um relacionamento que não é abençoado. Ele não pode abençoar o que é contrário à ordem que ele criou para a humanidade, nem rejubilar-se nelas.

Portanto, Satanás, o deus deste mundo, sobe ao trono de um relacionamento pecaminoso e recebe a adoração. Assim, Deus, longe de abençoar os participantes que agradam a Satanás com o uso pecaminoso de sua criatividade sexual, aproveita a oportunidade para amaldiçoá-los. E os espíritos por meio dos quais Satanás habita nas pessoas não são sagrados, mas ímpios, ou, como os autores dos evangelhos os descrevem, "imundos" (Mc 1.23,26; Lc 4.33,36). Por intermédio do pecado sexual, esses espíritos são capazes de alcançar o corpo que a Escritura nos diz que é, ou que deveria ser, o "santuário do Espírito Santo" (1Co 6.19).

Culpa e vergonha

Antes da Queda, não havia pecado, portanto não havia culpa nem vergonha. A culpa e a vergonha são o que sentimos quando ofendemos alguém em virtude de nosso comportamento, especialmente quando esse alguém é Deus. Não poderíamos experimentar nenhum sentimento de culpa ou de vergonha, se não existisse um ser supremo. O fato de termos consciência da culpa e da vergonha é a evidência primeira da existência de Deus.

Culpados é o que somos em conseqüência de alguma ofensa cometida. A culpa se resolve por intermédio do resgate e do perdão. Jesus pagou o preço de nossos pecados, e, por meio do perdão, somos absolvidos das conseqüências de nosso pecado.

Vergonha é o que sentimos por dentro quando cometemos pecado. A vergonha faz que desejemos nos esconder daqueles a quem desapontamos, machucamos, traímos ou contra quem pecamos. Um garoto, instintivamente, deseja esconder-se de seus pais quando sabe que fez algo de errado, como Adão e Eva tentaram cobrir-se e esconder-se de Deus no jardim (v. Gn 3.6-10)

A vergonha só pode ser curada quando o pecado que a causou for trazido à luz e perdoado. Há algumas pessoas que passam a vida toda escondidas por trás das muralhas da vergonha. Algumas vezes, a vergonha é o resultado do que elas fizeram, mas, com freqüência, é conseqüência do que os outros causaram a elas. Uma garota que sofreu abuso sexual pode envergonhar-se de sua experiência, especialmente quando seu agressor joga a culpa do acontecido sobre ela, a vítima, ainda que ela não seja culpada do que aconteceu. Satanás sempre tenta utilizar a vergonha para evitar que as pessoas estendam suas mãos pedindo a ajuda de Deus.

Jesus é o único que pode nos tocar e nos curar, caso estejamos vivendo com as conseqüências da vergonha em nosso coração. Ele pagou o preço de nossos pecados; Ele tornou possível para nós tanto a libertação da maldição do pecado que outras pessoas cometeram contra nós (quando as perdoamos) como o conhecimento da realidade de sua presença curadora que nos transforma de dentro para fora.

Capítulo 16

LANÇAR LUZ NOS LAÇOS DA ALMA

Peter Horrobin

A intenção de Deus para nossa realização sexual repousa estritamente no compromisso do casamento. O casamento não é apenas uma transação legal. Em essência, é uma transação espiritual — a união de duas pessoas. Da mesma forma que todo homem e toda mulher vivos são espírito, alma e corpo, Deus também estabeleceu o compromisso do casamento para levar a uma união permanente do espírito, da alma e do corpo.

Um casal que queira se casar deve estar espiritualmente unido na fé, no coração e na intenção; o casamento, portanto, não se completa enquanto não se fizerem os votos de um para com o outro e para com Deus, e enquanto o relacionamento sexual não se consumar. Na verdade, a igreja sempre reconheceu que um casamento que não se consumou por meio de uma união sexual pode ser anulado, porque não é um casamento de fato. O relacionamento sexual é a união da carne, uma união na qual o desejo da alma se completa pela união sexual dos corpos. Por intermédio da união sexual temos tanto a união dos espíritos de duas pessoas quanto de seus corpos.

Assim que a união sexual se realiza, os corpos se separam, mas as almas, agora, estão unidas. Dessa maneira, o casamento, como tal, completa-se. Não há somente a união do espírito, mas também a união da alma. A Escritura menciona duas pessoas que se tornaram uma só carne (v. Ef 5.31). Agora, por intermédio da união sexual, um laço da alma foi estabelecido entre marido e mulher. Algo do homem se torna parte da mulher, e algo da mulher, parte do homem. É por essa razão que, à medida que os anos passam, os casados podem ficar cada vez mais semelhantes um ao outro, até mesmo a ponto de ser possível, por vezes, notar-se até semelhança física nos cônjuges casados há muitos anos.

O que fica claro é que a união física por meio do ato sexual envolve mais que a união física dos corpos, porque aqueles que foram unidos por esse ato também experimentaram a união da alma, o que chamamos de *laços da alma*. Esse foi o maravilhoso plano de Deus para o casamento: unir permanentemente casais em um relacionamento vívido e dinâmico.

Consequência do pecado sexual

No capítulo anterior, vimos que, quando duas pessoas cometem pecado sexual, eles agradam ao deus deste mundo; em consequência, elas podem abrigar um espírito contaminado em sua vida, e, por isso, uma libertação se faz necessária. Agora entendemos também que o objetivo de Deus para o casamento foi o de prover um meio pelo qual homem e mulher pudessem ficar permanentemente unidos em espírito e alma. Paulo até nos diz que a intenção de Deus para o relacionamento entre marido e mulher poderia inclusive servir para ilustrar os objetivos de Deus para o relacionamento entre Jesus e a igreja (v. Ef. 5.22-32). Esta é a boa-nova!

A má notícia para os que são sexualmente promíscuos é que Deus não deixa de lado seus planos de estabelecer laços da alma entre eles, de forma a acomodar seu pecado. Embora Deus seja um Deus de amor, ele é também, sem dúvida, um Deus da lei e da ordem; e a ordem de Deus para o relacionamento sexual é que, *sempre* que ele ocorre, uma verdadeira união acontece e um laço da alma é estabelecido.

Se, por exemplo, uma pessoa teve diversos parceiros sexuais, ela tem agora um laço da alma com cada um deles. Algo dessa pessoa singular foi entregue para cada um de seus parceiros sexuais, e algo desses parceiros passou a fazer parte dessa pessoa. Paulo, de forma explícita, declara que isso realmente acontece, mesmo nos casos de prostituição; ele diz que quando um homem se une a uma prostituta, os dois se tornam uma só carne (v. 1Co 6.16).

Em lugar dessa união se constituir em um laço virtuoso da alma, que traz grandes bênçãos para a vida do casal — ela torna-se uma corrente de aprisionamento por intermédio da qual as pessoas, sem perceber, são influenciadas pela vida e pela personalidade daqueles com quem estiveram sexualmente unidos. Além disso, um laço pecaminoso da alma cria a oportunidade para que coisas do demônio sejam transferidas de uma pessoa para outra, tanto por ocasião da relação sexual como em momento depois do ato sexual.

Provérbios 5, em sua totalidade, é um alerta contra relacionamentos sexuais adúlteros. O versículo 22 acrescenta as conseqüências de relacionamentos sexuais pecaminosos, dizendo que "as maldades do ímpio o prendem; ele se torna prisioneiro das cordas do seu pecado". Um laço pecaminoso da alma é uma amarra de pecado que mantém as pessoas permanentemente prisioneiras — pelo menos enquanto Jesus não quebrar essas amarras. Pelo fato do laço da alma ser estabelecido por intermédio da ordem de Deus para a humanidade, só o Senhor pode desfazê-lo.

Quebrar as amarras dos laços pecaminosos da alma

Em 1João 1.9, somos encorajados a confessar nossos pecados a Deus para que sejamos perdoados. No entanto, em Tiago 5.16, as Escrituras nos orientam a confessar nossos "pecados uns aos outros" e a orar "uns pelos outros" para sermos curados. Há, claramente, dois processos em andamento. Um diz respeito à consequência espiritual e eterna do pecado e à restauração do relacionamento com Deus por intermédio do perdão; o outro trata das consequências temporais do pecado que levou a condição que requer uma cura, cura essa que pode incluir a necessidade de uma libertação.

Deus, por certo, pode curar soberanamente uma pessoa (e o faz) quando oramos a ele. Contudo, para muitas pessoas, pode também existir alguma questão relacionada ao orgulho que precisa ser tratada, e só o processo de contar o pecado para outra pessoa é que trata desse orgulho que, muitas vezes, é o maior impedimento para se conseguir a cura.

Constatamos que esse é o caso, especialmente com relação aos pecados sexuais dos cristãos. É de nossa natureza humana preferir não passar pela vergonha de ver outra pessoa tomar conhecimento de nosso pecado. No entanto, sempre que houver um problema no coração relacionado ao orgulho, quando nos humilhamos por meio da confissão de nossos pecados sexuais, Deus nos ergue, recolocando-nos integralmente em sua presença e liberando-nos a cura e o cumprimento de seu chamado para nós.

Não há pecado que Deus não seja capaz de perdoar — e, finalmente, só ele é que pode lavar nosso passado. Da mesma forma, só o Senhor é que pode desatar os laços da alma que foram criados pelos relacionamentos sexuais pecaminosos. Assim, no exercício do ministério, devemos encorajar as pessoas a confessar seu pecado a Deus, pedindo por perdão e redenção. Depois, podemos pedir ao Senhor para que quebre os laços pecaminosos da alma e recoloque a pessoa na condição em que aquilo que foi entregue ao outro em um relacionamento errado seja restaurado a essa pessoa, tornando-a completamente liberta de qualquer coisa que tenha recebido desse parceiro sexual.

> Quando nos humilhamos por meio da confissão de nossos pecados sexuais, Deus nos ergue, recolocando-nos integralmente em sua presença e liberando-nos a cura e o cumprimento de seu chamado para nós.

O efeito disso pode ser muito profundo, trazendo uma transformação para a vida das pessoas, à medida que elas são recuperadas para se tornarem as pessoas que Deus pretendeu que fossem em primeiro plano. Ao mesmo tempo em que temos de pedir a Deus para curar (extirpar) os laços pecaminosos da alma, Jesus atribuiu a nós, os cristãos, a autoridade para expulsar os demônios. Temos a experiência de que um indivíduo, quando tem laços sexuais pecaminosos em sua alma, também esteve ameaçado pelos demônios que ou se infiltraram por ocasião do pecado, ou se utilizam dos laços da alma para ganhar acesso a esse indivíduo.

Histórias de nossos arquivos

Alguns dos casos da vida real, resultantes de nossa experiência com os Ellel Ministries [Ministérios Ellel], ajudarão a compreender o sentido dos laços da alma e a importância de não permitir que nenhum dos trabalhos das trevas fique sem ser eliminado da vida de uma pessoa.

Ministrei a um homem que confessou espontaneamente ter tido cerca de 50 parceiras sexuais. O Espírito Santo incutira uma profunda convicção do pecado em sua vida, e ele estava verdadeiramente arrependido. Depois que confessou inteiramente seus pecados e pediu a Deus que o perdoasse, pedi ao Senhor que quebrasse os laços pecaminosos da alma e que o recuperasse internamente. (O homem, antes dessa cura, não recebera nenhuma orientação que pudesse ter influenciado a forma como ele descreveu o que acontecera.) Eis o que ele disse a respeito dessa experiência: "Parece que, de algum modo, partes de mim estão voltando para mim. Posso ver coisas que eu pensava serem parte de quem sou desaparecendo enquanto Deus as retira". Depois, ele fez uma declaração profunda: "É a primeira vez que me lembro de poder afirmar que sei quem eu sou!". Ele estava redescobrindo sua verdadeira identidade.

Uma das maiores conseqüências do pecado sexual é que, por intermédio do estabelecimento de laços pecaminosos da alma, começamos a perder nossa identidade. E quanto maior for o número de parceiros com quem mantivemos relações sexuais, menos consciência temos de quem realmente somos.

Na realidade, esse homem, até que Deus houvesse trabalhado os laços pecaminosos da sua alma, não poderia saber quem era, já que se relacionara com 50 outras pessoas, cada uma das quais exerce algum tipo de influência em sua vida. E, ao mesmo tempo, era como se sua própria influência fosse disseminada no mundo, na vida de todas aquelas pessoas com quem ele tivera uma relação sexual. O homem, após Deus haver quebrado os laços pecaminosos da alma, estava livre para ser ele mesmo pela primeira vez desde que, ainda adolescente, envolvera-se com a promiscuidade. A parte final do ministério foi a libertação; e não era de surpreender que essa libertação fosse tão necessária.

Outro homem, pastor de uma igreja local, procurou-me porque estava convencido de estar incapacitado de fazer novos progressos em sua igreja. Parecia que, de fato, toda vez que ele tentava levar as coisas adiante pelos caminhos da renovação, um bloqueio impenetrável fechava o caminho. Quando, pela primeira vez, perguntei-lhe a respeito da existência de eventuais parceiras sexuais anteriores, ele mostrou-se surpreendido pela pergunta, não imaginando que isso pudesse ter qualquer importância naquela situação. Ele, espontaneamente, admitiu que antes de tornar-se cristão fora promíscuo — tivera dez parceiras sexuais. Mas, depois da conversão, ele dera, inteiramente, as costas para esse tipo de vida e acreditava que tudo fora resolvido na cruz.

Expliquei para ele que o pecado fora totalmente perdoado e que Deus excluíra o registro desses pecados de seus arquivos. Contudo, na realidade, há ainda a lei de plantar e colher, o que quer dizer que, para tratar das conseqüências eternas, não apenas é necessário que o pecado seja confessado e que a pessoa se arrependa dele, como também, para tratar das conseqüências presentes no momento, há circunstâncias que ainda exigem a purificação e a libertação.

Ele compreendeu o que eu dizia e, de boa vontade, escreveu o nome das dez garotas. Orei por cada uma das garotas da lista, pedindo a Deus que quebrasse os laços pecaminosos da alma. Para cada nome da lista, o pastor sentia Deus realizando um profundo trabalho de purificação em seu interior; após cada nome ser lembrado nas orações, uma libertação marcante acontecia. As coisas continuaram assim até que atingimos o quinto nome da lista. Quando comecei a pronunciar esse nome com os sons "Âng", fui surpreendido por uma barulhenta e demoníaca resposta do homem, enquanto ele gritava para mim: "Você não a conseguirá!". Ele estava tão surpreendido quanto eu; e quando ele recuperou a compostura, perguntei-lhe do que se lembrava em relação a Ângela.

Ele não teve dificuldade para recordar-se de que Ângela estava sempre vestida de preto, pois se envolvera ativamente com bruxaria. Aqui estava a principal chave para o bloqueio que ele experimentava em seu ministério. Ele estava ligado a alguém cuja bruxaria ainda era utilizada contra ele durante todos aqueles anos, por intermédio do laço pecaminoso da alma que se estabelecera. Satanás se utiliza de cada possível vínculo para tentar enfraquecer a efetividade de nosso ministério. Depois que orei para dominar os demônios da bruxaria, eles silenciaram. Deus rompeu aquele laço da alma para sempre, e o pastor tornou-se um homem diferente depois disso. Os demais laços da alma e as subsequentes libertações não apresentaram problema.

Uma senhora contou-me sobre certa noite, em sua vida de casada, em que ela percebeu a presença de alguém a mais na cama, entre ela e seu marido. Ela não conseguia entender por que estava sentindo tanta repulsa pela presença de seu marido. Ele viajara a negócios, e ela sonhara com a retomada das relações íntimas quando ele voltasse. No entanto, algo estava errado, e ela sabia disso. Só alguns anos mais tarde foi que ela descobriu que seu marido cometera adultério enquanto estivera viajando. O que a esposa percebera fora a presença da outra mulher, com quem seu marido se ligara por intermédio de um pecaminoso laço da alma. Nos anos que se seguiram a esse episódio, seu relacionamento foi prejudicado pela presença espiritual da outra mulher.

Exercemos há muitos anos o ministério para libertação dos pecaminosos laços da alma, estabelecidos por meio de relações sexuais, para incontáveis milhares de pessoas mundo afora, pessoas de todos os grupos raciais e da maioria das nações. O resultado foi notável. Com frequência, Satanás se utiliza dos laços pecaminosos da alma para aprisionar pessoas por intermédio de doenças físicas, meros sintomas demoníacos, impedindo-as sempre de alcançar realização plena. Esse tipo de transferência demoníaca é uma das fontes mais comuns de doenças no Corpo de Cristo.

Com freqüência, oramos por pessoas que tiveram outros parceiros sexuais; e, depois da oração e da libertação, elas, de forma relevante, experimentaram a cura. Por vezes, quando as amarras dos laços da alma se rompem, os efeitos são muito dramáticos, pois as pessoas, repentinamente, são liberadas de sintomas que combatiam há anos.

Em certa ocasião, ensinava uma grande congregação sobre a natureza do pecado sexual e suas consequências. Quando ensino sobre esse assunto, muitas vezes uso dramatizações para ilustrar os pontos principais. Na representação, apresentei um jovem casal que se casaria em breve; depois, eu expunha o fato de que ambos tiveram outros parceiros sexuais. Na dramatização, esses parceiros anteriores estavam ligados ao jovem casal enquanto eles se preparam para casar. Todavia, esses parceiros anteriores também tiveram outros relacionamentos, de forma que existia uma segunda linha de laços, e uma terceira, e assim por diante. Quando as pessoas se deram conta de quantas pessoas distintas estavam envolvidas nesse casamento, elas perceberam a que ponto os pecados sexuais eram perigosos. Eles entenderam porque as Escrituras são tão enfáticas a respeito da necessidade de pureza sexual tanto antes quanto após o casamento.

Depois que a congregação dessa igreja terminou de assistir ao drama e ouviu o ensino sobre o assunto, abri espaço para as confissões, para o arrependimento e para a ministração. Uma multidão se apresentou. Quando as amarras do Inimigo, presentes na vida desse povo querido, foram quebradas para sempre, houve muitas lágrimas, bem como muita libertação e muita cura física. Os pastores da igreja olhavam assombrados. Eles acreditavam conhecer seu povo e ficaram profundamente chocados com a extensão das necessidades de sua congregação nesse campo.

Uma senhora veio pedir orações porque seu marido e ela não conseguiam conceber um filho. Após fazer algumas perguntas, descobri que houvera um namorado anterior que queria se casar com ela, mas ela o abandonara para casar-se com o homem que verdadeiramente amava. Entretanto, seu namorado anterior, com quem ela mantivera relações sexuais, estava com o coração partido e muito furioso. Ele profetizou que ela nunca teria um filho com outro homem.

Essas palavras, de fato, foram a forma que Satanás usou para lançar influências demoníacas sobre ela — nesse caso, um espírito da morte — para impedi-la, para sempre, de ter seu próprio filho. O laço da alma entre

entre o antigo namorado e a mulher deram ao Inimigo livre acesso à vida dela. Só quando o laço da alma foi quebrado e ela libertou-se do espírito da morte foi que ficou livre para engravidar.

Para nós, tornou-se uma experiência comum ministrar dessa forma para mulheres que, por diversos motivos, não têm condições de engravidar. Muitas vezes, descobrimos que elas, no passado, tiveram outros parceiros sexuais e, em alguns casos, praticaram o aborto após descobrir que estavam grávidas. Que alegria sentimos por trazer a libertação para essas pessoas, ao buscar, primeiro, tratar do pecado do aborto e, depois, ao pedir a Deus que quebre os laços pecaminosos da alma e as liberte de todos os espíritos malignos. O melhor da festa é quando, depois, recebemos uma fotografia do tão esperado filho! Temos muitas dessas fotografias em nossos arquivos. Elas são um encorajamento permanente quando insistimos em trazer a libertação para o povo de Deus.

Situações especiais

Tudo o que eu disse até aqui a respeito da necessidade da confissão, do arrependimento, da quebra das amarras dos laços da alma e da libertação aplica-se a todas as formas de pecado sexual cometido por livre escolha dos participantes.

A diferença primordial entre aqueles que cometeram pecados sexuais antes do casamento (fornicação) e aqueles que cometeram pecados sexuais depois do casamento (adultério) é que o último também envolve traição ao contrato do casamento com o outro cônjuge, resultando, muitas vezes, em outros sofrimentos secundários e no rompimento da relação. A ministração no campo do relacionamento conjugal ou nas conseqüências do rompimento do relacionamento foge ao escopo deste capítulo.

É cada vez mais comum constatar que cônjuges que têm um relacionamento sexual abençoado dentro do casamento iniciaram seu relacionamento sexual com a fornicação antes do casamento. Nesses casos, podem existir tanto laços abençoados da alma quanto laços pecaminosos da alma entre os cônjuges.

É necessário tratar-se integralmente da dimensão pecaminosa do relacionamento, uma vez que os laços da alma podem ser uma fonte de atrito espiritual — ou até servir como apoio para que um espírito maligno provoque problemas sexuais e fissuras no relacionamento por intermédio da tentação para que essas pessoas cometam pecados sexuais subseqüentes. Uma senhora, cujo problema era exatamente esse, foi acometida de epilepsia que a atingiu logo depois de seu casamento. Ao tratar da fornicação, ela, a seguir, foi libertada e maravilhosamente curada.

Abuso sexual e estupro

Quando uma pessoa foi forçada por alguém a ter relações sexuais, em uma condição abusiva ou de estupro, um laço pecaminoso da alma é também estabelecido entre a vítima e o estuprador, ou a pessoa que dela abusou, mesmo quando a união sexual aconteceu contra a vontade da vítima. Embora uma ministração de muito maior profundidade seja requerida para conduzir a vítima ao perdão e à cura da terrível traição e horrível experiência por que passou, ainda assim é necessário, em certa medida, tratar-se do laço pecaminoso da alma que se estabeleceu.

Muitas pessoas que sofreram abuso quando criança passam a acreditar que jamais conseguirão se libertar das contínuas lembranças de sua provação e de quem a causou. Contudo, após Deus quebrar os laços da alma, elas descobrem que estão livres para seguir adiante em sua cura sem se sentir acorrentadas à pessoa que tanto lhes roubou.

Aquelas pessoas que sofreram abuso ou estupro precisam também de ajuda com relação à vergonha relacionada a essa experiência. Embora elas, de fato, nada tenham feito que mereça que sintam culpa ou vergonha, uma das táticas de Satanás é subjugar essas vítimas com uma falsa culpa ou vergonha, muitas vezes fortalecida demoniacamente, a ponto de envolvê-las em uma falsa identidade da qual é muito difícil escaparem. Elas precisam da ajuda daqueles que podem tomá-las pela mão para que sejam restauradas sob as mãos de Deus. Em casos mais graves, também pode ocorrer um colapso da personalidade que exige ministração pessoal de forma mais profunda.

Perversão

Perversão sexual é tudo aquilo que Deus definiria como uma conduta sexual pecaminosa fora das práticas dos relacionamentos heterossexuais. Isso incluiria sexo com animais, relacionamentos com pessoas do mesmo sexo, sexo oral, em que a mulher é levada a submeter-se à ejaculação de seu parceiro em sua boca, violência sexual e agressões e toda forma de relações sexuais rituais.

A ideia de que tudo é permitido no casamento, desde que ambos os parceiros concordem, não encontra amparo nas Escrituras. Práticas sexuais pervertidas são equivocadas, quer tenham lugar dentro do casamento quer ocorram fora dele. Nunca deixo de me surpreender com os extremos das práticas sexuais experimentadas por certas pessoas. Não é de admirar que lutem contra todo tipo de problemas — espirituais, emocionais, físicos e sexuais —, e isso para não mencionar as tentações. Não há forma de escapar, exceto por meio da honestidade que não faz concessões e da determinação radical para se converter desse comportamento a fim de que encontrem a libertação e a cura.

Muitas vezes as pessoas são levadas à perversão sexual, conduzidas por outra pessoa. Por exemplo, uma pessoa pode ser incentivada por outra a experimentar o sexo com animais. Nossa experiência é que nesses casos há frequentemente um laço da alma entre os participantes, mesmo que entre eles não tenha havido um contato sexual. A concordância em participarem juntos de uma ação pecaminosa é suficiente para uni-los com laços pecaminosos da alma.

Pornografia

A pornografia de qualquer tipo propicia os meios para os indivíduos participarem, por intermédio dos olhos, da luxúria associada ao comportamento sexual promíscuo ou pervertido dos outros. Jesus enfrentou essa possibilidade em Mateus 5.28, quando declarou: "'Qualquer que olhar para uma mulher para desejá-la, já cometeu adultério com ela no seu coração'".

O uso da pornografia como ajuda para a masturbação destaca o fato de que se realiza na mente uma união sexual com a imagem que se observa, resultando em uma expressão sexual física. Ao exercer a ministração junto àqueles para quem a pornografia tornou-se uma força incontrolável, torna-se necessário pedir a Deus que quebre os laços da alma que se estabeleceram com as imagens usadas de forma sensual.

Nenhum de nós pode fugir da invasão de imagens sexuais com que somos bombardeados pelos meios de comunicação, especialmente por intermédio da televisão, do cinema e da Internet. Satanás se utiliza desse constante bombardeio para tentar nos dobrar pela insistência para que nos tornemos cada vez mais tolerantes para com essas imagens pecaminosas grosseiras. Precisamos manter constantemente a guarda e aprender a resistir às tentações do demônio sempre que elas nos assaltam.

Força para persistir

Quando se trata de pecado sexual, muitas pessoas tentam desesperadamente, em segredo e por conta própria, superar as tentações do Inimigo. Muitas vezes, em grande parte por desconhecer a natureza da batalha, elas não tiveram acesso às armas com as quais poderiam lutar contra isso. No entanto, quando as pessoas compreendem a verdadeira natureza do pecado sexual, dos laços da alma e da necessidade de libertação, algo acontece: é como se um enorme obstáculo a sua cura fosse removido.

Entretanto, a libertação não deve ser considerada o ponto final da história. Nós ainda precisamos exercitar nosso livre-arbítrio para permanecermos livres. Alcançamos isso ao fazer escolhas abençoadas, como Pedro nos diz de forma muito ilustrativa: "O Diabo, o inimigo de vocês, anda ao redor como leão, rugindo e procurando a quem possa devorar" (1Pe 5:8), o que quer dizer que Satanás geralmente não desiste de procurar nos tentar! A recomendação simples de Pedro é a seguinte: "Resistam-lhe, permanecendo firmes na fé" (1Pe 5.9). Enquanto resistirmos a ele, o Inimigo não encontrará espaço para permanecer em nossa vida.

Que o Senhor lhe dê entendimento para qualquer situação que possa estar enfrentando e permita que você receba toda cura e libertação necessárias. Assim que encontrar sua cura e libertação, você terá forças para permanecer firme, se optar por caminhar em obediência ao Senhor e em intimidade com ele.

Capítulo 17

OS EFEITOS DA LUXÚRIA NA JUVENTUDE

Tim e Anne Evans

Era para ser uma sessão habitual de perguntas e respostas. Após anos realizando palestras para casais sobre o tema da intimidade e da sexualidade, estávamos ansiosos pela oportunidade de desenvolver esse tema junto a um grupo mais jovem. A idade deles variava de 14 a 18 anos. Após desenvolver as linhas gerais, planejávamos encerrar a noite com essa sessão. Como já tínhamos mais experiência, acreditávamos ser razoavelmente capazes de prever o tipo de perguntas que seriam feitas. Após apresentar os princípios bíblicos e aconselhamento divino, esperávamos que os espectadores estivessem mais preparados para fazer escolhas conscientes, refletindo o caráter de Deus.

Havia uma caixa junto ao púlpito, cheia de perguntas feitas pelos estudantes. Aproximando-nos para retirar a primeira pergunta, começamos: "Esta é uma pergunta de uma garota de 15 anos, e ela pergunta [longa pausa]: 'Caso você deseje permanecer virgem, o sexo anal é aceitável?'". Um silêncio profundo tomou conta do recinto antes que fosse quebrado por risinhos embaraçados de algumas garotas que estavam na primeira fila. Os estudantes mais velhos ficaram quietos e pareciam não se importar com nada, uma vez que aguardavam quietos pela resposta.

Disfarçando nossa surpresa, partimos para a resposta. Não foi a pergunta que nos chocou; mas a pergunta *por trás* da pergunta. O que essa garota de 15 anos realmente perguntara era o seguinte: "Tudo bem para Deus se eu praticar *outro tipo* de atividade sexual, uma que me permita manter minha virgindade e, tecnicamente, não violar a lei de Deus?".

Satanás gosta muito de tirar toda vantagem possível da imaturidade dos jovens e de sua falta de entendimento bíblico. Se o sexo anal for classificado de uma outra forma, ou seja, como *outro tipo* de atividade sexual, um jovem poderia ser facilmente convencido de que tal perversão é uma opção aceitável. Sempre que os jovens começam a fixar-se no sentido literal da lei, procurando por brechas que possam justificar comportamentos pecaminosos, isso se dá pouco antes de começarem a justificar ações que fogem aos desígnios originais de Deus. A pergunta que se ouve com frequência dos jovens com relação ao comportamento sexual é a seguinte: "Até onde posso ir sexualmente sem fugir aos parâmetros de Deus?". No entanto, a pergunta que gostaríamos de incentivá-los a fazer é esta: "O que Deus reservou de melhor para mim?".

Quando éramos jovens, o sexo anal era classificado como um ato de perversão, praticado somente por desencaminhados sexuais. A ideia da sodomia com o intuito de manter a virgindade de alguém, um substituto do ato sexual usual, jamais sequer nos ocorreu. E ainda que houvesse ocorrido, não teria sido um assunto para discussão pública em um encontro de jovens cristãos. Perdemos tanto a sensibilidade em decorrência do pecado, a ponto dessas distorções parecerem cada vez mais aceitáveis.

A comunicação com nossos jovens é a chave para mantermos com eles um relacionamento saudável, forte e cada vez mais próximo. É muito importante darmos aos jovens uma visão precisa e honesta dos desígnios originais de Deus para sua vida e para sua sexualidade. Se pudermos orar e aproveitar as oportunidades de trazê-los para junto ao Pai, eles serão capazes de reconhecer o pai das mentiras. Se pudermos orar e aproveitar as oportunidades para que os desígnios de Deus lhes sejam ensinados, será mais fácil para eles identificarem o que é falso.

> Comportemo-nos com decência, como quem age à luz do dia, não em orgias e bebedeiras, não em imoralidade sexual e depravação, não em desavença e inveja. Ao contrário, revistam-se do Senhor Jesus Cristo, e não fiquem premeditando como satisfazer os desejos da carne (Rm 13.13,14).

Estatísticas recentes reforçam o que estamos observando nesta geração: 61% dos alunos dos últimos anos do ensino médio já tiveram relações sexuais; cerca de 50% encontram-se sexualmente ativos no momento; e 21% tiveram quatro ou mais parceiros. Os Estados Unidos têm um dos índices mais elevados do mundo para gravidez na adolescência. Todos os anos, cerca de 25% de todos os adolescentes são contaminados com doenças sexualmente transmissíveis (DST).[1]

À medida que essas estatísticas se mostram esclarecedoras, não precisamos de empresas de pesquisa para nos informar que os valores e os códigos da moral estão se tornando cada vez mais ambíguos. Os estudantes são bombardeados com distorções a respeito do sexo em quase todos os aspectos de sua vida. Para onde quer que olhem, o Inimigo apresenta imagens que abrem as portas para a luxúria: no colégio, no trabalho, na televisão, na Internet, no rádio e no cinema. Os planos do Inimigo estão atuantes para enganar toda uma geração. Causa alguma surpresa que ele tenha como alvo nossos jovens? Crianças em seus anos de formação são facilmente enganadas, por serem crédulas e inexperientes. Na maior parte dos casos, elas encontram-se desavisadas sobre a batalha espiritual que se trava em seu coração e em sua alma.

Nossa apresentação para aquele grupo de jovens continuou à medida que cada pergunta conduzia a uma calorosa discussão: "Posso contrair DST se meu parceiro estiver usando camisinha? O que são brinquedos sexuais? A masturbação é pecado? Por que a igreja nunca toca nesses assuntos? É pecado ter desejo sexual caso você não faça mais nada a respeito? Por que o sexo parece sempre sujo, ainda que a Bíblia afirme que foi criado por Deus? É errado navegar por *sites* da Internet que surgem à nossa frente sem que os tenhamos procurado?".

Pais e mães espirituais

Em um intervalo, uma garota pediu para falar conosco. Ela manifestou sua satisfação pela honestidade e forma direta da discussão. Ela terminou por afirmar: "Não é de admirar que estejamos tão confusos. Ninguém nunca fala conosco sobre esses assuntos". Para nós, foi um privilégio ararmos juntos esse novo campo. Nossa interação com os jovens nos tornou mais conscientes que nunca da necessidade de pais e mães espirituais que sejam a voz de Deus falando na vida desta geração de jovens, ajudando-a a construir alicerces sólidos para que vivam bem. Isso é difícil? Sim! Discipulado é doar sua própria vida, porém a premiação terá impacto eterno. Não é a sabedoria que nos qualifica como pais espirituais, mas o amor.

Foi o apóstolo Paulo quem disse: "Embora possam ter dez mil tutores em Cristo, vocês não têm muitos pais [espirituais]" (1Co 4.15). Sua palavra nunca foi tão verdadeira, ou a necessidade de pais e mães espirituais nunca foi tão grande como para esta geração. Trabalhar com os jovens reforça nossa necessidade de continuar clamando ao Senhor, pedindo-lhe para aumentar nossa consciência de forma que possamos sair vitoriosos na luta contra nosso Inimigo. Muitos jovens encontram-se isolados de suas famílias e da igreja. Sem as vozes abençoadas falando a seu jovem coração, como eles poderão aprender a viver bem? Quem lhes ensinará as lições fundamentais da vida? Quem lhes ensinará as verdades que a Bíblia revela sobre o que agrada ao Senhor?

> O corpo, porém, não é para a imoralidade, mas para o Senhor, e o Senhor para o corpo. [...] Vocês não sabem que os seus corpos são membros de Cristo? (1Co 6.13,15).

> A vontade de Deus é que vocês sejam santificados: abstenham-se da imoralidade sexual. Cada um saiba controlar o seu próprio corpo de maneira santa e honrosa, não dominado pela paixão de desejos desenfreados (1Ts 4.3-5).

> Pois tudo o que há no mundo, a cobiça da carne, a cobiça dos olhos e a ostentação dos bens não provém do Pai, mas do mundo (1Jo 2.16).

Nossa batalha não é contra os seres humanos

Como pastores, chegamos a entender que um acontecimento tão mundano como atender a um telefonema pode, com freqüência, ter profundas conseqüências. Enquanto estávamos andando, em nossa caminhada matinal rotineira, recebemos um telefonema da mãe de um adolescente. Humilhada, ela tentou nos contar a série de acontecimentos que a levara a nos telefonar. Aparentemente, um amigo da família concordou em consertar o computador e, enquanto o fazia, descobriu que o filho da senhora, de apenas 13 anos de idade, utilizava-o para acessar um grande número de *sites* pornográficos. (O Inimigo não tem restrições quanto à idade de seus alvos!) No decorrer de nossa conversa, essa senhora mostrou-se chocada, embaraçada, desapontada e furiosa. Por trás de tudo, entretanto, estava a culpa e a vergonha. Por que isso estava acontecendo com ela? Há quanto tempo ela era enganada? O que ela deveria fazer?

À medida que continuamos a conversar, ela confessou que seu marido, durante anos, teve uma queda pela pornografia. Embora ela estivesse a par de seu problema, ela não sabia como conversar com ele a respeito disso. Colaborando para que ele permanecesse nas trevas, ela justificava o comportamento do marido convencendo-se de que esse ponto de fraqueza em particular era algo isolado. Não afetava nenhum outro aspecto de sua vida. Ou afetava? Agora, ela, aos brados, cogitava se não havia alguma conexão entre a tendência de seu marido e a de seu filho.

Ao tentar descobrir de onde tal comportamento se originava, ela constatou que seu filho encontrara a coleção de material pornográfico de seu pai. Ele preferiu não tocar nesse assunto com os pais e nunca contou isso a ninguém. O garoto, por ter mantido esse segredo, possibilitou que as figuras sexuais começassem a tomar conta de seus pensamentos. Ele, ao ignorar a culpa infligida pelas fotografias ilícitas que agora pareciam ter controle sobre ele, continuou a fazer escolhas erradas. A armadilha fora lançada. Ele, ao procurar satisfazer sua incontrolável compulsão, digitou a palavra "sexo" no *site* de pesquisa da Internet. Ele mordera a isca.

> Vocês ouviram o que foi dito: "Não adulterarás". Mas eu lhes digo: Qualquer que olhar para uma mulher para desejá-la, já cometeu adultério com ela no seu coração (Mt 5.27,28).

A luxúria é um pecado silencioso, ou secreto. Ela foi descrita como um desejo apaixonado e avassalador que, por vezes, toma o controle. Por isso, não é de surpreender ouvir que o número de jovens, as presas da Internet, que se tornam aficionados da pornografia cresce a cada dia em nossa sociedade. Histórias como essa se tornaram lugar comum. A Internet nada mais é que outra ferramenta utilizada para atrair uma geração para longe da verdadeira intimidade. Uma vez que a luxúria nunca satisfaz nem realiza as pessoas, as vítimas sentem necessidade de mais e mais sexo, mais pornografia, mais alimento, mais dinheiro, mais poder e mais seja lá o que for.

Esse ciclo infindável perpetua um estilo de vida que aprisiona e que encoraja uma forma falsa de intimidade. A vergonha e a humilhação que eram o preço que você pagava por adquirir materiais sexuais ilícitos foram substituídos por uma falsa confiança no anonimato propiciado pela Internet. O Inimigo o convence de que ninguém jamais o descobrirá. Sua estratégia é simples: nosso Inimigo quer que você realmente acredite que você pode esconder-se sem nenhum ônus pessoal. Satanás quer que você creia que pode desfrutar dos prazeres do sexo fora de um relacionamento de aliança. Nada poderia estar mais distante da verdade!

> **Satanás quer que você creia que pode desfrutar dos prazeres do sexo fora de um relacionamento de aliança. Nada poderia estar mais distante da verdade!**

O cataclismo do Inimigo

Uma geração inteira de jovens em idade escolar retorna todos os dias para residências vazias. O relacionamento familiar saudável foi subitamente substituído por longas horas em frente da televisão ou na Internet. O adolescente verá cerca de 14 mil alusões a sexo este ano. Mais da metade delas tem conteúdo sexual. Mesmo o recatado horário nobre, o "momento da família" na televisão, está repleto de incidentes sugestivos e insinuações sexuais.

Quando um adolescente termina o ensino médio, ele terá despendido 15 mil horas assistindo à televisão. Um serviço renomado de investigação e de pesquisa de audiência apurou que, na Internet, "sexo" é o termo mais popular e procurado. Uma em cada 300 frases pesquisadas *on-line* inclui a palavra "sexo". As pessoas pesquisam mais sobre sexo que todos estes assuntos juntos: jogos, viagens, diversões, carros, empregos, riqueza e saúde.[2]

O plano redentor de Deus em ação

A promiscuidade sexual, enraizada em um clima de luxúria, continua a infligir o tipo de dano que clama por libertação e cura interior. Em razão de percebermos o valor de viver livre em Cristo, encorajamos pais e mães espirituais a reconhecer o poder transformador relacionado com o discipulado da geração seguinte. Ministrar a liberdade junto a nossos jovens sexualmente desencaminhados tem sempre seu ponto de partida em Deus. Constatar o divino plano redentor em ação na vida dos jovens nos mostra que a vitória sobre a luxúria é possível. Como pais e mães espirituais, solidarizamo-nos com os pais dispostos a enfrentar a luxúria, seja qual for a forma em que ela se apresente. A graça infinita de Deus promete fortalecer os fracos e purificar os perdidos.

Uma estudante, com cerca de 20 anos, entrou em nosso escritório. Desencorajada, manifestou o desejo de voltar para casa no meio do semestre. Embora tivesse iniciado o ano letivo buscando intimidade com Deus, sentia-se agora cada vez mais distante do Senhor. Incapaz de perceber qualquer sinal de mudança, ela passou a questionar se as promessas de Deus se realizariam algum dia em sua vida. Ela se questionava: *O que estou fazendo de errado?* O tempo de quietude com Deus já não existia mais, deixando-a cada vez mais em maiores dificuldades. A capela a deixava sem inspiração. Obviamente, algo a impedia de desfrutar da intimidade com Jesus.

Como resposta, concordamos em nos encontrar com ela regularmente. O Senhor muitas vezes utiliza nosso tempo dedicado aos jovens para nos presentear com a perspectiva e com a compreensão necessárias para identificar as causas primordiais da questão. No caso dessa jovem, sua infância fora uma versão distorcida do que Deus projetou para uma família. Ainda muito pequena, fora exposta à dependência da pornografia de seu pai. Aquelas imagens pareciam estar permanentemente impressas em sua mente. Quanto tinha apenas 10 anos de idade, a dependência das drogas de sua mãe acabou em suicídio, deixando um vazio em sua vida que ainda não fora preenchido. Forçada a levar uma vida adulta, ela fez a promessa de preservar seu coração da dor do abandono. Como resposta à sua crescente necessidade de amor e aceitação, envolveu-se em diversos relacionamentos sexuais.

Foi por volta de seus 20 anos que ouviu falar do evangelho e se deu conta da sua necessidade de Jesus. Aceitá-lo como seu Senhor e Salvador foi o primeiro passo. Ela acreditou que Deus tinha um plano para sua vida. Durante os anos seguintes ela pesquisou, procurando diversas igrejas. Sua existência nômade impediu-a de estabelecer relacionamentos estáveis. Agora, com cerca de 25 anos, ela encontrou-se sentada em nosso escritório imersa em desespero. Atormentada por pensamentos sexuais ilícitos, ela estava incapacitada para concentrar-se nos estudos ou em Deus. A batalha a deixara com a sensação de inadequação e de incapacidade, imaginando: *Por que isto está acontecendo comigo? Não importa o que eu faça, parece que não consigo me libertar disso.*

Após nos reunirmos com ela durante algumas semanas, pudemos constatar o poder miraculoso de Deus em ação na vida dessa moça. Nós não nos encontrávamos apenas sentados defronte a uma estudante que necessitava de orientação. Tampouco, apenas ouvíamos mais uma história, procurando por oportunidades de introduzir alguns conselhos abençoados. Nossa convivência transformou-se em algo muito mais profundo, à medida que começamos a perceber um impressionante sentimento de afeto por ela. O amor de Deus para com sua filha começava a nos atingir. Como resultado, ela foi capaz de dar os importantes passos adiante e encaminhar-se para o que Deus tinha de melhor para ela.

O valor do relacionamento

À medida que continuamos nosso ministério com os jovens, constatamos que Deus se utiliza do *relacionamento* como veículo de recuperação, mais que qualquer outra coisa. Embora a libertação e a cura interior sejam essenciais para estabelecer a liberdade, eles, com freqüência, precisam de algo mais. A orientação amorosa de um pai ou de uma mãe espiritual — junto com oração, jejum, cura interna e libertação — muitas vezes propiciam o tipo de transformação que pode ser mantida por toda uma vida. Os jovens não precisam ter um histórico familiar que inclua rompimentos matrimoniais ou relacionamentos familiares com disfunções graves para que possam se beneficiar da influência de um pai ou de uma mãe espiritual. Todos nós precisamos de pessoas que estejam dispostas a caminhar conosco em nossa vida.

Seria ingênuo de nossa parte assumir que as famílias propiciam a seus filhos o tipo de ambiente que facilita comunicações abertas. O jovem que estava envolvido com pornografia na Internet era originário de uma família cristã amorosa. Seu pai, prisioneiro de sua própria dependência, fora incapaz de proporcionar orientação saudável. Sua mãe admitiu ser incapaz de discutir essa questão delicada com seu marido ou com seu filho. O amor, isoladamente, jamais será capaz de dotar um jovem de tudo aquilo que ele necessita para viver de forma piedosa e abençoada. É por isso que a igreja precisa entrar e oferecer aquilo que está faltando.

Encaramos os pais espirituais não como uma resposta, mas como um componente vital no processo de recuperação. O desejo de orar, ouvir, orientar, apoiar, alimentar e amar a outro ser humano vem do Pai. À medida que crescemos na intimidade com Jesus, ficamos mais bem equipados para compartilhar nossa vida com a geração seguinte. O discipulado, caso não seja decorrente de nossa própria intimidade com Jesus, não tem conteúdo nem autoridade.

Passamos a ter a compreensão de que não podemos levar nossos jovens para além de onde conseguimos chegar. Os planos de Deus para a próxima geração incluem nossa participação. Fomos convidados a juntar-nos a ele à medida que ele tece seus propósitos em um remanescente que sonha em viver para o Senhor. Libertar nossa juventude para a liberdade que Deus quer lhe conceder começa simplesmente por fazer parte da vida desses jovens. Caso não dediquemos aos jovens nosso tempo, nossa energia, nosso coração e nossa paixão, certamente o Inimigo o fará.

Capítulo 18

LIBERTAÇÃO DAS CONSEQÜÊNCIAS DO ABORTO

John Eckhardt

Deus, neste momento, levanta mulheres! Ele as unge profética e apostolicamente para que sejam bravas lutadoras no Reino de Deus na Terra. Deus utiliza a libertação como um recurso para lançar milhões de mulheres como ministras que podem realizar as obras de Jesus Cristo; seu intuito é livrá-las das maldições, dos espíritos hereditários e de tudo aquilo que se abateu sobre elas. No entanto, a verdade é que Satanás odeia as mulheres, porque foi o filho de uma mulher que feriu sua cabeça (v. Gn. 3.15). Satanás está determinado a manter as mulheres subjugadas de tal forma que nunca possam atingir a plenitude de sua identidade. Há algumas atribuições que os demônios impuseram às mulheres para mantê-las subjugadas, seja em decorrência da sociedade na qual elas vivem, seja por causa de suas decisões pessoais. Satanás governa a vida de muitas mulheres.

A principal ferramenta utilizada por Satanás para atingir seus objetivos é o aborto. O demônio, por muitas vezes, enganou as mulheres fazendo-as crer que, caso optassem pelo aborto, seus problemas estariam resolvidos. O Inimigo apresenta às mulheres todo tipo de razões pelas quais o aborto é a única solução: elas não têm condições financeiras para criar um filho; o filho atrapalha a carreira profissional; essa criança pode ainda, talvez, ser um filho ilegítimo, fato que as cobre de vergonha. O Inimigo se utiliza de toda sorte de recursos para convencer as mulheres de que ao abortar tudo se resolve. Contudo, o Demônio é um mentiroso. O aborto, em lugar de resolver todos os problemas da mulher, os multiplica.

Este capítulo é dirigido a nós que ministramos a libertação. Sem dúvida, não se trata de uma mensagem cujo objetivo é condenar todas as mulheres que praticaram aborto. A maior parte das mulheres com as quais temos contato em nossa ministração já praticaram o aborto antes de se comprometerem com o cristianismo e de aceitarem o Senhor Jesus. O aborto não é um pecado imperdoável. Entretanto, descobrimos que há todo um sistema e uma rede de demônios que podem entrar pela porta aberta por um aborto e que podem continuar a atuar na vida da mulher mesmo depois que de ela ser salva. Mesmo que o pecado seja perdoado por Deus, o direito legal de Satanás de atormentar muitas vezes precisa ser tratado para que essa mulher possa viver tudo o que Deus preparou para ela.

Ministramos há muitos anos em minha igreja um curso com ensinamentos intensivos a respeito do aborto, ocasião em que utilizamos o excelente livro-texto *Ministering to Abortion's Aftermath* [Ministrar para as consequências do aborto], obra que recomendo enfaticamente. Demos esse curso porque descobrimos que um número surpreendente de mulheres que frequentavam nossa igreja necessitava da libertação por causa de um ou mais abortos. Muitas delas encontravam-se muito oprimidas por esse motivo.

Eu também preciso deixar claro que, embora exerçamos o mistério regularmente junto a mulheres que abortaram, e embora este capítulo seja dirigido às mulheres, os homens também podem estar igualmente envolvidos com o aborto. Muitas vezes é o homem quem as incentiva a praticar o aborto, seja ela sua namorada, seja ela sua esposa, seja ela sua filha, seja ela quem for. Quando isso ocorre, o homem é igualmente culpado de haver derramado o sangue de uma criança inocente e, dessa forma, também abre as portas para a opressão demoníaca.

O aborto é hoje um pecado tão dominante nos Estados Unidos que você, se realizar uma ministração de libertação, provavelmente encontrará mulheres que praticaram abortos, e homens que as incentivaram. Você precisa estar preparado e compreender o homem e a mulher e a estrutura demoníaca por trás do aborto, bem como os espíritos dominantes que geralmente oprimem aqueles que se envolveram com o aborto.

Os espíritos por trás do aborto

Não há dúvidas de que Deus odeia a adoração de um ídolo. Por esse motivo, os Dez Mandamentos proíbem isso (Êx 20.3,6). Contudo, ainda que haja muitos, muitos ídolos, somente um punhado deles é mencionado na Bíblia. Quando Deus menciona de forma específica um ídolo em particular por seu nome, deve haver alguma coisa a respeito desse ídolo que é particularmente abominável para Deus. Por trás de cada ídolo, há um demônio. Sabemos que o ídolo, ele mesmo, não é nada, porém há um poder demoníaco que ganha força por meio da adoração desse ídolo (v. 1Co 10.19,21). Esse foi o caso de um ídolo chamado Moloque: " 'Não entregue os seus filhos para serem sacrificados a Moloque. Não profanem o nome do seu Deus. Eu sou o Senhor' " (Lv 18.21). Mais adiante, Deus dá um notório aviso para aqueles que poderiam envolver-se com Moloque:

> Disse o Senhor a Moisés: "Diga aos israelitas: Qualquer israelita ou estrangeiro residente em Israel que entregar um dos seus filhos a Moloque, terá que ser executado. O povo da terra o apedrejará. Voltarei o meu rosto contra ele e o eliminarei do meio do seu povo; pois deu os seus filhos a Moloque, contaminando assim o meu santuário e profanando o meu santo nome. Se o povo deliberadamente fechar os olhos quando alguém entregar um dos seus filhos a Moloque, e deixar de executá-lo, voltarei o meu rosto contra aquele homem e contra o seu clã, e eliminarei do meio do seu povo tanto ele quanto todos os que o seguem, prostituindo-se com Moloque" (Lv 20.1-5).

Esse texto das Escrituras não serve só para encher espaço. Há algo a respeito de Moloque que precisamos saber, e que permanece verdadeiro ainda hoje.

Quem foi Moloque?

Moloque é um espírito demoníaco cruel que exige a entrega sacrificial dos filhos de seus seguidores ou de outras crianças, e cujo desejo pelo sangue dos inocentes é insaciável.

Historicamente, trata-se de um espírito amonita. Os amonitas eram descendentes de Amom, um dos filhos de Ló que teve com sua própria filha. Moloque era o deus dos amonitas, o que significa que não lidamos apenas com um demônio, mas também com uma dinastia. Assim, Moloque representa o trono da iniquidade, conforme vemos em Salmos 94.20,21: "Poderá um trono corrupto estar em aliança contigo?, um trono que faz injustiças em nome da lei? Eles planejam contra a vida dos justos e condenam os inocentes à morte".

Aqui constatamos que as próprias leis dos amonitas acolhiam práticas horríveis impostas por Moloque, incluindo-se o sacrifício de seus filhos e de suas filhas. No entanto, não era só isso. Em Amós, o profeta prenuncia a condenação de diferentes nações por sua crueldade contra Israel. Ele menciona em especial, uma condenação contra os amonitas em virtude de alguma coisa que haviam feito. Aqui fica evidente que o desejo de Moloque pelo sangue de inocentes atinge mesmo as crianças ainda no ventre materno: "Assim diz o Senhor: 'Por três transgressões de Amom, e ainda mais por quatro, não anularei o castigo. Porque rasgou ao meio as grávidas de Gileade a fim de ampliar as suas fronteiras'" (Am 1.13).

Deus pronuncia a condenação contra os amonitas porque eles, quando vieram à terra para conquistá-la, utilizavam-se da prática de pegar as mulheres grávidas, abrindo-lhes o ventre para retirar seus bebês. Precisaria haver algo demoníaco para levá-los a fazer isso. Acredito que era Moloque, o deus dos amonitas, sedento por sangue, que os fazia escolherem como alvo mulheres com filhos. Deus finalmente pronuncia seu julgamento sobre eles por seu grave pecado: "'Porei fogo nos muros de Rabá, e as chamas consumirão as suas fortalezas em meio a gritos de guerra no dia do combate, em meio a ventos violentos num dia de tempestade. O seu rei irá para o exílio, ele e toda a sua corte", diz o Senhor" (v. 14,15).

Israel viola a determinação de Deus

Israel viola a determinação de Deus, estabelecida em Levítico, e começa a envolver-se com o culto a Moloque. O rei Salomão foi quem abriu as portas: "No monte que fica a leste de Jerusalém, Salomão construiu um altar para Camos, o repugnante deus de Moabe, e para Moloque, o repugnante deus dos amonitas" (1Rs 11.7).

No salmo 106, vemos como o Senhor tratou com Israel a respeito desse pecado imundo:

> Prestaram culto aos seus ídolos,
> que se tornaram uma armadilha para eles.
> Sacrificaram seus filhos e suas filhas
>   aos demônios.
> Derramaram sangue inocente,
>   o sangue de seus filhos e filhas
> sacrificados aos ídolos de Canaã;
> e a terra foi profanada pelo sangue
>   deles.
> Tornaram-se impuros pelos seus atos;
> prostituíram-se por suas ações.
> Por isso acendeu-se a ira do Senhor
>   contra o seu povo
> e ele sentiu aversão por sua herança.
> Entregou-os nas mãos das nações,
> e os seus adversários dominaram sobre
>   eles.
> Os seus inimigos os oprimiram
>   e os subjugaram com o seu poder (v. 36-42).

Os israelitas, por terem sacrificado suas crianças aos demônios, estavam oprimidos sob o jugo de seus inimigos. Deus precisou condenar Israel e manter seu povo cativo na Babilônia por setenta anos por haverem se unido aos demônios.

Isso não foi somente um problema do Antigo Testamento. Referindo-se à idolatria e à comunhão com os demônios, Paulo diz o seguinte:

> Por isso, meus amados irmãos, fujam da idolatria. [...]
> Portanto, que estou querendo dizer? Será que o sacrifício oferecido a um ídolo é alguma coisa? Ou o ídolo é alguma coisa? Não! Quero

dizer que o que os pagãos sacrificam é oferecido aos demônios e não a Deus, e não quero que vocês tenham comunhão com os demônios. Vocês não podem beber do cálice do Senhor e do cálice dos demônios; não podem participar da mesa do Senhor e da mesa dos demônios (1Co 10.14,19-21).

O espírito de Moloque nos dias de hoje

Vocês podem estar se perguntando que ligação isso tem com o aborto hoje em dia. O que precisamos entender é que demônios e dinastias não morrem e vão para o inferno. Todavia, bem depois da destruição da civilização amonita, o espírito de Moloque ainda vagueia até hoje para cumprir a determinação de Satanás. E algumas coisas a respeito desse espírito demoníaco não mudaram. Ele ainda anseia pelo sangue de inocentes. Os demônios são fortemente atraídos por sacrifícios de sangue e trabalham de forma incansável para obtê-los.

É aqui que relaciono o espírito de Moloque com o aborto, pois acredito que sua dinastia ainda se manifesta, não necessariamente através do sacrifício de crianças, mas por intermédio do aborto. Por quê? Porque se trata da mesma coisa. Quando você pratica um aborto, sacrifica seu filho. Aborto é assassinato, o derramamento do sangue mais inocente de todos.

> **Aborto é assassinato, o derramamento do sangue mais inocente de todos.**

Aqui nos Estados Unidos, assim como em muitas outras nações, Moloque consegue muitos sacrifícios de sangue por meio dos abortos. Mencionei anteriormente o salmo 94 que trata da comunhão com o trono de iniquidade pelas injustiças em nome da lei, especialmente quando se trata de atentado contra sangue inocente. Em outras palavras, uma lei pode ser promulgada apesar de, na verdade, aprovar algo que Deus odeia. Uma das coisas que o demônio procura é envolver-se com as estruturas governamentais para conseguir a aprovação de leis que constroem tronos de iniquidade na sociedade.

Acredito que o versículo 20 do salmo 94 faz uma boa descrição de todo o problema do aborto. O aborto foi aprovado por lei nos Estados Unidos, da mesma forma que os amonitas aprovaram legalmente o sacrifício de seus filhos, condenando sangue inocente. E o que está por trás disso, tanto naquela época quanto hoje? O trono de iniquidade ligado ao espírito de Moloque.

Milhões de crianças foram abortadas desde que o aborto foi legalizado. Ele abriu as portas para um incrível número de opressões e para a demonização dos envolvidos nessa prática. Por quê? Porque quando um indivíduo comete um ato que está vinculado a uma estrutura demoníaca, ele autoriza essas estruturas demoníacas a agirem em sua vida. O aborto, portanto, não é um pequeno pecado inofensivo. Na realidade, ele liga a pessoa aos espíritos que se encontram, em particular, por trás desse ato, o que, inevitavelmente, afeta aquela pessoa e as gerações subsequentes, assim como a deixa vulnerável a todo tipo de maldição.

O julgamento daqueles que derramam sangue inocente

Agora que sabemos como o aborto se liga a Moloque, é importante voltarmos um pouco atrás para tratarmos das condenações reservadas aos que derramam sangue inocente. Ao lidarmos em nosso ministério com inúmeras mulheres que praticaram aborto, identificamos muitas dessas condenações agindo na vida delas. O que apresentamos a seguir não pretende ser uma fórmula infalível, mas foi concebido para permitir um entendimento sobre a razão de certos espíritos ainda conseguirem estar ativos na vida de pessoas envolvidas com o aborto.

Os primeiros espíritos que encontramos atuantes em casos de aborto podem ser encontrados em Jeremias 32.35,36:

> " 'Construíram o alto para Baal no vale de Ben-Hinom, para sacrificarem a Moloque os seus filhos e as suas filhas, coisa que nunca ordenei, prática repugnante que jamais imaginei; e, assim, levaram Judá a pecar'.

"Portanto, assim diz o Senhor a esta cidade, sobre a qual vocês estão dizendo que será entregue nas mãos dos babilônios por meio da guerra, da fome e da peste...".

Espírito da morte

Nessa passagem, observamos três condenações que o Senhor impôs àqueles que derramaram sangue inocente em sacrifício a Moloque. A primeira foi a guerra, que representa a morte. Algo fortemente vinculado ao espírito do inferno, conforme explicarei a seguir.

Espírito da pobreza

A segunda condenação foi a fome, que representa a pobreza. Mulheres que praticaram o aborto muitas vezes enfrentam problemas em suas finanças. Mesmo que não seja um problema específico, elas tendem a experimentar algum tipo de escassez em sua vida, seja ela relacionada à carreira, às finanças ou a alguns relacionamentos. *Às vezes, a única coisa que elas tentaram preservar ao não ter o bebê é exatamente aquilo que fica sob ataque do demônio.* Caim foi o primeiro na Bíblia a derramar sangue inocente. Para melhor entender a idéia de escassez e de pobreza, vejamos a condenação que se abateu sobre ele por haver matado seu irmão: "Disse o Senhor: 'O que foi que você fez? Escute! Da terra o sangue do seu irmão está clamando. Agora amaldiçoado é você pela terra, que abriu a boca para receber da sua mão o sangue do seu irmão. Quando você cultivar a terra, esta não lhe dará mais da sua força. Você será um fugitivo errante pelo mundo' " (Gn 4.10-12).

Essa maldição representa a atribuição de um espírito de pobreza. Não importa o quanto aqueles com espírito de pobreza trabalhem ou quantas sementes plantem no mundo, a terra jamais responde com toda sua força. Uma das primeiras maldições que podem atingir aqueles que derramaram o sangue de inocentes é que a terra jamais coopera com eles. Toda a prosperidade que Deus colocou no mundo provém da terra. O ouro, a prata, a agricultura, o petróleo — tudo vem da terra. Quando a terra não libera sua força, não há prosperidade. Precisamos que a terra colabore conosco. "Do Senhor é a terra e tudo o que nela existe, o mundo e os que nele vivem" (Sl 24.1). Na medida em que rompemos essas maldições e ministramos a libertação, a terra começará a liberar suas bênçãos.

O espírito da doença e da enfermidade

A terceira maldição que encontramos em Jeremias 32 é a peste, que representa a doença, a enfermidade. Constatamos que muitas mulheres, por intermédio do aborto, abriram as portas para que poderosos espíritos da doença e da enfermidade penetrassem em seu corpo. Mais uma vez, isso varia de mulher para mulher. Algumas mulheres praticaram o aborto, e sua vida parece melhor, ao passo que outras praticaram o aborto, e sua vida parece que desabou. Isso, obviamente, depende da situação e da pessoa por quem você estiver orando.

Espírito do inferno

No texto de Jeremias 32, observe que o culto a Moloque foi implementado no vale de Ben-Hinom, que era um vale ao lado de Jerusalém. Isso é muito importante, porque o vale de Hinom, do hebraico, foi traduzido por *geena*, em grego, o que significa inferno.[1] Jesus mencionou a geena para lembrar o inferno por diversas vezes, enquanto ele prevenia contra as conseqüências do pecado (v. Mt 5.22,29,30; 10.28; 18.9; 23.15,33; Mc 9.43,45,47; Lc 12.5). Ele descreveu a geena como um lugar onde o rastejar nunca termina (v. 2Rs 22.17). Esse lugar, chamado de inferno, está unido à adoração a Moloque.

O inferno, porém, não é unicamente um lugar; o inferno é também um espírito. Há um demônio chamado inferno. A morte não é unicamente um acontecimento; há um espírito chamado morte. Acredito que junto aos espíritos de Moloque e ao aborto, encontram-se os espíritos da morte e do inferno, que são os dois principais e mais novos da dinastia encontrados em Apocalipse 6.8: "Olhei, e diante de mim estava um cavalo amarelo. Seu cavaleiro chamava-se Morte, e o Hades o seguia de perto. Foi-lhes dado poder sobre um quarto da terra para matar pela espada, pela fome, por pragas e por meio dos animais selvagens da terra".

Pessoas que se envolvem com abortos podem ter um espírito do inferno em sua vida. Elas podem dizer: "Minha vida é um inferno". A incumbência do espírito do inferno é atormentar as pessoas e tornar sua vida tão miserável que elas começam a viver um inferno aqui na terra. O inferno é um lugar de tormentos, sem descanso, sem paz. A morte trabalha em parceria com o inferno. Aqueles afligidos por esses espíritos ainda não estão mortos, mas há neles alguma coisa que os faz sentir que não vale a pena viver.

Jesus declarou: "Eu vim para que tenham vida, e a tenham plenamente". Os espíritos da morte e do inferno nas pessoas as privam de desfrutar a vida abundante que Jesus propicia (v. Jo 10.10). No entanto, creio que não precisamos viver o inferno aqui na terra. Acredito que podemos ter o céu aqui na terra. Acredito que podemos desfrutar da glória de Deus na terra. Acredito que podemos desfrutar da liberdade, da alegria e da paz de Deus. Ao contrário do inferno, o céu é um lugar de paz. Graças a Deus pela libertação!

Espíritos errantes e fugitivos

Outra lição que aprendemos a partir da maldição sobre Caim, é que aqueles que derramam o sangue de inocentes são vítimas de espíritos errantes e fugitivos (v. Gn 4.12). Errante é aquele que nunca encontra lugar de descanso. Um espírito errante manifesta-se ao fazer que os aflitos se tornem incapazes de estabelecer um relacionamento ou um emprego, de se estabelecer em uma cidade, de continuar frequentando uma igreja, e assim por diante. Eles não estabelecem laços relevantes. Eles, porém, nunca prosperam, estão sempre de lá para cá, escondendo-se, esquivando-se, sem definir seus rumos. Estes são espíritos errantes que atuam de forma similar aos espíritos da pobreza.

Um espírito fugitivo torna as pessoas temerosas, enquanto elas apenas buscam sobreviver. Por vezes, mulheres com esse espírito terminam por ter relacionamentos abusivos. Outras vezes, são atormentadas. Não encontram paz nem descanso e sentem-se como se alguma coisa as perseguisse. Com freqüência, não conseguem dormir e vivem todos os momentos com medo e na escuridão. Provérbios 28.1 afirma: "O ímpio foge, embora ninguém o persiga, mas os justos são corajosos como o leão". Essa é uma boa descrição de alguém afligido por um espírito fugitivo. Deus, porém, não nos colocou na terra apenas para permanecermos vivos, mas para termos a vida abundante que Jesus propicia. É por essa razão que a libertação é tão importante.

O espírito de Raquel

Outro espírito do qual tivemos de libertar muitas mulheres chama-se Raquel. Encontramos menção a ele em Mateus 2.18: "'Ouviu-se uma voz em Ramá, choro e grande lamentação; é Raquel que chora por seus filhos e recusa ser consolada, porque já não existem'". Essa passagem refere-se ao tempo em que Herodes eliminou todas as crianças que tinham dois anos ou menos, em uma tentativa de matar Jesus (v. v. 16). Raquel representa as mulheres que se lamentam pela perda de seus filhos. Muitas vezes, quando expulsamos esse espírito de uma mulher, ainda que a perda de seu filho se deva a um aborto, há um lamento que soa como o de uma mulher que acaba de perder seu filho. Não há som que possa ser comparado ao de uma mulher que está enlutada pela perda de seu filho. Há um espírito de lamentação, de tristeza, de pesar, de dor — todos esses espíritos podem agir na mulher que praticou o aborto. Porque as mulheres, quer tenhamos consciência quer não, não foram emocionalmente preparadas para lidar com o aborto de uma criança. Certamente, pode chegar o tempo em que a consciência fica cauterizada, porém isso não é o normal. O que observamos com mais freqüência é um profundo sentimento de pesar que surge em conseqüência do aborto.

O ciclo natural do nascimento é o processo de gestação e, depois, o trabalho de parto. A Bíblia, porém, diz que, pela alegria de ter esse filho, as mulheres se esquecem das dores do parto (v. Jo 16.21). Este é o processo natural. Assim que ela segura a criança em seus braços, é tomada por uma imensa alegria. Todavia, quando uma mulher não passa por esse processo, ela nunca experimenta essa alegria. O processo é interrompido abruptamente, e o luto, as dores do parto, a tristeza, o pesar e a depressão tomam lugar. E essas emoções negativas já não podem mais ser superadas pela chegada do bebê. É quase como se a mulher entrasse em um permanente trabalho de parto.

Isso também pode acontecer com mulheres que experimentaram abortos naturais ou a morte do feto. Tivemos de extirpar o luto, a tristeza, o trabalho de parto e o espírito de recusa em ser confortada, da mesma forma que Raquel recusou-se a ser confortada. Esse espírito, certamente, pode impedir uma mulher de receber o conforto do Senhor. Deus não pode confortar você se você não permitir que ele faça isso.

O processo da oração

Ninguém pode abortar uma criança e esperar que sua vida continue bem. É a lei de plantar e colher (v. Gl 6.7). O aborto abre portas para todos os tipos de tragédia, de morte e de ciclos demoníacos como aqueles que acabamos de descrever. Trata-se de um enorme atentado ao coração de Deus. Vi mulheres que praticaram aborto porque o homem as abandonou, e que ainda lutam com isso e não conseguem seguir adiante. Jesus é a resposta. Ele as perdoará. Ele as libertará. Ele levará o luto e os espíritos para fora de sua vida.

Todavia, para chegar a isso, a mulher precisa da ministração. Quando você ora por uma mulher que lhe contou ter praticado um aborto, precisa primeiro conseguir que ela se arrependa de ter abortado e peça perdão a Deus, para que seja coberta pelo sangue de nosso Salvador. Em segundo lugar, quebre o ciclo de assassinato, morte, destruição, pobreza e doença que possa ter se instalado como resultado do aborto. Em terceiro lugar, comece a chamar os espíritos (conforme anteriormente relacionados) que a invadiram pelas portas abertas pelo aborto e também por outras portas que o Espírito Santo lhe mostrar.

Muitas vezes você, nesse momento, percebe um grande alívio, e a vida dessa mulher modifica-se completamente. Ela torna-se uma nova mulher. Deus deseja a prosperidade dessa mulher; ele deseja abençoá-la; ele não deseja que essa mulher tenha uma vida dura, difícil e trabalhosa. Graças a Deus pela libertação! Graças a Deus que Jesus veio, porque aqueles que praticaram aborto e, de fato, todos nós pecadores podemos ser libertados!

Capítulo 19

LIBERTAÇÃO DA CONFUSÃO CAUSADA PELA HOMOSSEXUALIDADE

David Kyle Foster

Libertação das mentiras

Jesus deixou claro que Satanás "'é mentiroso e pai da mentira'" (Jo 8.44). Deus só abençoa aquele que tem fé nele, por isso a estratégia do Demônio é despertar na pessoa a incredulidade. Portanto, um aspecto relevante para libertar-se da força do pecado refere-se à eliminação das mentiras nas quais acreditávamos, renunciando a elas e abraçando, de forma entusiástica, a verdade conforme revelada por Deus. Isso porque Deus declara na Bíblia que é o "conhecimento da verdade que conduz à piedade" (Tt 1.1)

Mentira número 1: a Bíblia não condena atos homossexuais

Na realidade, você não encontrará a palavra "homossexual" nas Escrituras nem em nenhum outro texto anterior ao século 19. O que você encontra na Bíblia são descrições de *comportamentos* com o mesmo sexo e condenações para aqueles que se envolvem com eles (v., por exemplo, Lv 18.22; 20.13; Rm 1.25-27; 1Co 6.9).

Essas descrições bíblicas são muito claras, apesar das tentativas modernas de fazê-las parecer ambíguas. Por exemplo, a expressão hebraica para um homem "deitar com um homem", utilizada em Levítico 18.22 e 20.13, *mishkav zakur*, foi traduzida para o grego, na Septuaginta, como *arsenos koiten*. O apóstolo Paulo toma essas mesmas palavras e cria uma nova palavra, *arsenokoitai*, em 1Coríntios 6.9, quando declara que aqueles que praticam atos homossexuais não herdarão o Reino de Deus. Não há dúvida que Paulo, mediante a escolha dessa palavra, afirma que a proibição aos comportamentos homossexuais na Torá é parte de uma lei moral imutável, e não parte de uma lei ritual/cerimonial cumprida por Cristo.

Também, o texto em Romanos 1.18-32 é bastante claro em suas descrições e suas condenações dos atos homossexuais como uma rebelião contra Deus e parte do comportamento de nossa desordenada condição humana. Aqueles que pensam de outra forma quebram regras fundamentais de interpretação e pretendem conhecer mais que todos os estudiosos e tradutores especializados que viveram ao longo dos mais de dois mil anos desde que a Bíblia foi escrita.

Mentira número 2: a psicologia provou que os homossexuais já nascem assim

Em declarações à imprensa e em debates públicos, o moderno ativismo *gay* gosta de dar a impressão de que a psicologia comprovou que a homossexualidade é saudável e normal, e que considerá-la um distúrbio é uma nova e perigosa teoria sustentada por quem não sabe o que diz. Na verdade, se examinarmos o pensamento, a pesquisa e a experiência de psicólogos e de outros conselheiros profissionais divulgada ao longo da história, a nova teoria dos ativistas *gays* é que não encontra fundamento na realidade.

Desde que o ramo da psicologia surgiu, há mais de cem anos, seus praticantes começaram a classificar os *comportamentos* humanos em categorias, rotulando-os para facilitar o estudo e o diagnóstico. Infelizmente, em nossos dias, a criação artificial conhecida como homossexual foi equivocadamente concebida como uma identidade verdadeira e inerente, algo que já nasce com a pessoa; portanto, algo que não pode ser modificado. É como se essa palavra saltasse da página e assumisse identidade própria.

Essa subversão da terminologia não surgiu como resultado de pesquisas e de estudos científicos, mas em conseqüência da pressão dos grupos de ativistas *gays* que, na década de 1970, por meio de surtos enraivecidos e de ameaças, causaram impacto por ocasião de reuniões de associações. Desde essa época, esses ativistas infiltraram-se e ardilosamente manipularam a cobertura da mídia sobre a matéria.¹

Estudos após estudos falharam em demonstrar uma causa genética ou outra causa psicológica para a neurose homossexual. Na realidade, muitos estudos demonstraram exatamente o oposto. Pelo menos dois estudos que se propuseram a provar uma causa genética para a tendência homossexual (os estudos do dr. Hamer e os com "gêmeos idênticos"), na realidade, provaram que essa tendência *não* poderia ser determinada pela transmissão genética.² O estudo com "gêmeos idênticos", por exemplo, encontrou características distintas em gêmeos *geneticamente idênticos* (um era *gay*, e o outro, não), um resultado impossível caso a homossexualidade tivesse causas genéticas.

Mentira número 3: a homossexualidade é arraigada e imutável

Alguns anos atrás, dr. Robert Spitzer, um dos principais responsáveis por introduzir a questão da pressão dos ativistas *gays* nos encontros da Associação Americana de Psiquiatria (APA), no início da década de 1970 (quando eles retiraram a homossexualidade de sua lista oficial de distúrbios), decidiu conduzir um estudo sério sobre a homossexualidade. Para sua surpresa, descobriu que pessoas com esse problema *não* estavam irremediavelmente presas a essa tendência, e que muitos podiam se modificar e conseguiram abandonar esse comportamento.³ Em conseqüência disso, aqueles que anteriormente consideravam dr. Spitzer o queridinho do movimento *gay* agora o condenavam, uma vez que ele ousara fundamentar sua opinião profissional em uma pesquisa científica e revelar publicamente os resultados a que chegou.

É fundamental que entendamos o erro cometido por nossa cultura nessa matéria. Por quê? Porque as pessoas geralmente acreditam que uma *identidade intrínseca* é impossível de ser alterada e impõe a aceitação de sua existência naqueles que a possuem. Tal manipulação semântica forneceu a desculpa para muitos que sucumbiram ao desejo pecaminoso, e a maior parte das pessoas que foram desencaminhadas por ele, não se deram conta do ardil.

Além disso, há um poder influenciador no nome. As pessoas tendem a tornar-se aquilo de que foram rotuladas pelas figuras de autoridade. Quanto mais uma pessoa tornar-se identificada com o rótulo "homossexual", mais difícil será para ela enxergar-se de forma diferente. Uma vez que o processo de recuperação e de mudança tenha se iniciado, esse fator, isoladamente, pode fazer que a transformação de uma pessoa leve mais tempo que a de outra.

Mentira número 4: a homossexualidade é saudável e normal

O ativismo *gay* e seu porta-voz, a mídia, clamam que os homossexuais são simplesmente tão felizes e saudáveis quanto o restante de nós (uma declaração encontrada em uma de suas propagandas em jornal). Uma vez mais, nada poderia estar tão distante da verdade! De acordo com dr. Jeffrey Satinover, as doenças e problemas que acometem aqueles que aderem ao comportamento homossexual incluem: doenças crônicas potencialmente fatais (hepatite) que, com freqüência, conduzem ao câncer; doenças incuráveis (AIDS); casos de câncer do reto; múltiplas infecções intestinais e outras doenças infecciosas; um índice muito mais elevado de suicídio; e uma redução de 25 a 30 anos na expectativa de vida.[4] A isso, poderíamos acrescentar índices astronomicamente elevados de alcoolismo, dependência de drogas e violência doméstica (particularmente entre as lésbicas).[5]

É evidente que os homossexuais, em razão das mentiras em que acreditaram a respeito de si próprios, a respeito de Deus e a respeito dos propósitos da vida, são interiormente direcionados para comportamentos autodestrutivos. Qualquer plano voltado a ajudá-los a recuperar a liberdade precisa enfrentar as decepções que o inimigo plantou no coração e na mente deles. Se essas mentiras podem ser derrubadas e substituídas pela verdade encontrada só em Jesus Cristo, então o poder destrutivo desse aprisionamento também pode ser derrubado.

Libertação da devastação

De que mais, além das mentiras, uma pessoa vítima da confusão causada pela homossexualidade precisa ser libertada? Trata-se de uma doença que Deus pode curar instantaneamente? A condição homossexual é ela mesma um pecado para o qual basta um autêntico arrependimento? Ou trata-se de um demônio que, uma vez instalado com sucesso na vida de alguém, assume o controle?

Nada disso. É bem verdade que mediante o arrependimento, algumas pessoas experimentam tal influência da vida e do poder de Deus que é como se o Senhor removesse, de forma sobrenatural e de uma só vez, toda a devastação. Entretanto, à medida que o tempo passa, fica claro que ainda há muito para ser tratado.

De início, isso pode parecer desapontador. No entanto, ainda assim, é uma gloriosa verdade que não se obtém a transformação na imagem de Cristo apenas com a remoção, de forma sobrenatural, de nossa suscetibilidade para a tentação, mas, ao contrário, mediante o aprofundamento de nosso amor por Deus, de forma que, em meio a essa tentação, escolhemos a ele de livre e espontânea vontade e com alegria, em vez de escolher os antigos ídolos.

Jesus foi tentado no deserto e tentado no jardim — ainda assim não pecou. É nessa semelhança que somos estruturados. Sem a tentação, não há nada para acelerar o crescimento, nada para testar os acertos, nenhuma oportunidade de ser como Cristo.

O processo de transformação inclui grandes momentos de revelação e de libertação, entremeados de longos caminhos de crescimento árduo e de luta. Há altos e baixos, alegrias e tristezas, momentos em que nos sentimos em perfeita união com Deus e com sua santidade, e momentos em que nos sentimos como se ele houvesse desaparecido e nos jogado nas mãos de nossos deuses anteriores. Tais são as águas profundas nas quais a fé nasce; lugares aparentemente ermos onde Deus está sempre tão perto, embora pareça sempre tão distante.

A causa

Deus nos criou para sermos heterossexuais. Fomos naturalmente concebidos para formarmos pares: homem-mulher. Entretanto, quando nascemos, nossa sexualidade é ainda embrionária, um tipo de semente encapsulada no tempo, projetada para permanecer adormecida por muitos anos e, finalmente, germinar e florescer durante a puberdade. Embora adormecida nos primeiros anos, essa semente precisa ser protegida e requer cuidados para germinar adequadamente e realizar seu projeto. Naqueles em que se desenvolveu a confusão causada pela homossexualidade durante seus anos de formação, essa semente ou foi danificada ou deixou de receber os nutrientes de que precisava para germinar adequadamente. O que cresce no lugar é uma falsa identidade, resultante de tentativas mal-sucedidas de inventar uma identidade que não existe.

A confusão homossexual, a neurose, a orientação sexual — seja qual for o nome que você queira dar — é uma forma de desenvolvimento emocional atrofiado que, em seus estágios iniciais, é causada por uma grande quantidade de variáveis ambientais que usualmente envolvem trauma e menosprezo. Esses fatores afetam negativamente o desenvolvimento da identidade sexual daqueles cujo temperamento e ambiência os torna particularmente suscetíveis a essas influências. Esse conjunto de fatores, como os dentes de uma engrenagem, interage e coopera com o temperamento, com o caráter e com traços de personalidade do indivíduo.

Isso explicaria por que tantos na comunidade *gay* apresentam um temperamento altamente sensível. Trata-se de pessoas que sentem o impacto dos traumas e menosprezos da vida em maior profundidade, e que são mais facilmente afetados por eles. Sua "semente" ou foi danificada ou foi inadequadamente cuidada. Essas pessoas, com frequência, são atormentados por sentimentos de serem diferentes ou inadequados e, depois, experimentam um ambíguo sentimento de serem incompletos, como homens ou como mulheres. Isso conduz ao desejo de tornar-se um com o sexo em que se sentem estranhos.

Em uma tentativa de consertar (ou completar) a si próprios, essas pessoas, muitas vezes, fazem escolhas equivocadas e, assim, tem início a conspiração que faz sua condição traumatizada piorar. A atenção deles, como fonte de esperança e de identidade, fixa-se na criatura, em vez de no Criador e, assim, inicialmente de forma inconsciente, transformam em ídolos aqueles que personalizam seu ideal de homem ou de mulher. A força incrivelmente poderosa do despertar sexual (seja na puberdade seja prematuramente por intermédio da pornografia ou por ser alvo de abuso sexual) distorce, dessa forma, aquilo que em sua origem é uma carência emocional, fazendo que seja percebida como necessidade sexual. Caso essa bola-de-neve da luxúria e da idolatria continue a rolar, então as forças demoníacas conseguem o apoio de que necessitam para criar uma fortaleza, ampliando ainda mais o problema.

O fator mais comum encontrado nos homens é a falha em ligar-se emocionalmente à figura paterna ou em identificar-se com ela. (Inúmeros cenários poderiam ilustrar por que isso pode acontecer, como, por exemplo, um ambiente no qual o pai é ausente, abusivo, emocionalmente fraco ou distante; a influência feminina é mais forte; ou a figura materna menciona continuamente aspectos negativos do homem ou das coisas masculinas.) Sem a aprovação, a afirmação e o modelo de uma figura paterna que possa levá-los a consolidar sua identidade na masculinidade — poderia também ser outro que não o pai, como um líder-escoteiro, um treinador ou, até mesmo, um irmão mais velho — alguns garotos pré-adolescentes permanecem identificados com o feminino (o que acontece após o nascimento, quando estão naturalmente vinculados à mãe). Muitas das tendências efeminadas podem ser explicadas por essa falha, durante os anos da tenra infância, de não mudar a identidade da mãe para o pai.

As mulheres falham em estabelecer vínculos emocionais com suas mães, o que pode ser um fator primordial no desenvolvimento de tendências lésbicas, embora isso não seja tão comum como acontece com os homens. Nas mulheres, o fator mais comum é de longe o abuso sexual quando crianças. Alguns dados sugerem que provavelmente 85% das lésbicas foram vítimas de abuso sexual na infância.[6] É fácil constatar como esse acontecimento traumático pode determinar, em certas garotas, o desenvolvimento de uma aversão pela identidade dominante do sexo de seu agressor.

O que faz a diferença entre aqueles que desenvolvem tendências homossexuais em decorrência de haver sofrido abuso sexual e aqueles que nada sofreram? Uma vez mais, precisamos analisar as seguintes variáveis: temperamento, saúde espiritual e emocional, ambiente seguro e saudável, o tipo do abuso, a idade da criança que sofreu o abuso, a freqüência e a violência do abuso, e daí por diante. Em qualquer garota, em particular, muitas variáveis podem abrandar os resultados.

O abuso sexual na infância também predomina nos antecedentes dos homossexuais masculinos, fazendo disso o segundo maior fator causal da homossexualidade. Alguns dados sugerem que, pelo menos, metade dos homens com tendência homossexual sofreu esse tipo de abuso quando criança ou adolescente.[7] A diferença surpreendente com os homens é que muitos deles não consideram o abuso sexual que sofreram como abuso, mas como apenas a única fonte de atenção que receberam de alguém. Por isso, muitos homens que sofreram abuso não admitem ser vítimas. Garotas, por outro lado, muito provavelmente consideram o abuso como uma violação contra sua pessoa.

O espaço não nos permite estender-nos na discussão de muitos outros fatores que podem estar por trás do desenvolvimento da confusão na identidade sexual. Por exemplo, a dinâmica da família pode, muitas vezes, desempenhar um papel muito forte, como quando nasce uma criança cujo sexo é o oposto daquele que a mãe e/ou o pai desejavam; e essas crianças somente recebem amor, atenção e afirmação quando se comportam e se identificam com o sexo oposto. Isso pode ser profundamente confuso e marcante para uma criança sensível.

Em suma, a confusão homossexual é, em geral, adquirida de forma inocente, mas depois piora em decorrência das reações pecaminosas dos afetados por ela. À medida que os homossexuais deslocam-se para a idolatria, seja por causa da luxúria, seja em razão de uma tentativa de buscar a cura, Deus, no final, os abandona aos ídolos que escolheram (v. Ez 16.39;

Rm 1.24). A essa altura, eles somente podem ser trazidos de volta para Deus por intermédio do arrependimento e da persistente determinação de seguir o Espírito Santo enquanto este os guia por sucessivos estágios de arrependimento, cura e transformação.

Nesse processo, Deus os expõe e, à medida que as pessoas passam a querer, destrói a fortaleza demoníaca das mentiras que deram força aos desejos pecaminosos e à raiz pecaminosa da descrença. Deus substitui os ídolos anteriores e se torna a esperança, a vida e o amor dessa pessoa. À medida que o relacionamento se aprofunda, "as coisas da terra, estranhamente, são ofuscadas pela luz de sua gloria e graça".[8]

> A confusão homossexual é, em geral, adquirida de forma inocente, mas depois piora em decorrência das reações pecaminosas dos afetados por ela.

A cura

A libertação para aqueles que sofrem da atração pelo mesmo sexo é, acima de tudo e antes de qualquer coisa, uma questão de se livrar das mentiras de que nasceram assim, ou seja, de que Deus não pode modificá-los e de que eles, por alguma manobra do destino, estão livres das proibições bíblicas sobre o relacionamento com o mesmo sexo.

Quando a pessoa renuncia e abandona as mentiras e os falsos deuses de que se utilizaram como um meio de realização ou de desenvolvimento pessoal, a cura se inicia. Quando as pessoas se voltam para Deus, para que ele seja sua fonte e amor primordial, ele começa a por à mostra as raízes do desejo inferior e os conduz por um processo de transformação. É importante que o Espírito Santo se torne seu principal conselheiro, independentemente de quais sejam os demais conselheiros utilizados por Deus ao longo do caminho.

A libertação, para uma pessoa que se defronta com a atração pelo mesmo sexo pode ser um processo prolongado que depende de sua determinação de fazer o que for necessário, da profundidade de seu amor por Deus, em que o Senhor passa a ocupar lugar acima de todos os demais, do entusiasmo de sua busca por ele, de sua idade, da amplitude e da profundidade de seu envolvimento com os pecados associados à sua condição e de outras variáveis desse tipo.

Pode haver demônios que tiraram vantagem do pecado da pessoa e tornaram-se parte do problema, mas não existe um "demônio da homossexualidade" que seja a causa única dessa condição. A pessoa desenvolve o desejo homossexual mediante uma única e complexa matriz de elementos que precisam ser expostos e enfrentados de forma adequada. Assim como acontece com muitos outros cativeiros que dominam a vida, alguns dos elementos mais comuns incluem a idolatria, a rebelião, a raiva, a ausência do perdão, a descrença, apego ao pecado, a imagem distorcida de Deus, o egocentrismo, a assertividade, a auto-rejeição, o medo. O Espírito Santo sabe exatamente como é o conjunto de elementos que atua em cada indivíduo, o momento e a ordem em que cada um deles precisa ser enfrentado, bem como qual a saudável reposição que precisa ser implementada. Ele também tem o poder do céu e da terra à sua disposição.

De alguma maneira, o processo para livrar-se da atração pelo mesmo sexo é como o processo da salvação. É tríplice e multifacetado. A Bíblia é clara a respeito da salvação, mostrando que somos salvos (v. At 15.11; 1Co 15.2; Ef 2.5-8; Tt 3.5); que estamos sendo salvos (v. 1Co 1.18); e que seremos salvos (v. Mt 24.13; Mc 13.13). A esse respeito, dr. John R. W. Stott escreveu o seguinte:

> Salvação é uma boa palavra. Ela denota o abrangente propósito de Deus, por meio do qual ele justifica, santifica e glorifica seu povo: primeiro, perdoando suas ofensas e aceitando-o como justo perante ele; depois, progressivamente, transformando-o por seu Espírito à imagem de Cristo, até que, finalmente, ele se torne como Cristo no céu e, quando esse povo vir o Senhor como ele é, ressuscite em corpo incorruptível, exatamente como o corpo de glória de Cristo. Eu anseio resgatar a salvação dos conceitos estreitos aos quais ela é reduzida, até mesmo por alguns cristãos evangélicos.[9]

De forma similar, a cura da tendência homossexual é um processo tríplice. Os homossexuais recebem um grau ou uma dimensão de libertação quando eles se arrependem e entregam sua vida a Cristo. À medida que o Espírito Santo começa a expor as raízes secretas de sua condição, eles continuam a ser libertados em graus cada vez maiores. Depois, no último dia, quando Cristo aparece e os transforma completamente em sua imagem, eles são totalmente libertados, e para sempre.

Se Deus optasse por livrá-los instantaneamente de sua tendência homossexual, eles estariam livres desse tipo particular de tentação, porém ainda permaneceriam pessoas imaturas, desestruturadas como antes. Em lugar disso, Deus os conduz ao longo de um processo metódico e deliberado de descoberta das escolhas erradas que fizeram e das causas de haverem feito essas escolhas; ele lhes oferece uma oportunidade de, cheios de determinação, livrarem-se dessas escolhas, uma por uma. Em suma, ele os ensina como amar (definido em 1Jo 3.16-18 como "sacrifício" e "comprometimento"), e ele o faz em uma condição de teste, de forma que sua escolha por amar é duramente conquistada, substantiva e, portanto, relevante.

Libertação — uma história pessoal

Para ilustrar, deixe-me relatar para você partes de minha própria caminhada de cura da confusão homossexual. Quando fui salvo, aos 29 anos de idade, sofrera da confusão causada pela homossexualidade a maior parte de minha vida, e estivera continuamente ativo nesse tipo de vida por mais de dez anos. Eu, irremediavelmente, perdera o controle e estava convencido de que, caso Deus não me libertasse por algum expediente sobrenatural, a libertação jamais aconteceria.

A primeira coisa que Deus fez foi me mandar uma enorme graça, algo que me permitiu perceber o Demônio que eu abraçara, de forma que pude arrepender-me do fundo do coração (v. Jo 1.9). Finalmente, dei-me conta de que era um pecador desesperadamente necessitado da graça de Deus.

Depois do arrependimento, Deus penetrou em meu ser, trazendo com ele a força para resistir ao que antes fora uma tentação irresistível (v. Mt

3.11; Jo 4.10; 7.37,38). Aconteceu um grande momento de libertação quando orei em meu quarto para que ele me libertasse. Lera em Mateus 5.6 que Jesus, caso eu tivesse fome e desejo de justiça, encher-me-ia com ela, e ele o fez. Não se engane, pois eu ainda era capaz de cometer os mesmos atos pecaminosos de antes — e, por vezes, fui fortemente tentado a isso —, mas Deus, após eu orar Mateus 5.6 com todo meu coração, removeu a força coercitiva que o reino do Demônio lançara sobre mim em virtude de meus descaminhos. Dessa forma, fui capaz de escolher livremente entre o bem e o mal pela primeira vez em muito tempo.

A seguir, ele deu-me a consciência de que havia espíritos demoníacos que precisavam ser eliminados. Sozinho e muito temeroso de confiar o segredo sobre meus pecados à igreja perto de casa, percebi que, de alguma forma, poderia ser capaz de libertar-me sozinho de meus pecados. Nessa época, estava plenamente ciente do enorme poder de Deus sobre Satanás e da minha autoridade, como filho de Deus, para requisitar essa força para executar a tarefa (v. Lc 10.19; Jo 14.12-14). E encontrava-me fortemente decidido a nunca mais retornar àquele estilo pecaminoso de vida. Dessa forma, Deus me conduziu a chamar os espíritos demoníacos por seus nomes (de acordo com o que eles me tentavam a fazer), e, em nome de Jesus, eu lhes ordenei que me deixassem e saíssem do lugar em que eu estava. Em uma semana, eles já haviam desaparecido completamente.

O Senhor também me revelou de qual forma a minha cura aconteceria. Encontrava-me muito concentrado em apaixonar-me, de forma cada vez mais profunda, por Deus e sabia que ele revelaria e fortaleceria tudo o mais que fosse necessário. Por intermédio de um aviso oportuno de um pastor, Deus permitiu-me perceber que a batalha era do Senhor (v. 1Sm 17.47; Ez. 36.25-27). Seria a força do Senhor atuando a meu favor que me libertaria do cativeiro (v. Jd 24), e minha tarefa era permanecer em sua presença de forma que eu pudesse ser conduzido pelo Espírito (v. Gl 5.16). Em sua presença, aconteceria a introdução do Espírito Santo por intermédio do qual o desejo de ser santo seria realizado. Seria em sua presença que se renovaria meu aprendizado para cooperar com ele nos tempos de dificuldades.

A Bíblia declara que "seu [de Deus] divino poder nos deu tudo de que necessitamos para a vida e para a piedade, *por meio do pleno conhecimento daquele* que nos chamou para a sua própria glória e virtude"(2Pe 1.3, grifo do autor). Foi por intermédio desse conhecimento e dessa intimidade que Deus me libertou e me impediu de falhar, porque sua beleza e o prazer de sua companhia superam de longe o de todos os deuses.

Vindo a conhecer a Deus mais profundamente por intermédio da revelação de seu amor demonstrado na cruz, persuadi-me de que vale mais a pena lhe obedecer e de que podemos confiar nele. Ao meditar sobre a cruz que ele suportou e ao tomar as cruzes que ele me pediu para carregar, cheguei a conhecê-lo na intimidade de seu sofrimento (v. Rm 8.17; Fp 3.10; 1Pe 4.13).

Na revelação de sua graça, à medida que ele me perdoa de novo, de novo e de novo, meu coração transformou-se e apegou-se ao dele (v. Tt 2.11-14). Não o vejo mais como um adversário. Vejo-o como o Deus de amor. E essa revelação arrancou, como um poderoso furacão, a rebelião que reinava anteriormente em meu coração.

Ele ensinou-me como fazer o antigo homem morrer de fome e como alimentar o novo. E ele transformou minha motivação interior para fazer isso por amor.

Nos momentos de intimidade com o Senhor, muitas vezes canto canções de amor para ele; e ele, por vezes, responde com revelações que mudam minha vida, com palavras de amor que curam, com visões de glória, ou com infusão de força e de vida divinas (v. 2Pe 1.4). À medida que me concentro em amá-lo, ele compartilha toda sua natureza (v. 2Co 3.18).

Algumas vezes, ele me recorda de um incidente em particular e de uma pessoa que eu preciso perdoar. Outras vezes, ele demonstra amor ao revelar um pecado que ainda permanece nos recantos obscuros de meu coração, de forma que eu possa renunciar a ele. E, ainda outras vezes, ele parece desaparecer e deixar-me sem nenhum consolo ou certeza de que ele me ama ou mesmo que existe. Ainda assim, esses momentos são atos de amor que se destinam a meu crescimento rumo à semelhança com Cristo; isso porque, quando o amamos e lhe obedecemos, mesmo quando sua mão ou auxílio e bênção estão ausentes, é que crescemos para nos tornar cada vez mais como ele, pois isso faz parte da natureza de Cristo, como ele demonstrou no jardim de Getsêmani quando tudo parecia perdido e abandonado.

Ao longo dos anos, Deus me levou a unir-me a diversos amigos e vários pequenos grupos de cristãos onde pude aprender a me conhecer como verdadeiramente sou e também pude permitir que os outros me vissem sem máscaras. O Senhor enviou-me a conferências de transformação da vida e providenciou outros encontros maravilhosos com aqueles que tinham exatamente as palavras, o abraço e a bênção certos.

Ele me pôs em lugares onde pude receber oração para quebrar os laços da alma que se haviam formado com antigos parceiros sexuais, bem como oração para acabar com as maldições hereditárias (v. Nm 14.18; Ez 18.14-17).

Ele me tornou capaz de perdoar as pessoas que jamais pensei que poderia perdoar. Ele mostrou-me como amar, como servir os outros e como me sacrificar por eles.

Deus ainda me agraciou com um maduro senso de masculinidade, algo que sempre me faltou. Ele falou palavras de amor e de Pai para filho em meu espírito, as quais curaram feridas e inseguranças profundamente arraigadas. Ele me deu uma visão saudável dos homens e removeu meu medo das mulheres, permitindo-me vê-las como as gloriosas criaturas que são.

Ele ensinou-me como me alegrar em minhas fraquezas e como utilizá-las como lembretes de minha absoluta dependência dele (v. 2Co 12.9,10). Agora, alegro-me por ficar ao abrigo de sua mão todo-poderosa.

Deus me dotou, por intermédio de muitas lutas e testes, de uma capacidade de acreditar e de lhe obedecer a qual está muito além de tudo o que eu poderia ter sonhado.

Ele curou-me de minha tristeza desesperada e restaurou meu espírito alquebrado, enchendo-me da vida divina (v. Is 61).

Ele renovou minha mente (v. Rm 12.2; Ef 4.23) e mostrou-me como guardá-la (v. Fp 4.7).

Ele repôs o que eu perdera e curou o que eu estragara (v. Jl 2.25).

Ele ensinou-me as táticas do Inimigo e a estratégia maior que o céu desenvolveu para superá-las (v. Ef 6.10-18).

Ele ensinou-me a exterminar o que alimentava o antigo ego arruinado (v. Rm 8.13-14) e como alimentar e nutrir a nova criatura em que me transformei pela ação de Cristo (v. 2Co 5.17; Ef 4.24). Ao fazer isso, a heterossexualidade que sempre estivera adormecida em mim foi, finalmente, capaz de desabrochar e de ocupar seu lugar em minha verdadeira identidade.

E naqueles momentos em que minha mente resvala de volta para as antigas maneiras de sentir e de pensar, ele sussurra palavras de amor em meu espírito e eu corro de volta para seus braços e abraço novamente o milagre que é Cristo em mim (v. Gl 2.20; Cl 1.27).

Uma pessoa que se defrontou com a tendência homossexual pode ser liberta e livrar-se da tirania da luxúria e da idolatria? Bem, o papa é católico?

Capítulo 20

ABUSO SEXUAL DE CRIANÇAS

Tom R. Hawkins

Diane nasceu em um lar cristão, aos seis anos assumiu um compromisso pessoal com Cristo e formou-se no ensino médio e na faculdade em primeiro lugar. Ela, considerada brilhante e espiritualmente comprometida com o Senhor, tirou o título de mestre em ministérios cristãos, tornou-se missionária e, por fim, casou-se aos 30 anos.

No entanto, sua vida começou a desintegrar-se após um ano de casamento. Apenas após sete anos de uma busca intensa por respostas na comunidade médica e de saúde mental, ela começou a entender a razão de sua desordem emocional e das grandes lacunas em suas lembranças de infância. Começaram a vir à tona evidências de traumas esmagadores com os quais sua psique infantil não podia lidar, entre eles o de abuso sexual na infância.

A história dela não é única nem incomum, à medida que o abuso sexual infantil afeta a vida de milhares de homens e de mulheres ao redor do mundo. Em geral, essas crianças, ao mesmo tempo em que usam muitos mecanismos psicológicos de defesa para lidar com isso, experimentam dor, disfunção e sofrimento em sua vida adulta. Esses efeitos profundos e duradouros impactam também a família, a igreja e a comunidade dessas pessoas.

Visão bíblica do relacionamento sexual

É necessário entender e tratar o abuso sexual de crianças da perspectiva da estrutura bíblica que Deus estabeleceu para o relacionamento sexual do ser humano. O padrão inequívoco dele é para que o sexo aconteça apenas entre um homem e uma mulher adultos no âmbito de uma união duradoura e monógama. A maioria dos cristãos acredita que Deus pretende que tenhamos essa união sexual tanto para o prazer como para a procriação (v. Gn 2.24,25). Qualquer relacionamento sexual fora desses limites rigorosos é, para nosso próprio bem-estar, estritamente proibido (v. 1Co 6.12-20).

As poderosas admoestações de Deus contra a atividade sexual fora do casamento, por implicação, cobrem qualquer contato sexual, ainda mais com crianças (v. Mt 18.6). Quando os adultos trocam "relações sexuais naturais por outras, contrárias à natureza [...] para praticarem o que não devem" (Rm 1.26-28), as conseqüências negativas são inevitáveis.

Compreender a visão jubilosa de Deus para o relacionamento sexual no casamento é uma parte importante do desenvolvimento infantil. Todavia, deve-se proteger a criança da exposição e da estimulação à atividade sexual. As crianças, imaturas física e emocionalmente, ficam muitíssimo confusas quando são forçadas a experimentar essas dinâmicas do relacionamento sexual ou qualquer outro tipo de exposição sexual intrusiva.

Definição de abuso sexual infantil

O abuso sexual infantil envolve qualquer tipo de contato ou de exploração sexual de um menor para estimulação sexual do perpetrador. Carícia (tocar qualquer área do corpo normalmente coberta por um recatado traje de banho); beijo inapropriado e penetração oral, genital ou anal, todos esses atos envolvem contato físico com a criança. No entanto, também se considera abuso sexual infantil expor a criança a comentários inadequados, carregados de sentido sexual, ou a qualquer exibição inapropriada de órgãos sexuais ou de atividade sexual entre adultos. Em geral, esses tipos de comportamento são considerados criminosos.[1]

Infelizmente, a mídia secular e a Internet contribuem para criar uma sociedade que explora e torna pública, de formas muito doentias, as dinâmicas sexuais, em que os adultos assumem comportamentos imorais e expõem as crianças a coisas com que não estão, psicológica e emocionalmente, prontas para lidar. Kinsey e seus estudos fabricados também contribuem muitíssimo para a distorção que a sociedade faz do ideal bíblico.[2]

Estima-se que, aproximadamente, dois milhões de crianças por ano sofrem abuso.[3] Estimativas conservadoras indicam que grande parte delas sofre abuso sexual. Muitos desses casos não são notificados.[4] Inúmeros estudos estatísticos indicam que, até completarem 18 anos, de 20% a 40% das mulheres[5] e mais de 25% dos homens sofrem abuso sexual. Na maioria dos casos, esse abuso parte de alguém que a criança conhece e em quem confia. Encontram-se vítimas de abuso em todos os grupos sociais, raciais, econômicos e religiosos.

Os efeitos profundos do abuso sexual de crianças

Infelizmente, os efeitos físico, emocional, psicológico e espiritual do abuso sexual de crianças têm um impacto devastador, mesmo que o abuso não inclua penetração ou ocorra apenas uma vez. Não concordo com a ideia de que esses efeitos ocorrem apenas como resultado de uma criação repressiva e "puritana". Creio que o impacto multifacetado sobre a criança seja muito mais que um fenômeno sociológico, é a consequência natural da violação da ordem criativa de Deus. Todavia, cada caso é único à medida que nem todas as crianças evidenciam as mesmas conseqüências de longo prazo.[6]

Há documentos que atestam muitos sintomas específicos. Uma lista deles pode ser encontrada na pesquisa de literatura específica. Muitas vezes, o conceito de si mesma e a visão de mundo da criança ficam expressivamente distorcidos quando a santidade do corpo delas é violada. Quando as crianças são manipuladas com mentiras ou interpretações errôneas de padrões morais, é compreensível que o senso de moral delas também seja profundamente afetado.

Quando o abuso acontece nas mãos de um importante responsável pela criança, ela tem um sentimento esmagador de traição. Esse sentimento aumenta se a criança tenta revelar o abuso, pois ela é desacreditada, repreendida ou condenada ao ostracismo. É possível que a consequência seja muita desconfiança em relação aos adultos, comportamento esse que se manifesta na forma de acessos de raiva ou por meio do isolamento e da fuga de relacionamentos íntimos. Outro efeito quase universal do abuso sexual de crianças é o sentimento de impotência, ou "de falta de valor", que a criança sente.[7]

A invasão do corpo da criança ou do "espaço pessoal" dela contra sua vontade, em geral, afeta, ao longo da vida, sua capacidade de estabelecer e de manter limites adequados. Também são comuns os medos exagerados (fobias). Na verdade, quase todas as emoções negativas podem ser um problema na vida de vítimas de abuso sexual, se elas não forem tratadas de forma apropriada. Sintomas físicos psicossomáticos, em especial, quando a criança luta para dissociar ou reprimir o evento e as emoções oriundas dele podem aparecer e ser predominantes ao longo da vida da pessoa.

David Finkelhor e Angela Browne documentaram que, na fase de desenvolvimento, os sentimentos e as atitudes sexuais podem se transformar em uma forma de disfunção para a criança vítima de abuso sexual.[8] Crianças que sofrem abuso ficam confusas em relação a sua sexualidade e, mais tarde, já adultas, com frequência são incapazes de vivenciar de forma saudável um relacionamento conjugal. De um lado, os sintomas de disfunção vão da aversão ao próprio corpo à fuga de sexo, e de outro lado, da compulsão a comportamentos sexuais inapropriados, incluindo--se a promiscuidade.

Bessel van der Kolk escreveu muito sobre a incapacidade de muitas dessas vítimas de controlar suas emoções de forma adequada, o que resulta em depressão e baixa auto-estima acrescidas de acessos de raiva.[9] Essa raiva pode parecer inapropriada ou fora de proporção na situação presente, porém, é provocada quando o indivíduo encontra ou vivencia alguma coisa que, consciente ou inconscientemente, lembra-o dos eventos de abuso do passado.

É digna de nota a diferença de como homens e mulheres lidam com a inevitável raiva que sentem por terem sido abusados ou violados. Toda regra sempre tem uma exceção. Contudo, os homens, em geral, são mais capazes de expressar por meio de atos sua raiva, enquanto as mulheres tendem a virar a raiva contra si mesmas e a mascaram em seu interior. Em conseqüência disso, os homens que sofrem abuso sexual, com freqüência, acabam no sistema legal e judicial, enquanto as mulheres são mais capazes de buscar ajuda em instituições de serviço social, em áreas de saúde mental ou em ministérios de oração para tratar a depressão e a baixa auto-estima resultantes do abuso.

As mulheres também são mais suscetíveis de se entregar a desordens alimentares, tanto para afogar a dor na comida como em uma tentativa desesperada de ter controle sobre seu corpo por meio da privação. Tanto homens como mulheres também usam as drogas, o alcoolismo e outros comportamentos compulsivos, como o trabalho em excesso, para afugentar a dor interior. O pensamento suicida também é outro resultado muito freqüente do abuso sexual. Parece que as mulheres fazem mais tentativas de suicídio, porém, os homens são mais bem-sucedidos quando optam por esse recurso.

A dissociação é outra dinâmica mais sutil e mais escondida encontrada em crianças que sofrem abuso sexual quando pequenas (antes dos seis ou sete anos). Dissociação é o oposto de associação e refere-se à compartimentalização de aspectos do funcionamento da mente, bem como da memória e dos sentimentos. Em outras palavras, a mente, de forma inconsciente, separa as coisas que normalmente deveriam estar juntas para formar uma perspectiva, um senso de identidade e uma visão de mundo consistentes.

Essa dissociação, em sua forma extrema, pode levar ao distúrbio da identidade dissociativa (formalmente chamada de distúrbio de personalidade múltipla). Estima-se que 97% dos portadores de distúrbios de identidade dissociativa (DID) sofreram graves abusos, e a maioria deles sofreu abuso sexual.[10] Muitos dos que têm experiência nesse campo específico estimam que, aproximadamente, de 1% a 5% das pessoas na maioria das igrejas locais lutam com essas questões dissociativas mais complexas.

Cristãos dotados de discernimento espiritual que trabalham nesse campo reconhecem que, com frequência, outra consequência do abuso sexual é a demonização. Infelizmente, o sexo pecaminoso pode ser a avenida que leva a essa escravidão espiritual. Portanto, é compreensível que a deterioração da cultura ocidental no século passado tenha levado a uma explosão de demonização.

Como está evidente nos Evangelhos, boa parte do ministério de Jesus envolveu a libertação de pessoas possuídas pelo Demônio. A palavra grega usada nesses relatos é mais bem traduzida por "endemoninhado",[11] já que no português moderno a possessão demoníaca implica um tipo de pacto — o qual, com certeza, não seria verdade para um cristão. Antes, o termo bíblico implica em vários graus de controle e de influência. Da mesma forma como o médico pode documentar que cristãos têm câncer, as pessoas que trabalham em ministérios de libertação também documentam que os cristãos podem ficar endemoninhados ou sujeitos à influência de demônios.

Considerações importantes para o tratamento

Compreender os efeitos e o predomínio de crianças que sofreram abuso sexual é importante, porém mais crucial ainda é a necessidade da comunidade cristã de oferecer ministérios mais eficazes ao grande segmento de nossa população que tem sofrido tantos abusos. Os últimos vinte anos, em especial, assistiram ao crescimento relevante de pesquisas seculares sobre modalidades de tratamentos eficientes — pesquisas essas que documentam e validam o trabalho de grande número de ministérios cristãos que, agora, também são bem-sucedidos no tratamento dessas questões.

A abordagem para tratar a criança que sofreu abuso sexual deve ser ajustada à idade da pessoa na época do início da intervenção. Se o abuso é descoberto enquanto a criança ainda está na pré-adolescência, deve ser tratado por uma pessoa com treinamento em terapia e em outras modalidades que levem em consideração as questões do desenvolvimento e que forneçam as estratégias necessárias para cumprir o desafio de trabalhar com a criança e, ao mesmo tempo, evitar a sugestão. Se o abuso ocorreu por parte de alguém externo à família, o apoio familiar torna-se uma parte vital e importante do processo de cura. Contudo, quando os pais, um deles ou os dois, estão envolvidos no abuso, a criança precisa desesperadamente de outro adulto confiável que acredite nela e que possa fornecer um ambiente seguro em que ela possa falar de seus sentimentos. A ajuda competente na cura deve ser providenciada por alguém que conheça as leis jurídicas do Estado específico, ao mesmo tempo em que tem claro em sua mente o que é melhor para a criança e o que lhe dá maior proteção.

Também é importante entender que, com frequência, a criança que sofreu abuso sexual tem uma necessidade muito forte de negar que algo aconteceu, em especial, quando o perpetrador do abuso é um dos pais ou o principal responsável por ela. Quando a dissociação está envolvida no processo, talvez uma parte da pessoa sinta muita raiva e revele o abuso, ao mesmo tempo que a outra parte talvez seja mais leal ao perpetrador e negue com toda sinceridade que houve algum abuso.

Em muitos casos, a criança ousa revelar o abuso, o que leva a uma investigação confusa, seguida do fato de a criança ser punida severamente pelos perpetradores do abuso (às vezes, de formas que deixam sinais exteriores) a fim de reforçar a lição de que nunca deve falar com estranhos sobre "assuntos de família". Talvez esse seja o maior motivo por que as crianças nunca revelam o abuso sofrido de uma forma que traga mudanças duradouras para a situação em que vivem ou o motivo pelo qual elas voltam atrás na acusação que fizeram. Embora, às vezes, haja casos de acusações falsas, principalmente em casos de custódia, é importante lembrar que apenas 5% dos perpetradores de abusos admitem o que fizeram.

Da mesma forma, se a revelação do abuso for feita durante a adolescência, há grande necessidade de alguém acreditar no adolescente e apoiá-lo. Embora os adolescentes tenham problemas semelhantes ao das crianças mais jovens, em geral, a sexualidade desenvolvida dele acrescenta ainda vergonha e humilhação aos seus sentimentos. De novo, é necessário ajuda competente e bem treinada para curar o sobrevivente, ao mesmo tempo em que segue todas as leis jurídicas do Estado. Aja com sabedoria para não pôr você mesmo (ou seu ministério) em risco legal.[12]

Sem minimizar a complexidade da jornada de cura, o processo de ajudar um adulto que revela ter sofrido abuso sexual em seu passado, pelo menos, não é complicado pelas leis estaduais. Embora o adulto tenha mais maturidade emocional e espiritual, não obstante, seu processo de cura, com freqüência, é mais difícil por causa do padrão, mantido por toda sua vida, de negar o abuso ou de minimizá-lo. Por isso, é importante que o sobrevivente tenha um ambiente seguro e entenda com clareza que a cura não requer a acusação do alegado perpetrador (v. Rm 12.18,19).

Para os cristãos, o objetivo principal é resolver a dinâmica psicológica e espiritual resultantes do abuso e, no fim, o perdão do perpetrador. Muitos cristãos não compreendem que o restabelecimento do relacionamento com o perpetrador (que, em geral, não é seguro) é uma coisa totalmente distinta e desnecessária para haver perdão total e completo para o perpetrador.

Quando o sobrevivente não está em um ambiente seguro, é importante providenciar apoio inicial sem se aprofundar muito nas questões traumáticas. Em vez disso, concentre-se em tornar o ambiente dele ou dela seguro e em ajudar a pessoa a permanecer funcional. Também não é sábio sondar lembranças dolorosas até se certificar de que a pessoa está com o ego bastante forte, tem maturidade espiritual e tem apoio da comunidade para fazer isso sem se sentir pressionada. Às vezes, de início, é mais importante desenvolver um relacionamento de apoio a fim de fortalecer a capacidade da pessoa de completar a jornada de cura.

Revelar um passado de abuso é semelhante a descascar uma cebola. Tirar muitas camadas com muita rapidez pode causar instabilidade emocional, diminuição da funcionalidade e, em casos extremos, arrastar a pessoa em direção ao suicídio. É crucial que as pessoas empenhadas em ajudar compreendam as muitas dinâmicas envolvidas nesses casos. Isso é especialmente importante se a pessoa demonstra sinais de demonização, de dissociação ou de DID.

> Tenha em mente que a demonização, quando tratamos de casos de vítimas de abuso sexual, é uma conseqüência do problema, não o problema em si mesmo.

Ministrar para sobreviventes de abuso sexual infantil é complexo. Muitas vezes, é necessário aconselhamento profissional já que as complicações podem ser sérias. Todavia, a abordagem ministerial ou de oração pode ser eficaz com o treinamento adequado. É essencial entender as leis jurídicas, como também desenvolver apoio legal, médico e psicológico competente que possa ser acionado quando necessário.

Para os que vêm de uma perspectiva de libertação, é fundamental estar alerta para a possibilidade de dissociação, o que requer uma abordagem de tratamento mais cuidadosa. A libertação é necessária, mas tem de ser feita adequadamente, de forma calma e gentil que não traumatize ainda mais a criança ou o adulto. Sua autoridade não depende do volume de sua voz. Gritar ou levantar a voz pode ser traumático para sobreviventes feridos.

Tenha em mente que a demonização, quando tratamos de casos de vítimas de abuso sexual, é uma consequência do problema, não o problema em si mesmo. Se você conseguir identificar e remover as áreas reivindicadas pelos espíritos das trevas, eles serão facilmente removidos. A alma atada e a experiência sexual fora do casamento são fontes freqüentes de ataque demoníacos nesses indivíduos e precisam ser revolvidos. Outras áreas incluem aquelas que passam de geração a geração — com freqüência, envolvem alianças, promessas e votos —, como também as permissões dadas pelos responsáveis pela criança. Algumas áreas também podem ser doadas aos demônios por meio de rituais, de cerimônias ou de acordos feitos pelo sobrevivente. O *site* www.rcm-usa.org da Restoration in Christ Ministries [Ministérios Restauração em Cristo] disponibiliza uma lista mais abrangente dessas áreas.

A jornada de cura

Duas pessoas não experimentam a cura da mesma maneira. A diferença de idade, a severidade do abuso, a idade que tinha na época do ataque, a duração do abuso e a capacidade do sobrevivente de lidar com isso são fatores que influenciam no processo de cura. Todavia, há algumas questões comuns que precisam ser tratadas para a cura eficaz da pessoa que sofreu abuso sexual, seja ela criança, adolescente ou adulto. Langberg observou que "a experiência central de uma infância traumatizada é o silêncio, o isolamento e o desamparo. Portanto, a cura deve envolver a restauração da voz, a ligação segura e o poder legítimo. Essa cura não pode acontecer no isolamento, mas, antes, acontece no contexto do relacionamento".[13]

A questão principal para todos os sobreviventes é encontrar a forma de identificar e de tratar as crenças formadas no contexto da experiência de abuso. Crenças como: "Isso aconteceu por culpa minha", ou: "O abuso comprova que sou mau", são comuns e podem *parecer* bastante verdadeiras para o indivíduo. Raramente, essas crenças que prendem a pessoa a suas emoções mudam com o uso de fatos ou de lógica. Antes, a cura verdadeira, em geral, acontece quando a pessoa é emocionalmente tocada pelo evento original em que a falsa crença se estabeleceu e pede a Deus que lhe diga a verdade a respeito dessa crença. Esse é um método poderoso de curar a dor do abuso sexual, mantida por uma mensagem mentirosa, ou qualquer outra questão.[14]

Se o tratamento começar logo após o abuso, é importante lembrar que nem a criança nem o adolescente têm o desenvolvimento que os capacita a resolver todos os aspectos do abuso. Deve-se lidar com cada adulto em tratamento como um indivíduo e adequar o tratamento ao grau de maturidade dele.

A boa notícia é: mesmo que o abuso sexual tenha deixado um longo rastro de efeitos devastadores em uma criança, a vida ou a utilidade dela para Deus não termina aí. Diane, com quem iniciamos este capítulo, é missionária e mulher de pastor bem-sucedida. Ela e o marido ministram há mais de 25 anos. Agora, ela faz preleções internacionais, conta sua história e ajuda milhares de outros sobreviventes a recuperar a esperança, tão essencial para a cura. Ela atingiu a maturidade cristã e alegra-se por ter um coração de serva, cuja vida é um reflexo do Salvador a quem ama de forma muito profunda. E sei disso melhor que ninguém — ela é minha esposa.[15]

COMO MINISTRAR LIBERTAÇÃO AOS QUE ESTÃO PRESOS NOS LAÇOS DO OCULTISMO

Capítulo 21

LANÇAR LUZ NAS TREVAS DO OCULTISMO

Doris M. Wagner

Feitiçaria, satanismo, religiões orientais e muitas formas de ocultismo surgem e se disseminam com rapidez no mundo. Parece que, hoje, Satanás trabalha com mais rapidez e fúria, provavelmente por que sabe que seu tempo é curto (v. Ap 12.12).

Satanás, em seu orgulho, levantou-se contra Deus, porque queria a adoração para si mesmo. E, hoje, a programação dele permanece a mesma. Há o Reino de Deus e o reino de Satanás, o reino da luz e o reino das trevas.

Satanás e seus anjos das trevas trabalham de forma incessante para roubar a adoração do Deus Jeová e para usurpá-la para si mesmos. Eles fazem isso enganando as pessoas e levando-as para o reino das trevas. Tentam fazer que as pessoas peçam favores a eles e, quando elas fazem isso, começa a escravidão. A pessoa enganada torna-se dependente desses anjos das trevas e, vez após vez, voltam a eles em busca de poder, de orientação e de satisfação dos desejos pessoais. Por isso, as forças das trevas conseguem a atenção — equivalente à adoração e à devoção — que tanto desejam.

Oro por muitas pessoas que foram pegas na armadilha da feitiçaria e do ocultismo, mas encontraram o caminho de saída das trevas para a luz gloriosa da verdade e estão livres da escravidão. Mas é necessário que a luz do evangelho brilhe nas trevas do oculto para revelar o engano.

Encontro com baratas

Lembro-me bem quando era uma jovem missionária nas selvas a ocidente da Bolívia e, pela primeira vez, encontrei baratas enormes. Fui criada no clima bem temperado do vale Mohawk, no Estado de Nova York, em uma casa que estava sempre muito limpa, mantida por minha mãe, uma alemã. Nunca vira uma barata antes porque nunca viajara para mais longe que nossa fazenda de produção de leite.

Como me lembro bem de meu primeiro encontro com as baratas! Como não havia água corrente em toda nossa pequena vila boliviana, naturalmente não havia encanamento interno, por isso, usávamos uma dependência externa como banheiro. Por razões óbvias, essas dependências, em geral, ficavam bastante distantes das moradias. Como também não tínhamos a bênção de ter eletricidade, à noite, tínhamos de levar uma lanterna ou uma lâmpada a gasolina, marca Coleman, para ir ao banheiro a fim de iluminar o caminho. Havia, ao longo do caminho, muito rastejar noturno, e estes eram potencialmente mortais e assustadores.

Nas primeiras vezes que fiz esse passeio noturno, usei uma lanterna e não vi muita coisa em minha jornada. Mas quando usei uma lâmpada Coleman — a história foi diferente! Coisas fugiam apressadas e evitavam a luz. Mas meu choque maior foi quando a possante luz iluminou todo o interior do banheiro, até mesmo o que estava embaixo, no buraco. Tudo estava cheio de baratas de vários tamanhos — centenas e centenas delas. Então percebi o que elas comiam e não gostei muito desse pensamento.

A seguir, voltei os 30 metros, até nossa casa. No caminho, passei pela área da nossa cozinha, que era apenas uma continuação do telhado da estrutura do prédio usada para permitir que o calor saísse da cozinha enquanto cozinhávamos. Por causa da falta de espaço no armário de louças, muitos itens eram pendurados em pregos fixados na parede. Você pode imaginar meu choque e desânimo quando a luz brilhante bateu nas paredes e centenas e centenas de baratas fugiram para se esconder atrás das tábuas de pão, das tigelas de madeira, das frigideiras e dos outros utensílios que eu usara aquele dia dependurados nas paredes. Meu pensamento voltou para o banheiro. Que horror!

Cada uma daquelas sujeitinhas tinha seis pequenos pés sujos e uma linguinha suja, e estavam engolindo os bocados de gordura e de comida do chão da minha cozinha. Eu perguntei-me onde elas dormiam de dia, pois, a menos que abríssemos uma gaveta ou o guarda-louças, elas ficavam bem fora da vista e, portanto, fora da mente.

A mesma coisa acontece quando lançamos luz na atividade oculta e demoníaca de uma pessoa. Quando a luz brilhante do Reino de Deus ilumina as trevas profundas do oculto, as criaturas más e suas atividades são expostas e não podem mais permanecer escondidas. Não cometamos erro em relação a isso — onde há atividade oculta, muitos demônios estão presentes. Os que se ligam em convocação oculta usam os demônios e, depois, ficam presos a eles. Isso vem com o território!

Mas, como acontece com as baratas, apenas expor a atividade demoníaca não é suficiente. Por exemplo, em um alpendre-cozinha na selva realmente é necessário uma ação definitiva para dar uma ou mais pancada nas baratas e, por fim, conseguir se livrar delas. É necessário um inseticida potente para limpar os utensílios e a área de infestação, além da vigilância contínua para mantê-la limpa. É preciso guardar o pão e os outros alimentos em latas bem fechadas, em jarros, em caixas ou outros recipientes vedados de forma adequada. Mesmo o chão sujo tem de ser varrido e mantido sem partículas de alimentos.

O desejo de libertação do oculto por parte da pessoa contaminada é necessário no decorrer do processo de libertação e cura interior para libertar a pessoa dos demônios. Em minha experiência, observei que os demônios não saem por conta própria só quando são expostos; antes, eles se escondem mais fundo no momento da exposição, apenas para sair com toda sua feiúra no momento mais oportuno. Eles precisam receber ordem para sair em nome de Jesus. A fonte de subsistência deles — com isso, quero dizer a razão por que estão lá — precisa ser removida, e o ambiente em que fizeram moradia tem de ser totalmente limpo.

O que é o oculto?

Isso nos leva ao significado da palavra "oculto". Com "oculto" quero dizer a prática de artes secretas e das magias com as quais os praticantes tentam influenciar os poderes demoníacos e realizar seus desejos, com freqüência, maléficos. Aqueles que praticam o oculto — por exemplo, as feiticeiras e os feiticeiros — tentam manipular os demônios e as circunstâncias a fim de conseguir causar danos, como doenças, calamidades e, até mesmo, a morte em pessoas específicas. Os praticantes do ocultismo, para alcançar esses fins, usam qualquer combinação de instrumentos como poções, encantamentos, rituais, magia, feitiçaria, imagens, "mau-olhado", velas consagradas, incenso, ervas e formas geométricas para lançar encantamentos e maldições. Muitas vezes, a vontade deles é conseguir poder ou controle sobre os outros.

O que é uma maldição ou um encantamento? Eis uma citação de um livrinho intitulado *Witches* [Bruxas], de Kevin Osborn, que define encantamento do ponto de vista da feiticeira:

> Encantamentos, escritos ou falados, não são distintos das orações usadas na maioria das tradições religiosas. Os dois envolvem a invocação de espíritos, divindades e outras forças sobrenaturais a fim de alcançar o objetivo desejado: amor, poder, cura de doença, prosperidade, fertilidade ou vida longa. O encantamento pode adivinhar o futuro, tornar uma pessoa invisível, permitir projeção astral (experiência de sair do corpo) ou favorecer a alquimia (por exemplo, transformar chumbo em ouro). Eles também podem proteger a pessoa contra várias doenças e diversos desastres. Todavia, o encantamento também pode ser usado para alcançar objetivos maléficos. As bruxas ficaram famosas por lançar maldições poderosas que traziam a má sorte, a perda de amor, a impotência, a esterilidade, a doença ou, até mesmo, a morte.[1]

Essas palavras explicam muito bem tudo! Não é preciso dizer mais nada!

Não é incomum ver a feitiçaria se transformar em um negócio muito lucrativo. À medida que as pessoas vêem que esses praticantes têm poder espiritual, elas se dispõem a pagar um bom dinheiro por esses serviços.

A feiticeira, por um determinado preço, concorda em praticar um ritual, fazer maldição, praticar a feitiçaria e causar inquietação, encantamento ou algo semelhante. Como a definição de Osborn afirma, os motivos mais comuns para consulta, em geral, envolvem desejo de dinheiro, de saúde, de amor ou de sexo e o poder ou o controle sobre os outros.

O nome dado aos praticantes do ocultismo varia de um lugar para outro, de uma cultura para outra, dependendo do tipo de atividade oculta envolvida. Alguns dos termos mais comuns, mas, sem dúvida, não se limitam a estes, incluem os seguintes: bruxas (mulheres); bruxos (homens); feiticeiros (aqueles que são amigos dos demônios e os fazem agir); espíritas; mágicos; necromantes (os que afirmam falar com mortos em sessões espíritas); curadores espirituais, também conhecidos como *curandeiros* ou feiticeiros; praticantes do vodu, do culto aos santos, ou da *santeria*, da macumba, da umbanda; e adivinhadores (são muitos, dentre eles os que usam bola de cristal, a leitura de folhas de chá, a leitura da palma de mão, a leitura das cartas de tarô, a mediunidade, a leitura do destino e os professores de *feng shui*).

A invasão de religiões orientais

Hoje, o que invade a cultura estado-unidense é a sempre crescente influência das religiões orientais. Não se engane a respeito disso, essa influência crescente produziu a proliferação de atividades demoníacas. Os ensinamentos sobre ioga, ou seja, sobre a meditação ímpia, a religião Wicca, ou neopaganismo, o controle da mente, o hipnotismo e as artes marciais entram sorrateiros em nossa casa, em nossas escolas, em nossos negócios, em nossos hospitais e em nossas universidades. A maioria dos estado-unidenses não compreende que o envolvimento nessas práticas abre a porta para operações demoníacas e até para a opressão em sua vida e em sua casa.

> A crescente influência das religiões orientais em nosso país produziu a proliferação de atividades demoníacas.

Falarei brevemente sobre algumas práticas das religiões orientais, pois muitas pessoas ainda são enganadas por elas.

Artes marciais

As artes marciais têm uma variedade de esportes de luta, cuja raiz está nas antigas religiões orientais, entre as quais o budismo e o taoísmo. As artes marciais tentam harmonizar as forças da vida (*yin* e *yang*) e dominar o ch'i (energia universal). Os mestres em artes marciais conseguem grandes feitos físicos. Estou convencida de que esses feitos são conseguidos com a ajuda de demônios. Expulso, com freqüência, espíritos da violência e da falsa religião de pessoas que praticam artes marciais.

Meditação transcendental

A meditação transcendental (MT) é uma variação ocidental do hinduísmo da Antiguidade. Ela é apresentada, com freqüência, com uma pincelada de jargão pseudocientífico. O indivíduo, enquanto medita, entoa um mantra designado especificamente para a pessoa na cerimônia de iniciação. Essa cerimônia é um ritual de adoração aos deuses hindus e de invocação do favor e da presença deles. A MT oferece um programa avançado que, supostamente, ensina como voar, levitar e tornar-se invisível.

Certa vez, eu orava pela libertação de um homem jovem que lutava com a luxúria. Ele fizera um curso de MT, na faculdade, apenas "pela diversão da coisa" e aprendeu a meditar. Perguntei-lhe qual era seu mantra, e ele escreveu-o em um pedaço de papel. Conheço uma senhora da Índia e levei o pedaço de papel para ela. Quando ela leu o nome, suspirou e disse que era uma das deusas mais sensuais do hinduísmo. Não é de espantar que esse camarada lutasse com a luxúria, depois de invocar o nome de um espírito demoníaco sensual mais de mil vezes, não é mesmo? Foi fácil tirar o espírito quando soubemos por que estava lá — ele simplesmente fora convidado! Não lhe disseram o que o mantra queria dizer nem que representava a adoração àquela deusa.

Ioga

Uma das práticas mais populares das religiões orientais é a ioga. A palavra "ioga" vem do sânscrito e seu significado literal é "canga".² O objetivo da ioga é esvaziar a mente das restrições racionais e ligar a consciência individual ao que chamam de consciência universal, ou "Deus". Na verdade, a intenção é levar os praticantes a perceber que "Deus" está neles, ou que eles são "Deus".

A ioga envolve o uso de posturas e de posições especiais com a meditação a fim de produzir um estado de consciência alterado e, por fim, alcançar união com "Deus". Todas as formas de ioga, mesmo as apresentadas apenas como exercícios de respiração ou de alongamento, podem facilmente abrir a porta para o oculto. Os graus avançados de ioga preocupam-se com o domínio das forças cósmicas e com a prática de rituais espíritas e de magia. Esvaziar a mente de alguém é um convite para que o demônio entre sorrateiramente nele e fixe residência.

Disseram-me que há um espírito demoníaco forte que pode ser convidado a entrar na pessoa durante a ioga e a meditação. Ele se aloja na espinha dorsal, a começar no cóccix, sobe até a cabeça e termina entre os olhos, no local chamado de terceiro olho. O espírito chama-se Kundalini e age de forma muito semelhante à da serpente, fazendo que seu hospedeiro tenha convulsão, serpenteie e deslize no chão. É um preço alto a pagar pelo chamado exercício.

Evite as armadilhas

Assim como Satanás e seus anjos das trevas cobiçam o poder e a adoração, também muitas pessoas desejam o poder e sentem necessidade de adorar alguma coisa que as ajude a conseguir o que querem. Quando os cristãos maduros querem que as circunstâncias mudem, eles pedem ao Deus todo-poderoso, a quem adoram, para mudá-las de acordo com a sua vontade. Os descrentes, com muita freqüência, quando querem que as circunstâncias mudem, buscam conselho e ajuda do ocultismo e adoram os deuses, as deusas, a natureza e os ídolos. Eles, em muitas ocasiões, são feridos e, provavelmente, escravizados. A menos que eles se afastem dessas práticas, venham para Cristo e consigam a libertação, Satanás é bem-sucedido em trocar um tanto de seu poder pela adoração deles.

É alarmante o índice de jovens que aderem à prática do ocultismo. Em geral, eles não conhecem a Palavra de Deus ou não a respeitam. Deuteronômio 18.9-14 apresenta as instruções muitíssimo claras de Deus para seu povo em relação ao oculto:

> Quando entrarem na terra que o SENHOR, o seu Deus, lhes dá, não procurem imitar as coisas repugnantes que as nações de lá praticam. Não permitam que se ache alguém entre vocês que queime em sacrifício o seu filho ou a sua filha; que pratique adivinhação, ou se dedique à magia, ou faça presságios, ou pratique feitiçaria ou faça encantamentos; que seja médium, consulte os espíritos ou consulte os mortos. O SENHOR tem repugnância por quem pratica essas coisas, e é por causa dessas abominações que o SENHOR, o seu Deus, vai expulsar aquelas nações da presença de vocês. Permaneçam inculpáveis perante o SENHOR, o seu Deus.
>
> As nações que vocês vão expulsar dão ouvidos aos que praticam magia e adivinhação. Mas, a vocês, o SENHOR, o seu Deus, não permitiu tais práticas.

Essas instruções foram fornecidas para o bem do povo de Deus e são as diretrizes para guardá-los do pecado e dos problemas pessoais resultantes dele. Elas são muito claras. Obedecer a essas instruções é manter-se afastado das armadilhas de Satanás. Lembre-se que a missão dele na terra é roubar, matar e destruir (v. Jo 10.10). Não existe em absoluto essa coisa de feitiçaria boa ou de magia branca. Essa é uma mentira das profundezas do inferno. Praticar o ocultismo é muito perigoso e, com freqüência, abre a porta para os demônios — que vêm para ficar.

Todavia, quando Deus liberta uma pessoa da feitiçaria e do satanismo, ela realmente fica livre (v. Jo 8.36)! Você gostará de ler as histórias de libertação do próximo capítulo e se sentirá cheio de fé e renovado à medida que, mais uma vez, vê o Deus grande e maravilhoso, forte e poderoso a que servimos, em ação. Ele é suficientemente capaz de libertar-nos!

Levantemos juntos nosso coração e nossa voz e proclamemos: "Jeová, Deus todo-poderoso, é o Senhor nosso Deus, e não teremos outros deuses além do Senhor. Nós louvamos, veneramos, amamos e adoramos ao Senhor, agora e por todos os nossos dias!". Amém.

Capítulo 22

QUEBRAR MALDIÇÕES DE FEITIÇARIAS

Frank D. Hammond

Há apenas duas fontes de poder espiritual: Deus e Satanás. Os servos do Deus Altíssimo usam a autoridade espiritual delegada a eles para abençoar os outros e para derrotar o mal. Os emissários de Satanás usam o poder deste para amaldiçoar, controlar e prejudicar. Esse poder maligno sobrenatural sobre as pessoas e seus assuntos é conhecido como feitiçaria ou magia negra.

A Palavra de Deus condena e proíbe totalmente toda prática de feitiçaria e todo envolvimento com ela:

> Não permitam que se ache alguém entre vocês que queime em sacrifício o seu filho ou a sua filha; que pratique adivinhação, ou se dedique à magia, ou faça presságios, ou pratique feitiçaria ou faça encantamentos; que seja médium, consulte os espíritos ou consulte os mortos. O SENHOR tem repugnância por quem pratica essas coisas, e é por causa dessas abominações que o SENHOR, o seu Deus, vai expulsar aquelas nações da presença de vocês (Dt 18.10-12).

Sob a Lei de Moisés, feiticeiros e adivinhos eram condenados à morte (v. Lv 20.27). A pena de morte para a feitiçaria não se aplica mais, já que Jesus pagou a pena pelo pecado. Todavia, permanece verdadeira a condenação enfática de Deus para o que hoje chamam de artes negras.

O controle dos outros é a atração da feitiçaria. O feiticeiro, o adivinho e as pessoas que os procuram tentam controlar os outros na tentativa de tirar alguma vantagem deles. O poder é real, mas é o poder do Demônio, e seu fim é a ruína. A história de Israel registra períodos em que o povo de Deus ignorou-o e voltou-se para os poderes das trevas em busca de ajuda. Eles pensavam que os médiuns, ou os feiticeiros, resolveriam suas crises. Deus repreendeu e julgou Israel por confiar em feitiçaria:

> Quando disserem a vocês: "Procurem um médium ou alguém que consulte os espíritos e murmure encantamentos, pois todos recorrem a seus deuses e aos mortos em favor dos vivos", respondam: "À lei e aos mandamentos!" Se eles não falarem conforme esta palavra, vocês jamais verão a luz! Aflitos e famintos vaguearão pela terra; quando estiverem famintos, ficarão irados e, olhando para cima, amaldiçoarão o seu rei e o seu Deus (Is 8.19-21).

Nos últimos anos, aumentou a influência dos feiticeiros em nossa nação e em nossa sociedade. "O mundo todo está sob o poder do Maligno" (1Jo 5.19), pois "o grande dragão [...] é a antiga serpente chamada Diabo ou Satanás, que engana o mundo todo" (Ap 12.9). Deus disse que o Diabo enganaria o mundo todo, e, hoje, vemos acontecer exatamente isso.

O problema da feitiçaria no corpo de Cristo

O logro do Maligno também está se infiltrando no corpo de Cristo. A feitiçaria espalha-se por muitos locais de comunhão pela influência da Nova Era. Muitos cristãos se voltam para outros poderes, que não Deus, em busca de cura, de orientação e de poder.

Testemunhamos uma ocorrência disso quando fomos convidados a ministrar em uma igreja de uma pequena cidade do Texas. Antes do início do culto, notamos oito ou dez pessoas alinhadas diante de um homem que parecia pôr as mãos sobre elas para curá-las. Para nosso espanto, soubemos que o homem praticava mioterapia, uma forma de acupuntura por pressão. Ele pressionava as palmas das mãos das pessoas para curá-las. Essa prática era rotineira nos corredores de uma congregação carismática. A liderança da igreja questionara a prática e sentiu-se aliviada quando a pusemos sob a luz da Palavra de Deus.

A preocupação de Paulo com a igreja de Corinto expressa nossa obrigação para com a igreja de hoje: "O que receio, e quero evitar, é que assim como a serpente enganou Eva com astúcia, a mente de vocês seja corrompida e se desvie da sua sincera e pura devoção a Cristo" (2Co 11.3).

Feiticeiros empregam encantamentos, poções, mistura de ervas e outras preparações de artes mágicas para realizar maldições. Há muitos relatos plausíveis de pessoas que sofreram e, até mesmo, morreram por causa das maldições de feiticeiros contra elas.

Um casal de colegas da época de seminário foi para a África, como missionário. A primeira carta que esses irmãos nos enviaram de lá relatava o medo deles em relação ao poder dos curandeiros em atormentar as pessoas com maldições. Eles viram pessoas morrerem por causa dessas maldições. O treinamento que receberam no seminário não os preparara para enfrentar esses poderes espirituais malignos.

Hoje, a maioria dos cristãos considera implausível que esses feiticeiros possam ter tal poder. Contudo, milhares de anos atrás, Ezequiel profetizou para as mulheres que praticavam algum tipo de feitiçaria ou vodu:

> Ai das mulheres que costuram berloques de feitiço em seus pulsos e fazem véus de vários comprimentos para a cabeça a fim de enlaçarem o povo. Pensam que vão enlaçar a vida do meu povo e preservar a de vocês? Vocês me profanaram no meio de meu povo em troca de uns punhados de cevada e de migalhas de pão. Ao mentirem ao meu povo, que ouve mentiras, vocês mataram aqueles que não deviam ter morrido e pouparam aqueles que não deviam viver (Ez 13.18,19).

Alguns estudos de casos

A seguir, apresento alguns estudos de casos que retratam a necessidade de libertação por causa do envolvimento com as várias formas de ocultismo:

Maria

Maria precisava de libertação. Um casal de nossa igreja trouxe-a para nós. Ela era uma pessoa muito nervosa, amedrontada e perturbada que era atormentada por fortes dores de cabeça. Maria era da Venezuela, na América do Sul. Ela conheceu um estado-unidense e casou-se com ele que, na época, trabalhava para uma empresa americana de petróleo e fazia um trabalho na Venezuela.

Em uma sessão de aconselhamento pré-libertação, soubemos que Maria fora uma jovem crente em Cristo, cuja família, na Venezuela, era profundamente envolvida com feitiçaria. Ela, a irmã e a mãe deram-se as mãos, em pé e em círculo, e fizeram um pacto de que nunca se separariam. Quando Maria acompanhou o marido aos Estados Unidos, a mãe e a irmã lançaram maldições sobre ela por quebrar seu voto. Maria explicou que a mãe mantinha uma coruja, um morcego e uma aranha tarântula vivos, os seus instrumentos para lançar maldição sobre as pessoas.

Quando ordenamos que os demônios saíssem de Maria, um espírito da morte manifestou-se ao cortar a respiração dela, e a face de Maria contorceu-se de forma grotesca à medida que os demônios saíam dela. Muitas vezes, a libertação de espíritos da feitiçaria é acompanhada de fortes manifestações. Ficamos agradecidos por Maria começar a frequentar nossas reuniões da congregação a fim de receber ensinamentos que a ajudariam a manter sua libertação. Ela era uma pessoa diferente. Os poderes da feitiçaria foram derrotados.

James

James, um jovem soldado, foi outra pessoa libertada das maldições da feitiçaria. Nós o conhecemos na conferência de libertação que ministrávamos na Califórnia. James era nativo da Jamaica. Seu pai, seu tio e ele eram profundamente envolvidos com vodu. Depois, James tornou-se cristão e sentiu-se desconfortável com as pesadas atividades ocultas da família e mudou-se para os Estados Unidos com a finalidade de se afastar dessa influência. Achamos James muito atormentado e oprimido. Um espírito maligno caía sobre ele todas as noites e atacava-o sexualmente. Explicamos que esse espírito, chamado *Sucubus*, é um demônio feminino que, à noite, vem até homens adormecidos e dá-lhes a sensação de ter relações sexuais. (A contraparte masculina de *Sucubus* é o *Incubus*, um espírito impuro que, à noite, deita sobre mulheres adormecidas a fim de ter relação sexual com elas.)

Um sentimento de impureza oprimia James. Ele tentara tudo que sabia para libertar-se desse espírito atormentador, mas fora em vão. Ele, em sua ignorância do reino demoníaco sobrenatural, consultara uma feiticeira na Nova Inglaterra, local em que estava a base do exército.

A feiticeira instruiu-o para ir para casa e pegar um ovo. Ele devia trazer o ovo na mão, viajando uma boa distância de ônibus. O ovo não podia se quebrar. Depois, a feiticeira fez um ritual sobre o ovo. Ela, após terminar o ritual, instruiu James a pôr o ovo no chão e esmagá-lo com o pé. Supostamente, se saísse uma serpente do ovo, era um sinal de que ele estava livre de *Sucubus*.

James fez como fora instruído e, quando esmagou o ovo, uma serpente saiu dele! Todavia, ele logo descobriu que o espírito estava mais forte que antes. Sua incursão no terreno do ocultismo em busca de ajuda apenas aumentou seu problema. Satanás não expulsa Satanás (v. Mt 12.26).

Conduzimos James em uma oração de confissão e de renúncia aos pecados de feitiçaria. No poderoso nome de Jesus, expulsamos o espírito de *Sucubus* e muitos outros espíritos malignos. " 'Se o Filho os libertar, vocês de fato serão livres' " (Jo 8.36).

Reservamos um tempo para ensinar a James como usar sua própria autoridade espiritual como crente em Jesus Cristo. Assim, ele aprendeu que se qualquer um dos espíritos tentasse retornar, poderia afastá-los em nome de Jesus.

Rita e Alberto

Iniciamos nosso aprendizado de primeira mão sobre maldições de feitiçaria enquanto pastoreávamos uma igreja com forte cultura mexicana estado-unidense que estivera mergulhada em feitiçaria. Muitas pessoas dessa comunidade, que alcançáramos para Cristo, tiveram problemas sérios por causa das maldições da feitiçaria.

Esse fato chegou-nos em casa quando, numa madrugada, a campainha estridente do telefone tirou-nos do sono profundo às 2 horas da manhã.

Era Rita, uma mulher jovem que comparecera a uns poucos cultos de nossa igreja. Ela estava muito agitada, e seu pedido era muito urgente. Ela queria que eu fosse a sua casa com a maior rapidez possível.

Quando cheguei à casa de Rita, encontrei seu irmão, Alberto, um forte trabalhador rural, deitado sobre o sofá. Ele estava muito fraco para se movimentar. Parecia estar a ponto de morrer. Rita vira-nos expulsar demônios das pessoas e tentara expulsar demônios de seu irmão. Ela mostrou-me marcas na perna, no local em que os demônios a atacaram e a morderam. Ela estava histérica.

Comecei a orar por Alberto. Ordenei que os espíritos de feitiçaria o libertassem. Em poucos minutos, ele levantou-se e pediu comida, já que não se alimentara desde que chegara da fazenda.

Esse incidente lembrou-me da história dos filhos de Ceva que tentavam expulsar demônios de homens possessos " 'em nome de Jesus, a quem Paulo prega', [...]. Então o endemoninhado saltou sobre eles e os dominou" (At 19.13,16). Os filhos de Ceva não criam em Cristo e, portanto, não tinham autoridade espiritual sobre os demônios.

Foi esse o problema de Rita. Ela tentou expulsar demônios em nome do Jesus de quem eu falara. Ela ainda não tinha um relacionamento pessoal com Cristo. Logo depois desse incidente, ela entregou seu coração para o Senhor e, agora, ajuda a ministrar libertação para outros.

Lupe

Lupe era uma nova convertida de nossa congregação. Ela vivia com a mãe e a avó idosa. Lupe confidenciou-nos que sua avó era feiticeira. Ela usava animais empalhados e outras parafernálias para preparar suas feitiçarias.

Quando a avó morreu, Lupe pediu a mim e a outra pessoa para orar por sua casa. Ela e a mãe estavam vivenciando algumas coisas estranhas. Três ou quatro horas após varrer e tirar o pó da casa, esta ficava suja de novo. Quando uma delas se sentava na cadeira da avó, alguma coisa picava suas pernas. Elas examinaram a cadeira e não encontraram nenhum motivo natural para a picada. Além disso, houve várias aparições da avó desde sua morte.

Outro pastor e eu passamos por todos os cômodos da casa. Foram destruídos todos os itens que pertenceram à avó e que pudessem ter sido usados para feitiçaria. Ungimos as paredes com óleo e ordenamos que todos os espíritos de feitiçaria saíssem. Nenhum cantinho ou armário foi negligenciado. A limpeza da casa foi eficaz. Nunca mais tiveram problemas ali.

Lições de Balaão

Aprendemos diversas verdades valiosas com o relato bíblico de uma tentativa de fazer feitiçaria. É o relato de Números 22—24, em que o rei Balaque paga Balaão para amaldiçoar os israelitas. Balaão era um proeminente feiticeiro da região que, por causa de sua capacidade de realizar maldições, foi considerado digno de um pagamento substancial por seus serviços.

Os israelitas tinham saído do Egito, derrotaram os reis amorreus e, agora, estavam acampados nos limites de Moabe. Balaque, rei moabita, estava com medo. A única chance que ele via de derrotar os israelitas era eles serem amaldiçoados por Balaão. Naquela época, os feiticeiros eram vistos como uma forma eficaz de conseguir vantagem sobre os outros.

Balaão tinha uma reputação sólida de conseguir amaldiçoar as pessoas. A habilidade dele em lançar maldições sobre os outros não era mera superstição. O rei Balaque testificou: "'Pois sei que aquele que você abençoa é abençoado, e aquele que você amaldiçoa é amaldiçoado'" (Nm 22.6). Sim, as maldições de feitiçaria existem! Todavia, Balaão, apesar de cobiçar a recompensa, podia apenas lançar bênçãos sobre o povo de Deus (v. Nm 23.7-10).

Por que Balaão não conseguia amaldiçoar Israel? Porque Deus, soberanamente, interveio e evitou que Israel fosse amaldiçoado. Moisés testemunhou: "'No entanto, o Senhor, o seu Deus, não atendeu Balaão, e transformou a maldição em bênção para vocês, pois o Senhor, o seu Deus, os ama'" (Dt 23.5). O amor de Deus por Israel era tão grande que ele impediu Balaão de amaldiçoá-los. Israel era abençoado por Deus.

Balaque ficou impaciente e com raiva de Balaão. Por que ele não amaldiçoou Israel? Balaão anunciou: "'Como posso amaldiçoar a quem Deus não amaldiçoou? Como posso pronunciar ameaças contra quem o Senhor não quis ameaçar?'" (Nm 23.8).

O que aprendemos com a incapacidade de Balão de amaldiçoar Israel? Primeiro, vemos o poder da graça de Deus sobre Israel. As bênçãos imerecidas de Deus estavam sobre Israel para fazê-lo entrar em Canaã e tomar a terra prometida, embora o povo abusasse desse privilégio. Segundo, vemos que o poder de Deus é a proteção máxima de seu povo: "'Não há magia que possa contra Jacó, nem encantamento contra Israel. Agora se dirá de Jacó e de Israel: 'Vejam o que Deus tem feito!'"" (Nm 23.23).

Não devemos nos tornar paranóicos e achar que alguém põe maldição sobre nós. Nossa proteção contra a feitiçaria é a combinação de receber a purificação e a proteção do sangue de Cristo e de não permitir que o pecado se torne um motivo para uma maldição pousar sobre nós (v. Pv 26.2).

Toda proteção de que precisamos

Graças a Deus, os cristãos de hoje estão cientes da autoridade que têm nele. Eles se tornam sábios ao saber como se proteger da feitiçaria e como anular os poderes da feitiçaria. Como nós, os cristãos, podemos nos proteger de maldições de feitiçaria?

Nossa proteção é vestir a armadura completa de Deus. Ela é toda a proteção de que precisamos. Nós, os soldados cristãos, devemos conservar o cinto da *verdade*, a couraça da *justiça*, o capacete da *salvação* e o escudo da *fé*. Nossos pés devem ser calçados com a prontidão de proclamar o *evangelho da paz* e devemos empunhar a espada do Espírito que é a *Palavra de Deus* (v. Ef 6.13-17). A armadura completa de Deus é nossa defesa.

Nós, como bravos soldados da cruz, não somos intimidados pelo Demônio. Conhecemos nossas armas e nossa autoridade. Jamais devemos tremer diante dos poderes da feitiçaria nem nos encolher diante das ameaças que apresentam; antes, devemos permanecer fortes no Senhor e na força do seu poder. Jesus promete: " 'Eu lhes dei autoridade para pisarem sobre cobras e escorpiões, e sobre todo o poder do inimigo; nada lhes fará dano' " (Lc 10.19).

Passos para romper maldições

Se você foi exposto — ou acha que pode ter sido exposto — a feitiçarias e outras maldições do ocultismo, recomendo as orações e confissões apresentadas a seguir. Encorajo-o a seguir cada passo pela repetição, em voz alta, da oração/confissão e pela personalização de suas orações sempre que for apropriado.

Passo um: confirme seu relacionamento com o Senhor Jesus Cristo

Derrote Satanás com a "'palavra do [seu] testemunho'" (Ap 12.11) que é o "'testemunho de Jesus'" (Ap 12.17).

Oração

> Senhor Jesus Cristo, acredito de todo meu coração que o Senhor é o Filho de Deus. O Senhor deixou seu trono de glória no céu e tornou-se homem. O Senhor viveu neste mundo e foi tentado em todas as coisas, como nós também o somos, todavia, o Senhor não pecou (v. Hb 4.14,15). Então o Senhor foi para a cruz e entregou sua vida. Seu sangue precioso foi derramado para minha redenção. O Senhor ressuscitou da morte e ascendeu ao céu. O Senhor virá de novo em toda sua glória. Sim, Senhor, eu pertenço ao Senhor. Eu sou seu filho e herdeiro de todas as suas promessas. O Senhor é meu Salvador, meu Senhor e meu Libertador. Amém.

Passo dois: Arrependa-se de todos os pecados, conhecidos e desconhecidos

Peça perdão a Deus por intermédio de Jesus Cristo.

Oração

Pai celestial, venho ao Senhor em atitude de arrependimento. Peço que perdoe cada pecado que cometi, os de que tenho consciência e os de que não tenho consciência. Arrependo-me de todos eles.

Passo três: renuncie aos pecados de seus ancestrais
Oração

Pai celestial, confesso os pecados de meus ancestrais. Agora, renuncio a eles, peço que rompa esses pecados e liberte a mim e minha família de todas as maldições hereditárias e da servidão demoníaca posta sobre nós como resultado de pecados, de transgressões e de iniquidades transmitidas por meus pais e por todos os meus ancestrais.

Passo quatro: aceite o perdão de Deus e perdoe a si mesmo
Oração

Pai celestial, o Senhor prometeu em sua Palavra que, se eu me arrepender de meus pecados, o Senhor será fiel e justo em me perdoar e em me purificar de toda injustiça (v. Jo 1.9). Acredito que o Senhor me perdoou por causa de Cristo. Por isso, aceito seu perdão e perdôo a mim mesmo.

Passo cinco: perdoe todas as pessoas que pecaram contra você
Oração

Senhor, outros pecaram contra mim, mas o Senhor mandou que eu perdoasse todas as pessoas que já me feriram ou erraram comigo de alguma maneira. Agora, tomo a decisão de perdoar (acrescente o nome, tanto dos vivos como dos mortos). Também abençôo cada uma dessas pessoas que perdoei e oro para que tenham a paz, a alegria e o amor do Senhor em sua vida.

Passo seis: renuncie a todo contato com as seitas, com o ocultismo e com as falsas religiões

Oração

Pai, confesso como pecado todas as vezes que me envolvi com as seitas, com o ocultismo e com as falsas religiões e peço seu perdão por isso. (Seja tão específico quanto for possível.) Confesso ter buscado no reino de Satanás o conhecimento, a orientação, o poder e a cura que deviam vir apenas do Senhor. Com isso, renuncio a Satanás e a todas as obras dele. Libertei-me dele e tomei de volta todo terreno que entreguei a ele. Eu escolho a bênção e recuso a maldição. Eu escolho a vida, não a morte.

Passo sete: destrua todos os livros, objetos e parafernália associados a qualquer seita, ocultismo ou falsa religião

Oração

Pai celestial, o Senhor é um Deus zeloso que visita as iniqüidades dos pais sobre os filhos até a terceira e a quarta geração daqueles que o desprezam (v. Êx 20.5). Por isso, destruo todos os livros e objetos em minha posse que são contrários ao Senhor e ao seu Reino. Se eu possuir alguma coisa que não agrada ao Senhor e que dá qualquer vantagem para o Demônio, revele-a para mim para que possa destruí-la.

Passo oito: expulse todo demônio de maldição

Oração de batalha

Satanás, você não tem direito a minha vida nem tem poder sobre mim. Eu pertenço a Deus e servirei a ele, e apenas a ele. Pela autoridade de meu Senhor Jesus Cristo, anulo o poder de toda maldição que veio sobre mim. Ordeno que todo demônio de maldição me abandone agora: espíritos de maldição hereditária, espíritos de maldição de transgressão pessoal, espíritos de maldição de feitiçaria e espíritos de maldição proferidas por meio de palavras. (Seja tão específico quanto puder na identificação dos espíritos de maldição.)

Passo nove: reivindique a bênção

Agora que anulou as maldições e expulsou os demônios da maldição, é hora de confessar suas bênçãos ao Senhor. Saiba isto: a graça de Deus capacita-o a permanecer na presença dele sem sentir vergonha. Desde que você tenha o favor de Deus está seguro de ter as bênçãos dele.

Oração

Pai celestial, obrigado por libertar-me de toda maldição por meio da obra redentora de seu Filho e meu Salvador, Jesus Cristo. O Senhor exalta-me e dirige-me para o alto. O Senhor faz que eu seja produtivo e prospere em tudo. Eu, por sua mão de bênção, sou bem-sucedido, e não um fracasso. Eu sou a cabeça, não a cauda, estou em cima, não embaixo. O Senhor estabeleceu-me em santidade. Eu sou seu, e meu propósito é servi-lo e glorificar seu nome.

Deus instruiu Arão e seu filho a pôr o nome dele nos filhos de Israel e a abençoá-los. Da mesma forma, os que estão na liderança devem abençoar os que estão sob seu cuidado. Que o pastor abençoe o povo, que o marido abençoe sua esposa, e que os pais abençoem seus filhos. Eu acho muito eficaz e gosto muitíssimo de proferir uma bênção pastoral, ou fraternal, para o indivíduo que acaba de ser libertado. É uma experiência tocante para os que nunca receberam uma bênção de alguém em posição de autoridade.

Usemos estas mesmas palavras sacerdotais para abençoar os outros: "'O Senhor te abençoe e te guarde; o Senhor faça resplandecer o seu rosto sobre ti e te conceda graça; o Senhor volte para ti o seu rosto e te dê paz'" (Nm 6.24-26).

Amém!

Capítulo 23

DESVENDAR O OLHO MAU

Chuck D. Pierce

Lembro-me ainda do olhar do médico ao dizer-me: "Você tem um ponto cego". Um ponto cego? O que isso quer dizer? Ele mostrou-me os resultados do teste que indicavam que uma grande porção de minha visão estava bloqueada. Ele chamava isso de *ponto cego*. O ponto cego é aquela pequena área da retina que é insensível à luz. Outra definição de ponto cego é a falta de sensibilidade de uma pessoa para uma coisa específica. O preconceito ou a ignorância em relação a um assunto pode ser um ponto cego do qual a pessoa não tenha consciência. Quando os olhos do médico me contaram que eu tinha um ponto cego, mais que um mal físico estava presente — eu sabia que o Senhor revelaria tudo o que estava escondido em mim.

Meu diagnóstico foi de ter um tumor em meu nervo ótico ou um coágulo de sangue que comprimia o nervo e bloqueava minha visão. Nos dois casos, a coisa parecia bastante séria para que o médico quisesse que eu fosse logo para o hospital a fim de fazer testes adicionais. Eu não sabia que Deus, além dos testes adicionais do médico, planejara uma semana de libertação. A semana transformou-se em um ano. O ano transformou-se em um processo de dez anos. Os dez anos resultaram em um testemunho de libertação. E o Senhor permitiu que muita luz entrasse em minha vida.

O olho

O olho é a principal porta de percepção e de introdução de informação na alma e no espírito humano. A Bíblia chama o olho de "a candeia do corpo". Mateus 6.22,23 declara:

> Os olhos são a candeia do corpo. Se os seus olhos forem bons, todo o seu corpo será cheio de luz. Mas se os seus olhos forem maus, todo o seu corpo será cheio de trevas. Portanto, se a luz que está dentro de você são trevas, que tremendas trevas são!

Na Bíblia, um método de punição durante a guerra era cegar ou arrancar o olho do cativo (v. Jz 16.21; 2Rs 25.7; Jr 52.11). Para o olho ser útil tem de ver com clareza. Biblicamente, o olho tem muita importância para a pessoa prosperar de forma plena no plano de Deus. Também se relaciona o olho com o coração e com a mente, já que o "olho do coração" determina nossa percepção espiritual. Se nosso olho espiritual estiver aberto ao ler Mateus 6, recebemos esclarecimento, e o Espírito de Deus pode fluir. Se nossos olhos forem das trevas, todo nosso corpo se torna de trevas e, no fim, perdemos nosso caminho.

O olho mau na Bíblia

O objetivo deste capítulo é revelar as armadilhas escondidas de Satanás ou expor o olho mau. Encontramos o termo "olho mau" na Bíblia. Em geral, o Antigo Testamento da versão em português Almeida Revista e Corrigida (ARC) usa a tradução literal das palavras hebraicas para "olho" e para "mau" ("teu olho seja maligno" [Dt 15.9]; "olho mau" [Pv 28.22]), enquanto a versão da Nova Versão Internacional (NVI) usa uma tradução figurativa ("invejoso" [Pv 28.22]). Essas versões bíblicas traduzem as palavras gregas do Novo Testamento de forma semelhante. Em Mateus 20.15, a ARC usa: "é mau o teu olho", e a NVI: "você está com inveja".

A Bíblia adverte que Deus julgará as pessoas que têm olho mau:

> Ai dos que chamam ao mal bem e ao bem, mal, que fazem das trevas luz e da luz, trevas, do amargo, doce e do doce, amargo! (Is 5.20).

A Bíblia também nos ensina que o coração é corrompido pelo olho mau. Em Marcos 7.20-22, Jesus explica:

> O que sai do homem é que o torna 'impuro'. Pois do interior do coração dos homens vêm os maus pensamentos, as imoralidades sexuais, os roubos, os homicídios, os adultérios, as cobiças, as maldades, o engano, a devassidão, a inveja, a calúnia, a arrogância e a insensatez.

Jesus acrescenta: "Todos esses males vêm de dentro e tornam o homem 'impuro' " (v. 23). Nesses versículos, vemos que a cobiça está ligada ao olho mau, assim como estão os maus pensamentos.

Definição de olho mau

Como vimos, ter olho mau pode obscurecer nossa percepção espiritual e fazer-nos olhar as coisas de uma perspectiva imprópria, perversa e ímpia. E isso leva-nos à definição de "olho mau" que usarei: o olho mau é a perspectiva imprópria.

O *Dicionário Houaiss* define mau-olhado como "olhar a que se atribuem poderes de causar malefícios, infortúnios; afito, jetatura, olhado".[1] De acordo com a *Columbia Encyclopedia*, mau-olhado é

> principalmente, uma superstição siciliana e mesoamericana, embora seja conhecido em outras culturas. De acordo com a versão dos nativos americanos, a pessoa que encara fixo uma mulher grávida ou uma criança, ou que admira muito ou é fisicamente afetuosa com crianças pode produzir um efeito maligno na vida delas, com ou sem intenção de fazer isso. Na área rural da Sicília, consideram qualquer pessoa ou animal vulneráveis ao mau-olhado, e muitas pessoas usam amuletos de proteção ou encantamentos para anular os efeitos do mau-olhado.[2]

Cego por causa do Inimigo

A palavra "ocultar" quer dizer esconder ou fazer desaparecer de vista — ser secreto, misterioso, sobrenatural. A Bíblia explica que podemos ficar cegos pelos meios enganosos do Inimigo, mas Deus dá-nos acesso à revelação que desvela o que estava encoberto (v. 2Co 4.3,4,6).

O Inimigo gosta de esconder. Ele planeja estratégias para nos desviar do cumprimento da vontade de Deus e de entrar nas bênçãos de nosso Pai celestial. Muitos de nós temos dificuldade de *enxergar* os laços do Inimigo, plantados estrategicamente ao longo do nosso caminho. Assim, *caímos* em sua rede intrincada e gastamos muito tempo na batalha para nos libertarmos.

Na próxima parte deste capítulo, exporei diversas armadilhas que o Inimigo arma: de iniquidade hereditária, de cobiça, de superstição, de espiritismo, de magia e feitiçaria e de maçonaria. E, no final do capítulo, apresento sugestões de como remover essas armadilhas e expor o olho mau.

Cego por causa da maldição hereditária

As práticas ocultas não eram incomuns na genealogia de minha família. Havia uma fraqueza hereditária em relação aos pecados do oculto e da feitiçaria que se transmitia por meio do nosso sangue. A fraqueza desse tipo é conhecida como *iniquidade*, e ela cria um padrão em nossa vida que nos faz divergir do caminho perfeito de Deus. A raiz dessa palavra está ligada a "parcial" ou "invertido". Em outras palavras, fazemos algo que não corresponde ao padrão justo de Deus e relutamos em nos reconciliar com os caminhos do Senhor. Isso faz com que nosso caminho se inverta.

Rebbeca Sytsema e eu escrevemos anteriormente, na obra *Possessing Your Inheritance* [Tome posse de sua herança], sobre esse tópico da iniquidade hereditária: "Você já percebeu que coisas como o alcoolismo, o divórcio, a preguiça ou a inveja tendem a ser características de algumas famílias? Esses não são comportamentos apenas aprendidos. São manifestações de iniqüidade (ou padrões iníquos) que passam através das gerações".[3] Os padrões iníquos ocultos agem da mesma forma, eles apenas são mais difíceis de ser detectados, porque estão escondidos.

Logo após meu médico contar-me sobre meus problemas na vista, descobri que o ponto cego que afetava minha visão tinha ligação com muitas influências ocultas hereditárias. Quando me internei no hospital, foi como se o Senhor me pusesse de lado para que ele pudesse ir fundo e mostrar-me algumas coisas que estavam escondidas havia muito tempo.

Minha família tinha todo potencial do mundo para prosperar. Meus pais eram pessoas boas, trabalhadoras. Contudo, o Inimigo parecia devastar e arruinar tudo o que Deus planejara. Meu pai desviou-se dos caminhos da retidão e envolveu-se com jogo e, no fim, com feitiçaria. Quando era criança, vi certos membros da família operarem em dimensões sobrenaturais, por isso tinha facilidade para entender o sobrenatural. Meu avô falava palavras e realizava mudanças nos elementos a sua volta. Eu tive primos que visitavam mentalmente fontes desconhecidas e, a seguir, observavam a mesa levantar do chão. Eu, aos dez anos, não achei nada demais comprar minha primeira tábua Ouija. Nunca me disseram que não era um jogo inofensivo nem fui advertido de que podia ser perigoso. Eu apenas sabia que podia fazer perguntas, e a tábua responderia.

Um lado de minha família estava tão envolvido em superstição que se tornou cansativo seguir todas as regras. Claro que alguns familiares meus também eram santos totalmente devotos, intercessores e piedosos. Imagine olhos desfocados, seguindo em todas as direções. Com certeza, os meus eram assim!

Espíritos hereditários e familiares

Minha esposa, Pam, costuma dizer-me que, às vezes, havia alguma coisa levando-me a reagir. Todavia, ela nunca conseguiu atinar com o que exatamente era essa coisa. Ela dizia: "De alguma forma, é algo ligado à sua família. Toda vez que quase vemos o que é, a coisa, como um morcego, voa de volta para a caverna. Ela nunca vem à luz o suficiente para detectarmos o que é e expulsá-la de você — você reage da mesma forma que alguns membros de sua família!".

Define-se família como um grupo de pessoas que vive na mesma casa, uma ou mais pessoas que têm os mesmos pais ou um grupo de pessoas que têm laços sanguíneos em comum. Quando um membro da família peca, a porta abre-se para que as forças demoníacas operem nas gerações subseqüentes da família por causa da iniqüidade produzida. Chamam-se os espíritos designados para uma família de *espíritos hereditários*, e eles permanecem em operação na família por gerações. Eles conhecem o padrão iníquo da linhagem sanguínea. Eles sabem quando os padrões começaram. Eles sabem que esses padrões, a menos que se lide com eles por intermédio do sangue de Jesus, passarão para alguém da geração seguinte.

Os *espíritos familiares* operam da mesma forma, eles apenas não precisam fazer parte da linhagem sanguínea da família. Usa-se "familiar" para o que é conhecido por meio da associação constante. Esses espíritos ficam ligados por algum tipo de intimidade, tal como laços da alma formados pelo ato sexual. O velho ditado: "Os semelhantes se juntam", tem algum valor. O padrão iníquo de uma pessoa delineia o padrão iníquo de outra. Chamo isso de bando da iniqüidade. Se um membro do bando morre ou liberta-se desse padrão de iniqüidade, o padrão se acentua nos outros membros do bando.

A revelação de coisas escondidas

Quando soube de meu ponto cego espiritual, fui a um pequeno grupo, ou célula, e pedi orações. Uma das líderes, uma mulher muito espiritual que já se envolvera com o oculto, pôs as mãos sobre mim e disse que qualquer coisa que estivesse escondida em mim seria exposta. Oh, céus, isso agitou o ninho! Foi como se meu sangue coagulasse ou como se o fundo do lago viesse para a superfície. Com o tempo, as verdades sobre meu histórico começaram a vir à tona.

Um dia, não muito depois de receber a oração, eu tentava terminar algumas tarefas ao redor de nossa casa antes de ir para o hospital. Minha esposa sempre manteve o mais bonito jardim, mas notou um pequeno ponto marrom na grama. Ela perguntou se eu podia descobrir o motivo daquele ponto. O pequeno ponto marrom lembrou-me de meu ponto cego espiritual. Quanto mais eu cavava, maior ficava o buraco em nosso jardim da frente. Fiquei frustrado, pois cavei um buraco de noventa centímetros de largura embora o ponto parecesse ter apenas cinco centímetros. Encontrei um pedaço enorme de concreto embaixo de nosso delicioso jardim verde. Ele não ficou evidente até que o calor de agosto atingisse determinado nível.

Quando as coisas esquentam, ocorrem reações. Por isso, quando Pam saiu de casa e, claro, tinha uma forma melhor de cavar para não arruinar o jardim, senti esse estranho sentimento tomar conta de mim. (Doris Wagner sempre diz que essa é uma forma de detectar um demônio — alguma coisa "toma conta de você".) Senti como se estivesse fora do meu corpo. Meu "eu" natural queria pegar a marreta que estava usando e lançá-la com toda força em minha esposa. Graças a Deus pela sabedoria, pelo autocontrole e por um bom bocado de medo. Conheço minha esposa, ela também reagiria!

Parei onde estava e disse: "Senhor, já tive esse sentimento familiar antes. Lembre-me de quando e de como isso começou". O Senhor lembrou-me imediatamente de ocasiões em que tive o que minha avó chamaria de encantamento, ou feitiço. Ela me deitava na cama e entoava um cântico com certas palavras até que o encantamento, ou feitiço acabasse. Eu, em vez de atirar a marreta, entrei em casa, deitei-me sobre minha cama e lembrei cada palavra do cântico. Em vez de entoar o cântico, eu renunciei àquelas palavras e decretei que nenhum poder ligado a elas teria mais o direito de manter-me cativo. Eu orei pelo sangue de Cristo por minha família e por mim mesmo e pedi a Deus que me enchesse de novo de seu Espírito Santo. Para mim, esse foi o início da verdadeira libertação.

> Meu "eu" natural queria pegar a marreta que estava usando e lançá-la com toda força em minha esposa. Graças a Deus pelo autocontrole!

Cobiça

Deuteronômio 8.18 mostra-nos como o Senhor falou com seu povo da aliança e preparou-os para entrar na terra que ele prometera. Ele disse-lhes que lhes daria poder para conseguir prosperidade, mas também os advertiu em relação à armadilha de adorar o deus Mamom, ou deus Dinheiro, a riqueza que tem influência corruptora. Deus designou que Josué e as tribos de Israel usassem sua riqueza para o plano dele do Reino da aliança. O cumprimento dessa designação exigia um combate espiritual, o deus mamom, ou deus Dinheiro, tinha de ser derrotado, e todas as riquezas tinham de ser transferidas para o governo e a administração de Deus. Provérbios 28.22 lança alguma luz ao declarar que o homem invejoso persegue com avidez as riquezas terrenas. Mateus 6.24 fornece esclarecimento adicional ao explicar que ninguém pode servir a Deus e ao Dinheiro.

Hoje, enfrentamos uma batalha semelhante com o dinheiro. Você já examinou de perto a cédula de um dólar americano? Há um olho incrustado no papel. Enquanto há debate sobre a origem e o sentido desse olho, ele assemelha-se claramente com o tradicional "olho mau". Além disso, as pessoas, em um mundo guiado pela riqueza, facilmente usam seus olhos naturais para olhar o dinheiro (mamom) com cobiça. É óbvio que não podemos queimar nem destruir toda nota de um dólar que temos, portanto, temos de perguntar a Deus como lidar com a presença do olho.

O dinheiro, em si mesmo, não é bom nem ruim. A questão-chave para nós é nosso relacionamento com o poder que há por trás do dinheiro e nossa dedicação a esse poder. Temos de nos proteger e guardar contra o *amor ao dinheiro* (v. 1Tm 6.10). A palavra grega *philarguria*, usada para "amor ao dinheiro", refere-se à avareza, à ganância, ou cobiça, insaciável por riquezas.[4] Também quer dizer desejo imoderado, ou errôneo, pelas posses de outros.[5] Se não tivermos cuidado, essa cobiça é o fruto que o dinheiro produz em nosso coração. Além disso, o *engano das riquezas* é um problema (v. Mc 4.19). Ele é principalmente a percepção de poder que acompanha o dinheiro. Ele produz uma atitude de coração que tenta manipular por meio de pretextos e de atitudes falsos.

A inveja também está ligada à cobiça e ao olho mau. Quando olhamos alguma coisa, ou alguém, com desejo pecaminoso e profano, em especial em relação às posses de outras pessoas, caímos sob o poder demoníaco dessa coisa. Provérbios 27.4 menciona o poder da inveja: "[...] quem consegue suportar a inveja?". Nós, para evitar essa armadilha do Inimigo, temos de santificar o que Deus nos dá e ficar satisfeitos com nossa porção (v. Sl 16.5; Fp 4.11; 1Tm 6.8).

O termo "mamom" quer dizer principalmente riqueza e prosperidade, mas como Colin Brown menciona no *The New International Dictionary of New Testament Theology* [Novo dicionário internacional da teologia do Novo Testamento]: "A riqueza material pode ser personificada como poder demoníaco, mamom".[6] Em acréscimo a isso, Ralph P. Martin, estudioso da Bíblia, notou que os rabis judeus representam a palavra aramaica para riqueza como "um demônio e rival de Deus".[7] O fato de que os ensinamentos antigos relacionem a palavra aramaica para riqueza com um deus babilônico é outra evidência da correlação entre riqueza e falsos deuses.[8] O ponto em relação a isso é que, quando nossa administração da riqueza não se alinha ao plano e ao propósito de Deus, damos abertura para a atividade demoníaca.

Ademais, a cobiça, como Ralph P. Martin menciona em seu comentário sobre Colossenses e Filemom, encoraja-nos a confiar em nossas posses materiais, em vez de em Deus.[9] Quando voltamos nossa confiança de Deus para o dinheiro, submetemos-nos a um novo mestre. Jack Hayford, em *Hayford's Bible Handbook* [Guia bíblico Hayford], refere-se a Lucas 16.13 desta maneira: "Jesus disse que ninguém pode servir a dois mestres — a Deus e ao dinheiro — ao mesmo tempo, e com esse comentário torna o deus mamom, também conhecido por Dinheiro, um 'mestre' em potencial".[10] Assim, o dinheiro, quando nos leva à adoração das posses materiais, é reconhecido como um deus.

Muitas vezes, o dinheiro tem maldições vinculadas a ele. Se não rompermos as maldições antes de conseguir o dinheiro, nós as adquirimos junto com ele. A Bíblia cita algumas pessoas que foram amaldiçoadas pela riqueza ou guiadas por motivos impuros para consegui-la: Judas, Esaú, Geazi, Ananias, Safira, Ló e Acã são alguns exemplos. Todos esses homens e mulheres foram pegos na armadilha do desejo impuro. Uma forma de rompermos essa maldição é pagar o dízimo e dar ofertas (v. Ml 3). Esses atos mudam nossa atitude em relação ao dinheiro. À medida que nos movemos contra o Inimigo, temos de renunciar a toda cobiça ligada ao dinheiro e de romper a maldição dele.

Voltando ao olho impresso na cédula de dólar, não acredito que ele tenha algum poder sobre os filhos de Deus, a não ser que eles não administrem seu dinheiro da forma correta. Portanto, esse olho mau apenas representa a *vigília* das hostes demoníacas que anseiam por pegar o povo de Deus em uma armadilha. O dinheiro é bom quando é um servo para nós e para Deus. Todavia, podemos nos tornar escravos do seu domínio. É quando ele verdadeiramente se torna um olho mau.

Superstição

Provavelmente, a superstição está mais próxima do olho mau, ou mau-olhado, que qualquer outra coisa. Na verdade, o sentido da superstição pode ser "o temor a demônios". É uma crença, meia-crença ou prática para o que parece não ter conteúdo racional, mas que, supostamente, protege a pessoa. Há três categorias de superstições: religiosa, cultural e pessoal. A superstição religiosa (contra a qual os cristãos não são imunes) pode ser algo como deixar uma Bíblia aberta perto da cama, como proteção contra demônios. As superstições culturais são tradições populares ligadas a crenças irracionais que pretendem espantar doenças, conseguir bons resultados, prever o futuro e prevenir acidentes. A superstição pessoal pode incluir a percepção da necessidade de usar uma caneta da sorte ou de, no jogo, apostar em um cavalo com uma determinada cor. A superstição desenvolve um temor que aprisiona a mente.

Minha família vivia mergulhada em superstição. Várias dessas superstições realmente afetaram minha vida à medida que crescia — elas mantiveram-me escravo do temor. Nos próximos parágrafos, apresento alguns exemplos de superstição e, depois, mostro como o Senhor tirou-me dessa estrutura mental no que diz respeito a cada conjunto de superstições.

Superstições que envolvem camas

- Traz má sorte colocar um chapéu sobre a cama.
- Quando fizer uma colcha ou acolchoado, termine-o ou nunca se casará.
- Quando fizer a cama, não interrompa o trabalho ou terá uma noite insone.

Quebre essa superstição

Salmos 4.8 declara: "Em paz me deito e logo adormeço, pois só tu, Senhor, me fazes viver em segurança". Declamar essa passagem foi útil para libertar-me das superstições em relação à cama e ao descanso.

Superstições que envolvem vassoura

- Não apóie a vassoura contra a cama. Os maus espíritos da vassoura jogarão encantamento sobre a cama.
- Se você varrer lixo para fora da soleira da porta depois do anoitecer, um estranho o visitará.
- Se alguém passar a vassoura sobre seu pé enquanto varre o chão, você terá calamidade em sua vida.
- Se levar a vassoura de uma casa para outra, permitirá que os espíritos da primeira casa venham para a segunda casa.
- Para prevenir a volta de um convidado indesejável, você deve, imediatamente após a pessoa sair, varrer o cômodo em que a pessoa esteve e, assim, impedir que essa pessoa volte.

Quebre essa superstição

O Senhor mostrou-me que fica à porta de minha casa e bate, e que eu sempre devo estar disposto a deixá-lo entrar. Ele levou-me a Cantares de Salomão e a Apocalipse. Ele mostrou-se que uma vassoura, em si mesma, não tem poder e que se um espírito mau entra em minha casa, tenho autoridade para segurá-lo e expulsá-lo.

Superstições que envolvem pássaro

- Um pássaro na casa é sinal de morte.
- Se um sabiá, um tipo de pássaro, entra em um cômodo através da janela, logo haverá morte.

Quebre essa superstição

Conforme Mateus 6, o Senhor mostrou-me que me ama mais que a qualquer pássaro. Ele também me levou a Salmos 84.3 que afirma: "Até o pardal achou um lar, e a andorinha um ninho para si, para abrigar os seus filhotes, um lugar perto do teu altar". Deus mostrou-me como construir um altar para ele em minha casa por intermédio da oração e da adoração, assim, não preciso temer nenhuma intrusão. Agora, se um pássaro entra em minha casa, ele pode ficar em casa com Deus e comigo, pois minha casa é um santuário.

As duas próximas superstições são difíceis de quebrar.

Superstições que envolvem gato

- Se um gato preto caminha em sua direção, traz boa sorte, mas, se ele se afasta, leva a boa sorte consigo.
- Mantenha os gatos longe dos bebês porque eles sugam o ar da criança.
- Considera-se que um gato a bordo do navio traz sorte.
- Se um gato preto cruzar a sua frente, você deve dar meia-volta, pois há problema no caminho à frente.

Quebre essa superstição

Muitas vezes, palavras de maldições estúpidas fizeram com que minha família saísse do caminho em que estava. Certa vez, estava atrasado para o trabalho só porque havia um gato preto no trajeto que normalmente fazia. Na época, eu já vivia totalmente no Senhor, porém foi difícil neutralizar palavras que fizeram parte de meu sistema de crença. Essas superstições construíram uma fortaleza em mim. No fim, eu apenas quebrei o poder do demônio e das palavras. Ouvi uma voz atrás de mim dizendo para que eu não virasse para a direita nem para a esquerda, mas que seguisse em frente. Eu estava livre.

As duas próximas superstições levaram-me a ter tendências compulsivas-obsessivas e criaram o medo da morte em mim.

Superstição que envolve rachaduras

- Não pise em uma rachadura na calçada ou em uma passagem.

Quebre essa superstição

Superei a obsessão da fenda aos doze anos. Eu simplesmente pisei em uma. Na época, as coisas não iam muito bem, portanto, o que representaria um problema a mais? Acredito que o rompimento dessa maldição foi o início de minha percepção da ignorância da preservação dessas superstições.

Superstição que envolve pardal

- Pardais carregam a alma do morto, e se você matar um, terá muito azar em sua vida.

Quebre essa superstição

Em minha família, a maldição do pardal estava ligada à prática de espiritismo. Para quebrar essa superstição, Deus deu-me Provérbios 26.2: "Como o pardal que voa em fuga, e a andorinha que esvoaça veloz, assim a maldição sem motivo justo não pega". Em outras palavras, o pardal não leva a alma de um ser humano, nem sua morte pode trazer maldição sobre minha vida ou sobre minha família. Usar a Palavra de Deus é uma das formas mais poderosas de quebrar o poder da superstição.

Espiritismo

O olho mau também opera por meio do espiritismo. *The Catholic Encyclopedia* [A enciclopédia católica] define espiritismo como "a crença de que os seres humanos vivos podem se comunicar com o espírito de mortos, e também as várias práticas pelas quais tentam fazer essa comunicação".[11]

The Catholic Encyclopedia [A enciclopédia católica] define dois tipos de fenômenos que ocorrem na prática do espiritismo: o físico e o mediúnico. O fenômeno físico inclui:

- produção de pancadas e outros sons;
- movimentação de objetos (mesa, cadeira) sem contato com ninguém ou com contato insuficiente para explicar o movimento;
- "manifestações", isto é, aparições [de objetos] sem agentes visíveis para transportá-los;
- modelos, isto é, impressões feitas de parafina e substâncias similares;
- aparições luminosas, ou seja, vislumbres indefinidos de luz ou faces mais ou menos definidas;
- levitação, isto é, objetos que se levantam do chão por meios supostamente sobrenaturais;
- materialização ou aparição de um espírito em forma humana visível;
- fotos de espírito em que as feições, ou formas, de pessoas mortas aparecem na chapa e se assemelham ao sujeito fotografado vivo.[12]

A enciclopédia descreve os fenômenos mediúnicos como aqueles que "expressam idéias ou que contêm alguma mensagem". Esses incluem:

- batidas na mesa em resposta às perguntas;
- escrita automática; escrita em uma lousa ou em outro material;
- fala em transe;
- clarividência;
- descrições do mundo dos espíritos;
- comunicação com mortos.[13]

Na verdade, o morto, durante os rituais e as práticas espíritas, como as sessões, não responde, antes, os espíritos malignos ligados aos espíritos hereditários e os espíritos familiares comunicam-se com o indivíduo a fim de reforçar os temores dele e de guiá-lo por caminhos tortuosos. Em outras palavras, as forças demoníacas que estavam com o morto durante sua vida conhecem as respostas às perguntas e fingem ser a pessoa morta com quem os espíritos tentam se comunicar.

Essa é uma prática muito perigosa e enganosa porque pode parecer real, afinal, quem além da verdadeira tia Nellie saberia que seu sabor de sorvete favorito era o de baunilha? O problema é que as pessoas que tentam se comunicar com a tia Nellie não a alcançam de maneira alguma, mas contatam e chamam os demônios que atormentaram tia Nellie durante sua vida.

O único resultado verdadeiro dessas tentativas de comunicação com a pessoa morta é a abertura de uma porta ampla para a demonização por espíritos hereditários ou familiares. Essa prática pode levar à decepção e, até mesmo, à morte. O tormento causado por esses espíritos pode trazer grande desequilíbrio e inquietação mental. O espiritismo convida o olho mau e abre a alma à influência e ao controle satânico.

Magia e feitiçaria

Ao examinarmos os relacionamentos ocultos que utilizam o mau-olhado, também devemos rever como a magia e a feitiçaria tentam influenciar as pessoas e os eventos. Biblicamente, encontramos como essas duas atividades estão ligadas a muitos aspectos sobrenaturais, como bruxaria, encantamento com uso de amuletos e de feitiços, quebrantos, astrologia, adivinhação, artes secretas, encantamento de serpente, magos (ou homem sábio), magia com uso de drogas e poções, impostores espirituais, feitiço que aprisiona a mente, artes e religiões de encantamento estranhas. A magia, em si mesma, pode estar associada a algum tipo de adivinhação. A adivinhação é a tentativa de usar meios sobrenaturais para descobrir eventos ou informações.

A magia é universal e existe a magia negra e a magia branca. A magia negra tenta conseguir resultados maus por meio de métodos como maldição, encantamento, destruição de bonecos que representam o Inimigo da pessoa e ligação com espíritos maus. Muitas vezes, ela aparece como feitiçaria. A magia branca tenta desfazer maldições e encantamentos e usar forças ocultas para promover o bem da própria pessoa e dos outros. Claro que, na realidade, não há magia boa. Todas as magias são de Satanás e levam à morte e ao inferno.

O mágico tenta incitar um deus, demônio ou espírito, a trabalhar para ele. Ele segue um padrão de práticas ocultas para curvar as forças psíquicas à sua vontade. A magia e a feitiçaria não são meras superstições, antes, elas têm a realidade por trás delas. E deve-se resistir a elas e derrotá-las, em nome de Jesus Cristo, por intermédio do poder do Espírito Santo.

Maçonaria

O mau-olhado, ou olho mau, está muito ligado a práticas ritualísticas e sociedades secretas. A maçonaria é uma sociedade secreta poderosa que usa o mau-olhado, ou olho mau, para influenciar seus adeptos. No pouco espaço disponível aqui, não é possível apresentar uma explanação longa sobre o assunto. Apresentarei uma breve descrição a seguir, mas para mais informações, você pode ler os livros de Selwyn Stevens, *Unmasking Freemasonry: Removing the Hoodwink* [Desmascarando a maçonaria: eliminando o engano], e de Ron G. Campbell, *Free from Freemasonry* [Livre da maçonaria].

Essa sociedade envolve muito segredo. Muitas vezes, isso torna a pessoa sucetível ao medo e à escravidão. De forma interessante, a religião wicca, ou neopaganismo, e o mormonismo têm ritos semelhantes aos encontrados na maçonaria. Os ritos de iniciação da maçonaria são humilhantes. Se a pessoa é casada tem de tirar a aliança, pois deve estar totalmente casada, ou em aliança, com as palavras que fala. Muitas vezes, de forma inconsciente, essa iniciação também submete a pessoa ao falso deus por trás da maçonaria. Há um muro de segredos entre o maçom e sua esposa. É assim que o oculto trabalha.

Na maçonaria há 33 graus de poder e de autoridade possíveis. No terceiro grau, o maçom jura que se profanar a irmandade maçônica seu corpo será cortado em dois, seus intestinos, retirados, e o corpo, queimado até virar cinzas que serão espalhadas aos quatro ventos. A cada grau, há um juramento. Esses juramentos da franco-maçonaria são cheios de maldições ligadas à descendência. Por isso, é tão difícil alguém sair dessa falsa religião.

Os iniciados vivem em constante tumulto, fazem contratos às cegas com o Inimigo ao dizer coisas que podem ser muito destrutivas na vida deles e de seus descendentes. Além disso, se um membro tenta sair, ele enfrenta censura. Os maçons não se associam a alguém que deixou o rebanho. Eles crêem que os votos sagrados foram quebrados. Assim, a pessoa é criticada e amaldiçoada e, às vezes, perseguida e tratada para sempre como indigna de confiança.

Não obstante, como Selwyn Stevens escreve:

> A Palavra de Deus exige que o cristão renuncie aos votos pecaminosos e ruins como esse. Levítico 5.4,5 demonstra que Deus, caso se exija que a pessoa jure alguma por coisa que desconhecia antes de fazer o voto, declara que devemos declarar nossa culpa a Ele, confessar isso como pecado e renunciar e repudiar totalmente isso, de preferência, publicamente. Quando você faz isso, Deus afirma que não está mais preso a esse juramento feito anteriormente. O Senhor quer que saibamos que o arrependimento nos liberta de um voto ou de um juramento desse tipo. Esse é um dos principais padrões para remover as consequências das maldições invocadas pelos juramentos maçônicos.[14]

Como expor o olho mau

Confio que, por intermédio deste capítulo, você comece a entender que o Inimigo tenta obscurecer nossa capacidade de discernimento. Ele se esconde. Ele maquina e planeja para nos desviar do cumprimento da vontade de Deus e tenta nos impedir de entrar nas bênçãos do Senhor. Muitos de nós passam por momentos difíceis na *busca* dos ardis e dos desvios do Inimigo. Como resultado disso, *entramos*, com frequência, no meio dessa rede e perdemos muito de nosso tempo na luta para nos livrarmos dela. Em resposta às táticas do Inimigo, devemos pedir ao Senhor para nos ajudar a examinar o visível a fim de enxergar o invisível e, assim, discernir qualquer força sobrenatural que tenta nos apanhar ou nos impedir de cumprir a vontade do Senhor.

Eis 15 formas de remover as armadilhas secretas do Inimigo e revelar o mau-olhado, ou olho mau:

1. O Inimigo tem voz ativa para trazer o engano para nossa vida. Peça a Deus que revele qualquer engano ou mentira promovidos pelo Inimigo.
2. Satanás é o pai da mentira, todavia, ele apenas pode trabalhar com os recursos que damos a ele. Precisamos cortar qualquer laço em nossa alma que nos mantenha cativos do Inimigo.
3. Temos de pedir que o Senhor nos encha com seu amor a fim de que possamos quebrar qualquer estratégia pecaminosa em nossa vida e destruir a obra do demônio.
4. Jesus resistiu à voz do Inimigo. Em meio a nosso deserto, temos de pedir que o Senhor nos encha com seu Espírito Santo para que também possamos resistir ao demônio.
5. Não devemos ser ignorantes. Devemos deixar que Deus nos revele as qualidades sobrenaturais do Inimigo — as características secretas de Lúcifer.
6. Temos de nos certificar de que vivemos nossa vida em humildade e em submissão para que possamos fazer uma resistência eficaz.
7. Satanás nos manipula e quer que creiamos que Deus não nos guia ou que se mantém afastado de nós. Podemos pedir que o Senhor quebre qualquer manipulação aliada a nossos desejos.
8. Temos de nos certificar de que nossos desejos estão corretamente alinhados com os de Deus. A tentação está ligada a desejos egoístas que estão fora dos limites do Senhor.
9. É sábio pedirmos que o Senhor nos liberte da tentação.
10. Temos de mudar nossa mente ou remodelar nosso processo de pensamento (arrependimento). Podemos renunciar aos atos ligados aos nossos pensamentos errôneos. Também podemos perdoar a nós mesmos e às pessoas que nos seduziram e nos desviaram.

11. Podemos pedir que o Senhor nos dê uma mente direcionada ao aperfeiçoamento. Devemos pedir-lhe que abra nosso coração a qualquer palavra profética que nos faça ser bem-sucedidos e capazes de ganhar a presa que o Inimigo conquistou.
12. Temos de declarar libertação da mão do Diabo que tenta roubar nossa provisão e saúde.
13. Temos de declarar que nossa linha sanguínea se libertará de qualquer maldição hereditária que roube a Deus alguma coisa que lhe pertence por direito. Essa é uma das quatro principais maldições hereditárias, às vezes, identificada como "roubar a Deus" (v. Ml 3.9). Precisamos acabar com a atitude mental de escassez que nos diz: "Deus não é capaz". Essa é uma mentira que retém tudo que é dado gratuitamente.
14. Podemos acabar com a descrença em relação à provisão. O Senhor declara: "Ponham-me à prova"! Levante os olhos e veja as comportas de bênçãos que ele quer abrir. Veja-o derrotar o destruidor (Ml 3.10,11).
15. Regozije-se por estarmos livres dos planos e dos propósitos do Inimigo!

Deixe seus olhos se encherem de luz, e que o Espírito Santo possa guiar cada passo de seu caminho. "A vereda do justo é como a luz da alvorada, que brilha cada vez mais até a plena claridade do dia" (Pv 4.18).

Capítulo 24

MINHA LIBERTAÇÃO DOS ÍDOLOS E DO CULTO AOS SANTOS

Araceli Alvarez

Nasci em Cuba e fui criada em uma família que se autodenominava católica romana. Mas, como muitas dessas famílias, íamos à igreja apenas em ocasiões especiais. Aos 12 anos, tornei-me uma boa seguidora e praticante do catolicismo. Envolvi-me profundamente em minha igreja — ensinava catecismo, trabalhava com bancos de alimentos, distribuía brinquedos, doava cobertor para o idoso e alimento para o necessitado e servia em uma Organização de Jovens Católicos. Meu tempo dividia-se entre ensinar meus alunos e trabalhar em minha igreja.

Em 1958, casei-me com um piloto da Força Aérea Cubana. Em 1959, Fidel Castro derrubou o governo cubano. Esse foi um momento crucial e amedrontador em minha vida, pois meu marido, piloto da ativa, foi preso.

O governo de Fidel fazia julgamentos militares sem motivo concreto algum, e a pessoa podia ser sentenciada a 30 anos de trabalhos forçados ou à morte e ser executada por um esquadrão de fuzilaria na manhã seguinte. Não eram necessários investigações nem testemunhas. Era suficiente alguém declarar que você não era um seguidor da revolução. Fidel condenou os pilotos cubanos antes de haver qualquer julgamento. Ele apenas foi a público e declarou que eles tinham de ser julgados e condenados "como um exemplo para o resto do mundo".

Minha mãe sempre acreditou em espiritismo. Ela sugeriu que, diante das circunstâncias, eu devia ir a um *santeiro*, sacerdote na religião em que se cultua os santos, e buscar a ajuda dos "santos". Em desespero, temor e confusão e com o conhecimento de que a justiça não estava disponível em vista da situação política da época, concordei com ela. Fui para uma *consulta*, uma leitura feita pelo sacerdote com pequenas conchas de rio, similar aos búzios. Daquele momento em diante, tudo se transformou em um vendaval. Foi-me dito que eu devia ser iniciada a fim de salvar a vida de meu marido e a minha. Sem pensar, paguei a taxa exigida e preparei-me para a cerimônia de iniciação. E, assim, entrei no mundo do culto aos santos.

O que é culto aos santos?

O culto aos santos, ou *santeria*, é uma tradição religiosa de origem africana que se desenvolveu em Cuba, no início do século XIX, quando centenas de milhares de homens e mulheres do povo Iorubá, oriundos do que hoje conhecemos como Nigéria e Benim, foram trazidos para Cuba como escravos a fim de trabalhar na indústria de açúcar, em pleno crescimento, da ilha. Eles eram forçados a se converter à Igreja Católica Romana. Eles, apesar das condições horríveis, foram capazes de conservar seus ritos religiosos, associando as histórias de distintos santos católicos às de seus próprios deuses. Eles usavam estátuas que representavam santos católicos específicos para adorar seus espíritos, chamados *orixás*, representados por diferentes tipos de pedras e de conchas de rio.

O nome "*santeria*", uma outra forma de se referir ao culto aos santos, quer dizer "caminho dos santos". As palavras "*são*" e "*santeiro*" indicam um devoto iniciado. Apesar da presença freqüente de símbolos católicos nos ritos de *santeria* e do comparecimento dos santeiros nos sacramentos católicos, o culto aos santos, é, em essência, uma forma de adoração africana que mantém relação simbiótica com o catolicismo; e os países da América Latina, tradicionalmente católicos, caem com facilidade na armadilha desse culto. A base do culto aos santos é o desenvolvimento de um relacionamento pessoal profundo com os orixás, relacionamento esse que garante ao santeiro sucesso terreno e sabedoria "celestial".

A devoção aos orixás tem quatro formas principais: adivinhação, sacrifício, espírito mediúnico e iniciação. Para o devoto comum, o culto aos santos serve como um meio de resolver problemas da vida diária, até mesmo os problemas de saúde, dinheiro e amor. A adivinhação afirma revelar a origem desses problemas e aponta para a forma de resolvê-los.

Os diferentes métodos de adivinhação utilizados variam do simples ao complexo. Um método simples é a leitura de conchas de rio pelos santeiros. O sistema mais complexo de adivinhação do culto aos santos é a *ifá*, que pode ser "lida" apenas por sacerdotes homens chamados *babalaô*. Em resposta a um problema de quem faz a consulta, o *babalaô* joga a *ekwele*, uma pequena corrente com oito peças de búzios, ossos ou outro material. Cada peça é modelada de forma que, quando jogada, caia na terra com o lado convexo ou côncavo para cima. Isso resulta em 256 possibilidades de combinação, cada uma representa uma situação básica da vida. A combinação que cai em algum momento específico é considerada a expressão mais pura do destino e, assim, é o destino dado por Deus para o devoto. A maioria dos padrões se refere a histórias que contam os problemas enfrentados, no passado, pelos orixás e heróis, e a solução encontrada para eles. Essas soluções tornam-se os arquétipos a serem usados pelo devoto na solução do problema.

À medida que os problemas parecem ter sido resolvidos, o devoto torna-se mais profundamente dependente do orixá. À medida que a dependência aumenta muito, o envolvimento do devoto logo inclui oferta de sacrifícios, a iniciação e, por fim, a dominação pelo orixá. Foi nesse tipo de ambiente que ascendi à posição de suma sacerdotisa.

Minha jornada em direção ao culto aos santos (e para sair dele)

Um ano após o julgamento de meu marido e de outros 27 pilotos, ele foi sentenciado a 12 anos de trabalhos forçados. A desculpa para a severidade da sentença foi que, de qualquer forma, ele, provavelmente, seria sentenciado à morte. Em 1961, fugi do país de barco e cheguei às ilhas

Cayman em 44 horas. Após 38 dias na ilha Grand Cayman, cheguei aos Estados Unidos e fui para Nova York, viver com minha tia.

Logo me estabeleci e encontrei trabalho. Descobri algumas pessoas que praticavam o culto aos santos, a *santeria*, e comecei a visitar e a adorar com elas. Em 1967, mudei para a Califórnia e me surpreendi ao saber que o culto aos santos, era praticada abertamente na região de Los Angeles por causa da chegada de milhares de exilados cubanos.

Depois de me divorciar e perder a maior parte de minhas economias (no culto aos santos, você tem de pagar por tudo, de uma simples leitura a qualquer outra ajuda), afastei-me dessa adoração, desse culto aos santos, e, junto com minha filha, comecei a visitar a Igreja do Evangelho Quadrangular. Contudo, minha casa permanecia cheia de ídolos e de representações de orixás.

Em 1986, após um ano, um amigo convidou-me para o jantar da Full Gospel Businessmen's Fellowship [Comunhão do Evangelho Total dos Homens de Negócios]. Quando ouvi o testemunho de um membro, o Senhor tocou-me, e aceitei Jesus como meu Salvador. Meu amigo freqüentava a Lake Avenue Church, em Pasadena, e a aula da escola dominical conhecida como 120 Fellowship [Comunhão 120]. O professor era C. Peter Wagner. Hoje, ainda sou membro dessa igreja e da mesma aula. Agradeço ao Senhor por levar-me para lá. Acredito que, hoje, sou cristã por causa do amor, da compaixão e do ministério dos participantes da aula em meu favor.

Um dos membros, Roger Nelson, pôs-me em contato com um pastor de Utah, um dos poucos pastores cristãos com ministério de libertação na época. Esse pastor, graciosamente, veio ao meu apartamento, com Roger, e orou pela minha libertação e pela libertação de minha filha.

Meus dois primeiros anos como cristã foram muito difíceis, cheios de culpa e de remorso por tudo que fizera. Eu ainda tinha dificuldade em aceitar o perdão do Senhor e os conceitos de ser salva e perdoada por meio da graça ainda eram estranhos para mim.

O apoio, a compreensão e as orações de meus irmãos e de minhas irmãs da escola dominical foram tão maravilhosos que apenas Deus poderia movê-los a fazer tanto sacrifício. Na época, nós, na 120 Fellowship [Comunhão

120], estudávamos o livro de Atos, e compreendi o que nosso professor, Peter Wagner, explicava. Foi um despertar maravilhoso caminhar por esse livro e ler diariamente a Palavra de Deus, embora eu ainda não entendesse totalmente o que lia.

Dois anos mais tarde, durante o retiro anual da classe, o Espírito Santo tocou-me e levou-me à confissão total diante de minha classe. Tom White, líder do retiro, orou por mim com imposição de mãos, e alguma coisa se rompeu. Iniciou-se meu ciclo de aprendizado e de compreensão da Palavra de Deus. Desde essa época, quando, uma vez por ano, leio o Antigo Testamento, o Senhor rememora-me as cerimônias do culto aos santos, ou da *santeria*, e continuo a descobrir cada vez mais como esse culto realmente é enganador.

A falsa cerimônia de iniciação do culto aos santos

Muitas vezes, o demônio imita as coisas do Senhor. Comparemos a cerimônia de iniciação do culto aos santos com a cerimônia israelita de consagração do sacerdócio e descubramos alguns exemplos da imitação de Satanás dos caminhos de Deus.

Vestimentas especiais

Deus instruiu Moisés a fazer vestimentas especiais para os sacerdotes:

> Para o seu irmão Arão, faça vestes sagradas que lhe confiram dignidade e honra. Diga a todos os homens capazes, aos quais dei habilidade, que façam vestes para a consagração de Arão, para que me sirva como sacerdote. São estas as vestes que farão: um peitoral, um colete sacerdotal, um manto, uma túnica bordada, um turbante e um cinturão. Para que o sacerdote Arão e seus filhos me sirvam como sacerdotes, eles farão essas vestes sagradas e usarão linho fino, fios de ouro e fios de tecidos azul, roxo e vermelho.
>
> Faça o colete sacerdotal de linho fino trançado, de fios de ouro e de fios de tecidos azul, roxo e vermelho, trabalho artesanal. Terá duas ombreiras atadas às suas duas extremidades para uni-lo bem. O cinturão e o colete que por ele é preso serão feitos da mesma peça. O cinturão

também será de linho fino trançado, de fios de ouro e de fios de tecidos azul, roxo e vermelho (Êx 28.2-8).

No culto aos santos as pessoas também fazem vestimentas especiais. Os devotos, durante o primeiro ano de iniciação, vestem-se de branco, e a cabeça, uma vez que é raspada durante a iniciação, tem de ser coberta nos primeiros três meses. Depois, os devotos usam roupas específicas que os mestres (que são demônios) prescrevem.

Ofertas

Deus exigiu que Moisés fizesse uma oferta a fim de consagrar os sacerdotes:

> Assim você os consagrará, para que me sirvam como sacerdotes: separe um novilho e dois cordeiros sem defeito. Com a melhor farinha de trigo, sem fermento, faça pães e bolos amassados com azeite, e pães finos, untados com azeite. Coloque-os numa cesta e ofereça-os dentro dela; também ofereça o novilho e os dois cordeiros (Êx 29.1-3).

No culto aos santos, de forma semelhante, oferece-se um novilho aos orixás a fim de iniciar o babalaô (a mais alta posição), mas para as outras posições, a oferta é de cordeiro, bode, galo, galinha, pombo e cachorro.

Purificação e consagração

Eis como Deus mandou Moisés iniciar a cerimônia de consagração dos sacerdotes:

> Depois traga Arão e seus filhos à entrada da Tenda do Encontro e mande-os lavar-se. Pegue as vestes e vista Arão com a túnica e o peitoral. Prenda o colete sacerdotal sobre ele com o cinturão. Ponha-lhe o turbante na cabeça e prenda a coroa sagrada ao turbante. Unja-o com o óleo da unção, derramando-o sobre a cabeça de Arão (Êx 29.4-7).

A cerimônia do culto aos santos, semelhante à que Deus descreve para Moisés, envolve trazer os devotos à entrada do local em que acontecerá a cerimônia. A seguir, os devotos são lavados e vestidos com sua vestimenta especial. A diferença entre as duas cerimônias é que no culto aos santos vedam-se os olhos dos devotos.

Ao banho de purificação segue-se a cerimônia de consagração, e o devoto, de olhos vendados, é consagrado a todos os orixás em geral, e, em particular, a um que "governará" sua vida. Todos os cânticos são em iorubá, dialeto africano. Os devotos nunca sabem o que prometem fazer cega e fielmente.

Quando termina a cerimônia secreta, o devoto abre os olhos, e deitando a face no chão, primeiro, curva-se para o altar em que estão todas as pedras e as conchas que representam os orixás e, a seguir, para cada um dos santeiros que participaram da cerimônia. Depois, começa o sacrifício.

Sacrifício de animais

Examinemos a imitação de Satanás do sacrifício que Deus ordenou. As instruções do Senhor a Moisés foram:

> Separe um dos cordeiros sobre cuja cabeça Arão e seus filhos terão que colocar as mãos. Sacrifique-o, pegue o sangue e jogue-o nos lados do altar. Corte o cordeiro em pedaços, lave as vísceras e as pernas e coloque-as ao lado da cabeça e das outras partes.
>
> Pegue depois o outro cordeiro. Arão e seus filhos colocarão as mãos sobre a cabeça do animal, e você o sacrificará. Pegue do sangue e coloque-o na ponta da orelha direita de Arão e dos seus filhos, no polegar da mão direita e do pé direito de cada um deles. Depois derrame o resto do sangue nos lados do altar. Pegue, então, um pouco do sangue do altar e um pouco do óleo da unção, e faça aspersão com eles sobre Arão e suas vestes, sobre seus filhos e as vestes deles. Assim serão consagrados, ele e suas vestes, seus filhos e as vestes deles (Êx 29.15-17,19-21).

Os sacerdotes, por meio do sacrifício de animais, eram consagrados ao serviço do Senhor. Os devotos do culto aos santos são iniciados de uma forma semelhante. Primeiro, trazem os animais para a sala da cerimônia e os dão de presente aos devotos, que colocam as mãos sobre a cabeça dos animais, enquanto o sacerdote ora em iorubá. De novo, os devotos não sabem o que é dito nem que compromisso estão assumindo, mas concordam com tudo que é dito. A seguir, os devotos encostam sua testa na testa do animal e tocam a cabeça dos animais com o ombro. Então os animais são mortos na presença de todos os orixás, ou ídolos, que a pessoa receberá. O sangue é aspergido sobre o altar (ou trono, como é chamado) e derramado em vasilhas que contêm as pedras e as conchas que representam os orixás. Cada orixá tem sua vasilha, e são sacrificados animais específicos para isso. O santeiro, que representa cada devoto, molha o dedo indicador na vasilha e toca a testa, as mãos e os pés e atrás das orelhas do devoto. Enquanto o santeiro faz isso, todos os santeiros fazem uma oração em iorubá.

A instrução de Deus para Moisés prossegue:

> Tire desse cordeiro a gordura, a parte gorda da cauda, a gordura que cobre as vísceras, o lóbulo do fígado, os dois rins e a gordura que os envolve, e a coxa direita. Este é o cordeiro da oferta de ordenação. Da cesta de pães sem fermento, que está diante do Senhor, tire um pão, um bolo assado com azeite e um pão fino. Coloque tudo nas mãos de Arão e de seus filhos, e apresente-os como oferta ritualmente movida perante o Senhor. Em seguida retome-o das mãos deles e queime os pães no altar com o holocausto de aroma agradável ao Senhor; é oferta dedicada ao Senhor preparada no fogo (Êx 29.22-25).

No culto aos santos, de forma muito similar à da consagração dos sacerdotes israelitas, os animais, depois de sacrificados, são limpos, a gordura da cauda e de volta dos órgãos internos, o fígado, o coração, os rins e as coxas direita e esquerda são dadas ao devoto e presenteadas ao altar, juntamente com uma cesta de pão.

A porção do sacerdote

Na cerimônia de ordenação israelita, uma porção do sacrifício era dada às pessoas que dirigiam a cerimônia. Eis as palavras de Deus a Moisés:

> Tire o peito do cordeiro para a ordenação de Arão e mova-o perante o Senhor, como gesto ritual de apresentação; essa parte pertencerá a você.

Consagre aquelas partes do cordeiro da ordenação que pertencem a Arão e a seus filhos: o peito e a coxa movidos como oferta. Essas partes sempre serão dadas pelos israelitas a Arão e a seus filhos. É a contribuição obrigatória que lhes farão, das suas ofertas de comunhão ao Senhor (Êx 29.26-28).

No culto aos santos, o animal sacrificado é cozido, e o iniciado tem de comê-lo em companhia dos sacerdotes que participaram da cerimônia. A seguir, prepara-se mais alimento para a grande celebração que acontece três dias depois. Nesse dia, todos os santeiros, familiares e amigos são convidados para a festa. A porção doada ao santeiro não é apenas parte dos animais sacrificados, mas também uma soma em dinheiro acertada de antemão. Hoje, essa quantia, geralmente, gira em torno de 5 mil a 30 mil dólares.

Como vimos, as cerimônias bíblicas e as do culto aos santos são bastante similares. Deus determinou as primeiras por meio de sua santa Palavra, e Satanás copiou-as na cerimônia do culto aos santos. Acredito que, quando essa cerimônia de iniciação acontece, Satanás fica muito feliz, pois deseja desesperadamente ser adorado no lugar de Deus.

Apresentei essas comparações para que você possa ver o engano praticado no culto aos santos. Há uma grande diferença entre a leitura de sua sorte, mediante um simples pagamento, e o pedido de ajuda para uma situação pessoal e tornar-se um iniciado com a finalidade de ajudar a resolver um problema. É uma coisa muito séria pedir informação ou ajuda para um sacerdote do culto aos santos porque todo o esquema é fundamentado em mentiras satânicas escolhidas para imitar o sistema de Deus e levar o requerente a uma escravidão profunda.

Fui sacerdotisa por muitos anos (embora não tenha apadrinhado nenhuma iniciação). Eu, por causa de minha experiência, posso testificar que, no momento em que a pessoa se senta à mesa, defronte do santeiro para a leitura dos búzios, ela começa a convidar e a pedir que outro mestre ocupe o lugar de Jesus. Embora ela não entenda as orações feitas pelo santeiro, em dialeto iorubá, aceita e promete seguir a tudo que o santeiro lhe disser, obedecer e sujeitar-se a tudo que o santeiro ordenar, o que leva à total dominação dela pelo orixá-demônio que opera por intermédio do santeiro. Ela é pega em uma armadilha da qual não parece haver escapatória ou outra escolha.

Ministério de libertação

Eu, quando ministro libertação às pessoas envolvidas no culto aos santos, sempre pergunto quão profundo é o envolvimento delas. Se elas foram apenas uma vez para uma leitura, certifico-me de que confessem, renunciem às suas promessas e peçam perdão pela aceitação de um mestre que não seja Jesus.

> No momento em que a pessoa se senta à mesa, defronte do santeiro para a leitura dos búzios, ela começa a convidar e a pedir que outro mestre ocupe o lugar de Jesus.

Se elas estiveram profundamente envolvidas, quebro qualquer espírito do controle, da submissão, da dependência, de luxúria, da homossexualidade (esse culto é repleto de homossexuais), da escravidão, da pobreza, das perdas financeiras, das famílias desfeitas, do divórcio, da solidão e do abandono. A seguir, faço-as destruírem todos os objetos que guardaram das cerimônias.

Talvez você se pergunte: *Por que uma atitude tão extrema?* A fim de que se libertem da escravidão em que entraram quando se devotaram aos orixás-demônios. Quando elas consentem com o domínio dos orixás, aceitam todos os espíritos maus. Todas as orações são em um dialeto que não entendem. No entanto, elas prometem toda sua vida, sua família, suas finanças e sua fidelidade ao orixá demoníaco. Não deveríamos nos surpreender, pois esse é o tipo de adoração e de reverência que Satanás exige de seus seguidores.

Talvez os devotos, no início de seu envolvimento, comecem a prosperar. Mas à medida que se aprofundam nas cerimônias, eles "crescem" na escala de autoridade. À medida que são admitidos em posições mais altas, as cerimônias — e a "ajuda" — tornam-se mais e mais caras.

No fim, eles começam a gastar todo seu dinheiro nas sessões com o santeiro. Quando eles perdem quase tudo, percebem que têm mais necessidades a resolver, mas não têm dinheiro para pagar pelas cerimônias e pelas leituras. Assim, eles descobrem que sem dinheiro quer dizer sem "ajuda".

A armadilha torna-se profunda e tenebrosa. Esse foi o meu caso — e o caso de muitos seguidores que conheci na época. Eles perderam seus negócios ou bons empregos, e os que lidavam com drogas foram pegos e presos. O favor dos orixás dura só enquanto o dinheiro durar.

Escapar do culto aos santos

As pessoas, a fim de escapar do culto aos santos, quer apenas compareçam para a leitura quer tenham avançado para graus de iniciação mais altos, precisam seguir três passos simples:

1. Elas precisam confessar sua participação em cerimônias ímpias, renunciar às promessas feitas aos orixás e pedir perdão pela aceitação de um mestre que não seja Jesus.

2. Elas precisam se desfazer de qualquer objeto ligado com sua participação no culto aos santos. Se receberam uma peça de joalheria (objeto consagrado em cerimônia com sangue de sacrifício), elas precisam destruir o objeto ou levá-lo ao joalheiro para que este o funda e refaça como qualquer outra coisa. É necessário destruir essa consagração sacrificial com fogo.

   Se receberam laços, colares, elas podem apenas cortá-los e jogá-los no lixo. As conchas podem ser esmagadas com um martelo e, depois, jogadas fora. Objetos de porcelana também podem ser esmagados. Objetos de metal têm de ser colocados em um recipiente seguro e queimados, com trapos embebidos em fluido inflamável ou, se necessário, com solvente de tinta. Quando o material esfriar, os resíduos devem ser jogados no lixo. *Sob nenhuma circunstância a pessoa que busca libertação deve levar qualquer coisa de volta para o santeiro.*

3. Elas precisam procurar libertação com um ministro que conheça feitiçaria. Elas precisam aprender como resistir aos ataques do Inimigo, pois ele as atacará de novo — confie em mim. Os principais alvos são a saúde e as finanças, mas, se crerem no Senhor, vencerão.

Quando aceitei Jesus como meu Senhor e Salvador, na manhã seguinte, desfiz-me de tudo que recebera em 20 anos de sacerdócio. Uma semana depois, os santeiros enviaram alguém para me contar que, na cerimônia da noite anterior, os orixás, ou ídolos, falaram que eu estaria morta em três meses. Mas acreditei que Jesus era o mais forte. Em março de 1983, aceitei Jesus e ainda estou viva! Sem dúvida, o poder do Espírito Santo é muito maior que o de nosso inimigo.

Louvo ao Senhor e agradeço-lhe por seu perdão, por sua libertação e por minha cura, não apenas de meu corpo, mas também para as feridas de minha alma oriundas da infância e da idade adulta. Não tenho palavras para descrever a liberdade e, em especial, a paz que Jesus trouxe para minha vida. Todos os dias, desfruto da paz e da presença dele. Sou muito agradecida por ele ter me libertado da religião satânica do culto aos santos.

Ele, por causa de sua grande misericórdia, escolheu-me para ajudar outros a também encontrar a liberdade e a paz dele. Hoje, tenho o privilégio de liderar um ministério de libertação pessoal chamado Fountain of Freedom Ministries [Ministérios Fonte de Libertação]. Louvor a Deus por sua eterna fidelidade!

Capítulo 25

NÃO HÁ NADA DE NOVO NA NOVA ERA

Chris Hayward

Eu tinha 14 anos e fome espiritual. Apenas três anos antes, minha família trocara o Canadá pela Califórnia. Nossa estadia no Canadá não fora planejada, foi um intervalo de quatro anos após deixarmos nossa terra natal, a Inglaterra. Meus pais haviam se juntado à Community Church, em Lakewood. Para mim, esse era um solo espiritual estéril. Ao mesmo tempo em que possuía todas as marcas de uma "casa do Senhor", não tinha nenhuma de suas características (embora tenha de admitir, eu, nesse ponto de minha vida, não tinha capacidade para diferenciar a verdade do erro).

Tudo que sei é que a vida era mais que só o universo "natural". Eu estava em busca, mas não sei dizer *o que* exatamente eu buscava. Eu queria alguma coisa ou alguém que explicasse por que eu estava aqui — e se havia um propósito para minha existência. Na igreja, eu entoava hinos e ouvia os sermões que não pareciam relevantes. A Palavra de Deus era obscura para mim e negligenciada pelo pastor e seus seguidores. Assim, iniciei minha busca de encontrar algum sentido para a vida. Comecei a ler tudo que havia disponível sobre espiritualidade.

Rememorando, posso dizer que na falta da verdade, o espírito do erro encontra uma forma de cativar a "mente receptiva". Minha mente estava receptiva, e o inimigo de minha alma se propôs a enchê-la com tudo que me afastasse de Deus.

O reino das trevas segue o vôo de toda alma anelante. Ele, como o abutre que circula a presa, está pronto e disposto a devorar *todos aqueles que a igreja devia alcançar*. Na ausência da verdade, a mentira floresce. Eu comprei essas mentiras com grande entrega. Adotei tudo que o movimento Nova Era abraça. Em 1960, é claro, o termo "Nova Era" ainda não estava popularizado.

O que se pretende com o termo "Nova Era"?

Na verdade, "Nova Era" é um termo que engloba muitas coisas. Na década de 1930, Alice Bailey, fundadora de uma ramificação da Sociedade Teosófica (que começou, em 1875, em Nova York, sob a liderança do ocultista russo H. P. Blavatsky), foi a primeira a popularizar o termo. Em 1960, o termo "Nova Era" tornou-se popular, de novo, com a ascensão de Baba Ram Dass (pseudônimo de Richard Alpert) e outros, à medida que identificaram o termo com a vinda da "Era de Aquário". Dizia-se que, por fim, a humanidade "atingiria a maturidade". Ideias como "nova ordem mundial", "paz e harmonia", "consciência mais alta ou cósmica" e "amor universal" se tornaram populares.

Na época, muitas pessoas, nos Estados Unidos, rejeitavam o materialismo e a ciência. Instituições que pareciam não ter nenhuma relevância para o sentido da vida e não revelavam nenhum poder ou realização eram deixadas de lado. Infelizmente, o cristianismo parecia pertencer a essa categoria "tendo aparência de piedade, mas negando o seu poder" (2Tm 3.5).

Muitas pessoas, em meio a tal vazio, encantaram-se com o espiritualismo e a Sociedade Teosófica. Logo, surgiram muitas ramificações. Cristãos místicos, judeus cabalistas e os, antes obscuros, cristãos heréticos foram atraídos para o turbilhão. Do Oriente, surgiram os gurus. O zen-budismo e o sufismo tornaram-se populares, o que preparou o terreno para o Dalai Lama. A parapsicologia floresceu junto com a incorporação de espíritos, a mediunidade, o paganismo e a religião wicca (feitiçaria, ou também neopaganismo).

O cerne da Nova Era

As crenças centrais da Nova Era, embora tenham passado anos desde seu nascimento nos Estados Unidos, não mudaram. Essas crenças centrais incluem a reencarnação, a evolução espiritual, a auto-realização, o aperfeiçoamento de si mesmo ou a cura espiritual (essa forma de cura espiritual não pode ser confundida com a abordagem cristã da dependência do Espírito Santo). Muitos seguidores da Nova Era fizeram seu caminho em grandes corporações por meio de gurus de auto-ajuda e palestrantes motivacionais que buscavam ajudar pessoas-chave a ficarem motivadas e a se realizarem. Outro caminho grandemente seguido pelo pensamento da Nova Era são as formas de pensamento religioso matriarcal, como o conceito da deusa-mãe e do sacerdócio feminino. Mesmo muito do interesse em seres extraterrestres tem suas raízes nas crenças da Nova Era. Os chamados encontros do terceiro grau parecem sempre acompanhar as filosofias e doutrinas da Nova Era.

Sir George Trevelyan é um conhecido líder inglês do movimento Nova Era. Ele é o fundador do Wrekin Trust [Esperança Wrekin], um centro Nova Era. Ele resume sua visão de mundo Nova Era em *A Vision of the Aquarian Age* [Uma visão da Era de Aquário]:

> **Encontros do terceiro grau parecem sempre acompanhar as filosofias e doutrinas da Nova Era.**

> Por trás de toda forma de manifestação exterior está o reino eterno da consciência absoluta. É a grande Unidade essencial a toda diversidade, a toda miríade de formas da natureza. Pode-se chamá-la de Deus ou considerá-la acima de qualquer nome. [...] Em suma, o mundo natural é apenas um reflexo do mundo eterno da imaginação Criativa. O cerne interior do homem, que podemos chamar de espírito, é uma gotinha da fonte divina. Como tal, é imperecível e eterno, pois a vida não pode se extinguir. Claro que o revestimento exterior em que se manifesta pode se desgastar e ser descartado, mas é irrelevante falar em "morte" em relação ao verdadeiro ser e espírito do homem.[1]

A forte sugestão dessa citação é a crença mais popular do movimento Nova Era: a reencarnação.

Sir George continua:

> Adequadamente, a alma pertence às esferas mais altas e puras. Ela encarna com o propósito de adquirir experiência na densidade da maté-

ria terrena — uma fase educacional necessária ao seu desenvolvimento. Claro, essa encarnação acarreta drástica limitação a um ser espiritual livre. Na verdade, nascer em um corpo é bastante semelhante a entrar em uma espécie de túmulo.²

Ele explica seu raciocínio desta forma:

> Mais especificamente, devemos reconhecer o homem como um ser triplo: corpo, alma e espírito. [...] O "eu" imortal não é nem a alma nem a personalidade transitória. A alma, a fim de descer à densidade do fenômeno mundial, deve se vestir, por assim dizer, com um revestimento protetor. Portanto, a "alma" é o revestimento ou "corpo astral" que o "eu" eterno estende sobre ela a fim de experimentar o nível psicológico da realidade. (Ela também se envolve em um corpo "etéreo" de forças vitais para manter o corpo físico.)³

Provavelmente, você notou, nessas citações, que alguns termos da Nova Era soam semelhantes à terminologia cristã. Por exemplo, os termos "corpo", "alma" e "espírito" são usados pelos cristãos e também pela Nova Era. Contudo, a diferença está na definição atribuída a cada termo. Assim, ao mesmo tempo em que a maioria dos cristãos considera sem sentido a linguagem usada nessas citações, talvez as pessoas exteriores ao Corpo de Cristo, que buscam algo profundamente relevante e são incapazes de discernir o engano, achem essa retórica atraente.

Uma busca pessoal por identidade e capacidade

Deixe-me apresentar-lhe um exemplo. Em 1964, entrei para o Exército. Meu treinamento básico aconteceu no Forte Polk, Louisiana. Depois disso, recebi treinamento especializado no Forte Benjamin Franklin, em Indianópolis, Indiana. Fui treinado como especialista de guarnição. Em poucas semanas, minhas ordens enviaram-me para White Sands Missile Range, Novo México. Minhas tarefas básicas eram apenas suficientes, e eu também desfrutava de outras atividades. Eu, antes de juntar-me ao Exército, iniciara treinamento em vôo e encontrei uma forma de continuá-lo em White Sands. Durante os meses de verão, também consegui um emprego de salva-vidas na piscina da base.

A vida estava muito boa — até que recebi novas ordens. Parecia que eu seria enviado para um posto avançado no meio do deserto, longe de todas minhas atividades agradáveis. Eu não podia permitir que isso acontecesse. Sabendo que o capelão da base precisava de um assistente, pus-me a caminho para enganá-lo com jargão espiritual e, assim, convencê-lo de que eu seria um excelente assistente — e, desse modo, conseguir que minhas ordens fossem mudadas, o que me permitiria permanecer em White Sands.

O capelão ficou convencido de minha espiritualidade — por ser capaz de discernir — e, assim, convenceu o general a mudar minhas ordens. Quando questionado a respeito de minha fé em Cristo, eu simplesmente transpus a terminologia para minha própria compreensão. Eu sabia a intenção do questionador, mas apenas justifiquei minha resposta com base em minha "compreensão superior". Esse orgulho é lugar-comum entre os devotos da Nova Era.

A razão para isso é bastante simples — e compreender a razão dos fatos nos capacita a compartilhar nossa fé de forma eficaz: *os que são pegos pelos ensinamentos da Nova Era têm um apetite insaciável por conhecer seu valor como indivíduo e por encontrar realização.* Eles conseguem isso com a descoberta de sua identidade pessoal e do propósito de terem nascido. Os que são articulados e demonstram confiança pessoal afirmam possuir poderes específicos, conseguindo seguidores de imediato. Descobri que, nesse campo, sempre que estava rodeado por outros, sentia uma pressão subjacente para impressioná-los com o que sabia ou podia fazer.

Claro que o fundamento do evangelho sacia a fome por identidade: "'Porque Deus tanto amou o mundo que deu o seu Filho Unigênito, para que todo o que nele crer não pereça, mas tenha a vida eterna'" (Jo 3.16). O fato de Cristo morrer por nós nos traz uma alegria maravilhosa quando percebemos o enorme valor que nosso Salvador atribuiu a nós. Como podemos não nos sentir grandes quando alguém se importa o bastante para ser torturado e morto por nossa causa?

O primeiro capítulo de Efésios enfatiza mais nossa identidade e nossa realização: "Bendito seja o Deus e Pai de nosso Senhor Jesus Cristo, que nos abençoou com todas as bênçãos espirituais nas regiões celestiais em Cristo"

(Ef 1.3). Nosso Pai celestial não apenas estabeleceu nossa identidade nele, mas também reuniu todas as bênçãos imagináveis e deu-as gratuitamente para nós. Bem, isso é *identidade* realizada e *propósito* cumprido!

Como a Nova Era compreende a Cristo

Eu, como discípulo da Nova Era, era orgulhoso e arrogante e estava absolutamente convencido de que o que acreditava estava certo. Eu morreria por isso. Eu tinha um termo falso para todos os termos ou frases bíblicos. Jesus Cristo era Salvador visto que viera para iluminar os menos informados espiritualmente. Ele era o mestre do plano mais alto e veio por meio da necessária reencarnação. Ele, embora não fosse Deus, era semelhante a Deus, mas não absolutamente único. Havia outros "mestres". Se um cristão falasse de Cristo, eu automaticamente pensaria em "percepção de Cristo", o mais alto plano da compreensão que envolve e influencia o "iluminado".

É difícil convencer seguidores da Nova Era tão convencidos como eu estava; eles serão apenas condescendentes com você se tentar testemunhar para eles. Eles concordam agradavelmente enquanto você fala, calculando que você é apenas uma criança imatura em seu desenvolvimento espiritual e que ainda tem de atravessar muitas outras reencarnações antes de poder compreender as verdades mais profundas.

O deus adorado pelas pessoas envolvidas no movimento Nova Era é o próprio ego. Acham que Cristo está em cada pessoa e em todas elas, embora, talvez, não seja reconhecido. Para muitos escritores da Nova Era, "o Cristo" que falava por intermédio de Jesus de Nazaré era o mais alto dos verdadeiros professores. Annie Besant, em uma obra intitulada *Esoteric Christianity* [Cristianismo esotérico], escreve:

> Portanto, o Cristo histórico é um Ser glorioso que pertence à grande hierarquia espiritual e guia os espíritos da humanidade em evolução. Ele usou por uns três anos o corpo humano do discípulo Jesus. [...] E atraiu os homens para si pelo amor e pela ternura singulares e também pela rica sabedoria que emanava de sua pessoa. E, por fim, foi morto

por blasfêmia, por ensinar a divindade inerente a ele mesmo e a todos os homens.[4]

Portanto, os discípulos da Nova Era não leram nem entenderam o evangelho de João que fala claramente sobre a verdade da encarnação:

> No princípio era aquele que é a Palavra. Ele estava com Deus, e era Deus. Ele estava com Deus no princípio. Todas as coisas foram feitas por intermédio dele; sem ele, nada do que existe teria sido feito. Nele estava a vida, e esta era a luz dos homens (Jo 1.1-4).

Como os cristãos devem responder?

Os professores da Nova Era não pensam em reinventar as Escrituras. Muito poucos deles sequer leram a Palavra de Deus. A maioria leu um pouco e tirou o sentido de contexto ou pegaram o que acreditam que as Escrituras afirmam, distorcendo em demasia a Palavra de Deus. Os que lêem os escritos desses professores sabem ainda menos que eles. Um fato fundamental é que os que estão envolvidos com a Nova Era, embora pretendam ter a mente receptiva, têm, de forma mais definitiva, a mente fechada quando se trata do cristianismo histórico.

Nós, os cristãos, podemos responder em uma de duas formas. Podemos denunciar essa atividade como detestável a Deus e proclamar que os seguidores da Nova Era estão condenados ao fogo eterno ou reconhecer a falha da Igreja em perceber a fome legítima das almas em busca do Senhor.

Os que caem presos nos ensinamentos da Nova Era, em todas as suas formas, realmente estão famintos por conhecer o sentido da vida, por ter poder verdadeiro e por vivenciar o amor em sua forma mais profunda. Ninguém tem a resposta para essas necessidades a não ser o povo de Deus. A resposta é o Jesus Cristo ressuscitado pelo poder do Espírito Santo e que nos transmite, agora, o que conhecemos como a amplitude, a extensão, o peso e a profundidade do amor de Deus. Apenas ele pode satisfazer o anseio dos seguidores da Nova Era.

Em vez de olhar com desconfiança os seguidores da Nova Era, podemos usar o anseio deles como plataforma para o evangelismo. Devemos amá-los, e não denunciá-los por sua busca pela verdade. Nosso desafio é pôr a luz verdadeira sobre Jesus, o amante da alma deles.

O evangelho apresentado com poder e autoridade pode levar os crentes da Nova Era ao local a que pertencem — na sombra das trevas. Por que alguém quereria abraçar e beijar uma sombra se pode abraçar a coisa real?

Minha emergência

Quero terminar este capítulo compartilhando com você como deixei o movimento Nova Era e abracei Jesus Cristo. Talvez isso forneça algum entendimento de como podemos ajudar aqueles que foram pegos pela filosofia Nova Era.

Os últimos 18 meses de meu serviço no Exército foram passados no Vietnã (1967-1968). Perto do fim de meu serviço naquele país, vi-me na casa de um missionário. Paul Travis e a esposa estavam no Vietnã há mais de 42 anos. Eles passaram pela ocupação japonesa, pela francesa e, agora, pela estado-unidense daquele país pequeno, mas estratégico.

Esse casal piedoso foi útil no estabelecimento de diversas igrejas por todo o Vietnã. O marido era muitíssimo respeitado, embora fosse totalmente ignorante. Embora eu fosse assistente de capelão, ainda estava muito perdido. Desde os 14 anos, a ambição de minha vida era dedicar-me ao oculto e queria me tornar médium. Eu, como os que são razoavelmente bem versados nas "verdades" da Nova Era, dei uma aula para o sr. Travis, achando que ele poderia aprender com meus vastos conhecimentos e experiência.

Por quase 30 minutos, ele, de alguma forma, agüentou minha infindável exposição sem sentido. Em sua casinha em Qui Nyon, sentei-me sobre seu banco, enquanto ele cortava legumes. Eu ensinava-o sobre a reencarnação, a necessidade do carma e do espiritismo e tudo sobre os grandes mestres e pensadores de nosso tempo. Por fim, ele se cansou de tanta heresia. Ele abaixou a faca, olhou para mim e disse: "Que vergonha!". Chocado, repliquei: "O que você quer dizer com 'que vergonha!'?". Ele apenas respondeu: "Você não acredita em um Deus pessoal, acredita?".

Fui liquidado com apenas uma observação. Nem Escrituras, nem sermão — apenas uma simples pergunta.

Por duas semanas, as palavras dele me agitaram. Toda minha vida eu ansiara por conhecer a Deus. Sabia que tinha de existir alguma coisa ou alguém. Eu, desde aquele momento de avaliação, senti-me como um balde cheio de buracos, e qualquer coisa com que eu tentasse para me satisfazer logo se esvaía. O sentimento de segurança oriundo de como eu tinha imaginado tudo, evaporou-se. Meu coração e minha mente foram corrompidos, eu estava vazio em meu interior.

Agora, sentado sobre o muro de sacos de areia em volta do perímetro do 504º do Batalhão da Polícia Militar para o qual estava designado, sentia-me arrasado. Eu, a despeito de minha intensa busca por espiritualidade, nunca conversara com Deus antes. E, assim, foi que um saco de areia transformou-se em meu altar.

Até aquele momento, todas minhas orações eram sobre mim mesmo, e sempre era eu quem falava. Agora, Deus tinha algo a me dizer. Diante de sua bondade e santidade infinitas, vi minha vida como que refletida em um espelho. Toda feiúra e falsidade estavam lá. Meu sistema de crença era vazio — ele simplesmente não se mantinha sob o peso desta vida.

Aquela noite, Deus deu-me uma escolha: abraçar seu Filho, Jesus Cristo, ou escolher trilhar para sempre o caminho por onde andava. Lembro-me de correr até a tenda-capela, cair sobre meus joelhos e clamar: "Jesus, Jesus". Na época, essa era a profundidade de meu entendimento teológico. Mas era suficiente, "porque 'todo aquele que invocar o nome do Senhor será salvo' " (Rm 10.13).

Eu precisava de Jesus, e ele veio. Assim, começou meu caminhar cristão. Levou algum tempo para afastar muitos dos ensinamentos errôneos da Nova Era. Mas com o tempo e, por intermédio da Palavra de Deus, eles foram rapidamente substituídos.

Há esperança para todos que foram ludibriados pelo pensamento da Nova Era. Podemos ganhá-los para Cristo com uma abordagem amorosa e explicando-lhes que realmente podem conhecer o amor de Deus de forma pessoal e com muita oração.

Capítulo 26

RESGATADO DO SATANISMO

Jeff Harshbarger

Posso proclamar com o salmista Davi: "Não morrerei; mas vivo ficarei para anunciar os feitos do Senhor" (Sl 118.17). As palavras a seguir compõem meu testemunho de como Deus salvou-me da morte após minha incursão no satanismo.

Cresci em uma família militar. Mudamos muito de casa e cidade, e realmente quero dizer muito. Entre os 6 e 12 anos, eu e minha família mudamos cinco vezes. Esse estilo de vida dificultou muito para eu fazer amigos e estabelecer algum tipo positivo de raiz.

Meu pai voltou da guerra do Vietnã uma pessoa muito distinta da que fora antes de partir para a guerra. Ele estava a milhares de quilômetros de distância quando eu era bebê, portanto, nunca tive a oportunidade de criar laços com ele. Ele voltou muito rancoroso e começou a beber muitíssimo. Isso resultou neste fato: a violência se tornou uma parte normal de nossa vida familiar. Meus pais brigavam, e eu era física e verbalmente maltratado. E à medida que mudávamos de uma cidadezinha para outra, sentia-me envergonhado por ser o filho do bêbado.

Meu primeiro encontro com Jesus Cristo

Por volta da época em que eu estava na terceira série, a violência e o abuso cobravam seu preço. Eu não ia bem na escola. Sentar em uma sala de aula cheia de crianças "normais" e fingir que era uma delas era esperar demais de mim, e eu só sentia vontade de chorar. Comecei a ir a um terapeuta escolar. Foi quando percebi que começava a me tornar tão rancoroso como meu pai.

Durante essa época, eu também comecei a perceber algo sobre minha vida. Era algo inexplicável. Havia momentos em que levantava para ir ao banheiro ou pegar água para beber e sentia uma presença em minha casa. Eu não sabia o que vivenciava, mas era como se alguma coisa ou alguém estivesse atento a mim e me seguisse. Eu não estava amedrontado com a experiência, embora simplesmente não soubesse o que pensar a respeito disso.

A curiosidade começou a fazer com que eu me levantasse da cama com mais freqüência apenas para ver se a presença estaria lá. E ela estava. À medida que isso continuou, fiquei mais e mais curioso.

Perto do fim do ano letivo, fui convidado a participar da Escola Bíblica de Férias. Eu não fiquei muito entusiasmado com a ideia, mas minha mãe ficou sabendo a respeito do convite e certificou-se de que eu comparecesse já no primeiro dia. Uma vez lá, eu gostei de tudo. Tínhamos trabalhos manuais, comíamos biscoitos e ouvíamos uma história sobre Jesus. Não demorou muito para que eu quisesse conhecer esse homem chamado Jesus. Eu o aceitei como meu Salvador e orei para ele. Ganhei uma Bíblia, mas não conseguia lê-la. Era muito confusa para mim. Assim, cultivei meu relacionamento com ele principalmente por intermédio da oração. Por um tempo, fui à igreja por conta própria, pois minha família não a estava freqüentando. Mas quando ia à igreja, eu apenas não me conectava com a igreja, e ninguém fazia meu acompanhamento. Assim, deixei de ir à igreja, mas continuei a orar para Jesus antes de dormir.

Minha busca nas trevas

Certa noite, estava em minha cama brincando sozinho com uma tábua de Ouija e tive o choque da minha vida! Pensando que fosse apenas um jogo, peguei o ponteiro e comecei a fazer perguntas para a tábua. Para minha surpresa, o oráculo se moveu sozinho! Fiquei com um medo mortal, mas fiquei entusiasmado e emocionado com o fato de que isso acontecera. A essa altura, eu sabia que existia um "poder" por trás do que acabara de vivenciar. Imediatamente, lembrei-me de minha experiência anterior de haver uma presença em minha casa. O que aquilo representava? Eu tinha um milhão de perguntas e queria saber mais.

Com o desejo de saber mais sobre o poder por trás da tábua de Ouija e sobre a presença que vivenciei em minha casa, abri a porta para que o sobrenatural ligado às trevas se tornasse uma ocorrência corriqueira.

Eu já tinha vivido uma experiência incrível quando fiz uma viagem astral. Assim, comecei a ser capaz de ver coisas em sonhos — antes que acontecessem! Por exemplo, eu tive um sonho em que vi através da embalagem do presente de Natal. Eu sabia o que estava no pacote antes de abri-lo! Isso apenas alimentou meu desejo por mais experiências até chegar ao ponto de vivenciar a presença de demônios e exibir minhas próprias habilidades sobrenaturais. Eu estava muito entusiasmado com tudo aquilo e comecei a me afastar de minha família para viver em meu próprio mundinho.

Minha descida ao satanismo

Quando cheguei ao ensino médio, eu já terminara meu relacionamento com Jesus Cristo. Eu tentara ir à igreja, mas isso não funcionava para mim. Eu tinha muitas experiências sobrenaturais e queria descobrir mais sobre elas. Eu estava bastante ciente da cobertura dos meios de comunicação em relação a Jeanne Dixon e Uri Gellar, e pensava: *Eu tenho as mesmas habilidades que eles. Talvez eu seja um clarividente ou possua habilidades psíquicas.*

Foi durante essa época que, por fim, meus pais se divorciaram. Eu achava que o divórcio traria paz para nossa situação em casa. Pelo menos, não haveria mais brigas constantes. Todavia, o divórcio trouxe apenas mais distanciamento entre os membros da família. Eu, em uma tentativa de encontrar alguma estabilidade em minha vida, determinei-me a perseguir as habilidades que possuía. Na verdade, eu esperava poder aperfeiçoar minha clarividência ou habilidades psíquicas e fazer da previsão do futuro um meio de vida.

Minha mãe, logo após o divórcio, recebeu Jesus Cristo como seu Salvador e Senhor, e foi quando nosso ambiente familiar mudou. Ela começou a freqüentar a igreja e começou a me aborrecer ferozmente para que também fizesse isso. Todavia, eu realmente não estava interessado. Contudo, minha mãe não desistiria com tanta facilidade. Constantemente, ela punha música cristã ou ligava a televisão em programas cristãos. Ela orava, na cozinha, com sua amiga, antes de eu levantar para ir à escola. Isso foi demais para mim. Eu me afastei. Eu até assisti a um programa cristão a fim de dizer ao Senhor que não queria nada com ele.

Logo, encontrei trabalho em uma loja de departamentos local e conheci o homem que me "evangelizaria" e, no fim, levar-me-ia ao satanismo. Ele era o sócio-gerente da loja, e achei-o muito carismático. Ele tinha uma competência e talento que eu admirava. Logo me vi querendo qualquer coisa que ele tivesse a oferecer.

Certa noite, enquanto eu trabalhava, veio a oferta para me tornar um satanista. Tivemos uma nevasca que deixou as estradas intransitáveis, e, como resultado disso, eu não tinha como chegar em casa. Assim, o sócio-gerente perguntou se eu gostaria de ficar no apartamento dele. Eu imediatamente aceitei a oferta. Quando cheguei ao apartamento dele, reconheci que lá havia a mesma presença que experimentara em criança. Fiquei intrigado! Comecei a discutir coisas sobrenaturais com ele, e ele comandou a conversa, o que levou ao convite para me tornar satanista. Eu aceitei. Naquela noite, eu fiquei cheio de um espírito profano por meio do ritual de iniciação satânica.

Minha vida como satanista

De imediato, notei uma mudança após a noite de minha iniciação. Em muito pouco tempo, passei do tipo de personalidade temerosa e rejeitada para uma presença arrojada e dominadora. Vesti-me para o sucesso e sabia que a terra era minha, porque eu servia ao deus deste mundo. Nós tínhamos uma aliança — eu trocaria minha alma em troca do poder e das habilidades dele.

Era minha responsabilidade oferecer-me como sacrifício vivo ao meu novo deus e encher-me da presença dele. Eu tinha de morrer para minha natureza e, assim, morrer para tudo que ela tinha de humana. Eu estava para entregar a Satanás minha necessidade de amor, e ele, em troca, me daria poder. Meu coração estava para morrer. Esse era o sacrifício máximo exigido por Satanás.

Iniciei meu caminho no satanismo como religioso, em vez de como satanista filosófico. Chama-se a esse tipo de culto de satanismo moderno, e ele não se apóia na crença em um Satanás real. Ele segue uma filosofia satânica: a divinização de si mesmo por meio da indulgência. A "escritura" dessa ideologia é a bíblia satânica escrita pro Anton Szandor LaVey. Em 1966, em São Francisco, ele iniciou o movimento do satanismo moderno. Como esse tipo de satanismo promove rituais e um sistema de crença, ele é designado de satanismo religioso.

No entanto, eu logo me confundi em meu caminhar como satanista. Comecei a mudar minha perspectiva e prática de satanista filosófico para o tradicional. O satanismo filosófico aceita a existência de Satanás e de demônios. Em essência, é a adoração do demônio. O fundamento desse tipo de satanismo é a troca, por meio da possessão da alma de alguém pelo poder demoníaco.

> Logo, os demônios que convidei a me possuir começaram a me atormentar. Não andávamos mais em aliança, e eles tentavam me destruir.

Eu não fui bem-sucedido em meu satanismo. Após vários anos como satanista, meu coração ainda estava vivo, e meu crescimento foi obstruído. Meu mentor satânico informou-me que eu não podia crescer como satanista porque estava "angelicamente oprimido". Até esse ponto, eu estivera servindo ao ser mais poderoso que conhecia. Todavia, diziam-me que havia um poder mais forte que me possuía. Eu tinha de descobrir que poder mais alto era esse. E quando reconheci que esse poder mais alto era Jesus

Cristo, eu não quis nada com ele. Eu fora condicionado a odiar o nome de Jesus Cristo.

Contudo, até mesmo quando rejeitei Jesus, percebi que tudo em que pusera minha esperança e meu coração me falhara. Eu estava atormentado pela falta de sentido e de propósito. Não obtivera nenhuma resposta para a pergunta que tinha em minha vida.

Logo, os demônios que convidei a me possuir começaram a me atormentar. Não andávamos mais em aliança, e eles tentavam me destruir. Nesse ponto, tentei duas vezes o suicídio. Eu queria morrer. A morte viria fácil, ou, pelo menos, era isso que eu pensava. Comprei uma arma, lancei mão dos meios usuais de sedar meus temores — maconha e uísque — e dirigi-me para o local em que poderia finalizar minha ruína. Aluguei um quarto de hotel, fumei e bebi até o ponto em que teria coragem para puxar o gatilho. Eu me perguntava se me tornaria a notícia da noite. Mas quando sentei no quarto de hotel, comecei a lutar com o pensamento de que esse era o fim.

Quando coloquei o cano da arma em minha cabeça, senti medo. Eu não estava com medo de morrer. Tinha medo de para onde iria após minha morte. Assim, não puxei, ou melhor, não pude puxar o gatilho. Mais uma vez, senti o fracasso de minha vida, mesmo diante de minha morte.

Eu, com a percepção de que meu desejo de morrer não fora cumprido, tentei destruir a mim mesmo na tarde seguinte. Peguei uma corda e tentei me enforcar. Passei a corda em volta da viga da garagem. Certifiquei-me de que o nó estivesse apertado quando amarrei a outra ponta em volta de meu pescoço. Senti como se estivesse pronto. Nesse ponto, minha dúvida com meu destino eterno não fazia mais sentido.

Chutei a cadeira de sob meus pés, esperando sentir o puxão da corda em meu pescoço. Em vez disso, vi-me caído no chão da garagem. Eu, sentado no chão, perguntava-me por que não estava morto. Como eu podia fracassar de novo?

Eu estava em um estado miserável. Fracassara duas vezes na tentativa de me suicidar. Eu não só tivera o desejo de morrer, como também falhara duas vezes na realização desse desejo. Havia alguma saída? A essa altura, o que eu deveria fazer? Vi-me em luta com um milhão de novas perguntas. *Onde eu encontraria as respostas?* Eu precisava de uma cerveja.

Aquela noite, após falhar pela segunda vez na tentativa de suicídio, pensei que deveria beber até chegar à letargia. Contudo, eu não conseguia. Toda vez que trazia a caneca de cerveja até meus lábios, o cheiro do álcool me nauseava. Isso era bastante incomum, já que era um bebedor havia anos.

Tentei acender um cigarro, mas ele queimava meus lábios, e o cheiro era tão ruim quanto o da cerveja. Tentei fumar maconha a fim de ficar alto e poder controlar minha dor. Mas o cheiro do baseado, como o da cerveja, causava náuseas. Nada podia sedar meu estado. De repente, meus antigos amigos, álcool e droga, eram inconsumíveis. Eu não conseguia nem fumar um cigarro. Eu estava confuso.

Fui até o lado de fora para clarear minha mente. Todavia, as perguntas eram muito fortes. Eu não conseguia morrer e não estava no estado planejado de letargia. Àquela altura, eu não queria sentir o que sentia. Eu era incapaz de tirar minha vida e não sabia o que fazer.

Então, pensei que dormir poderia aliviar minha dor e confusão. Caí sobre minha cama, querendo apenas fechar os olhos e dormir. Quando me deitei, comecei a chorar. Todos meus anos em busca de respostas deram em nada. Eu tinha um desejo tão forte de morrer e, contudo, falhara nisso — não uma, mas duas vezes. Fracasso. Tudo que eu sentia era o fracasso.

Quando comecei a chorar, senti um alívio imenso com minhas lágrimas. Todavia, à medida que chorava, eu experimentava algo que nunca vivenciara antes. Ouvi uma voz que vinha dos pés da minha cama e ordenava: "Levante-se!".

Parei de chorar imediatamente, esperando que aparecesse um demônio para me destruir. Eu tentara me matar e pensava que havia enraivecido as forças demoníacas com a tentativa de tirar minha vida.

A voz insistiu de novo: "Levante-se!". Contudo, dessa vez, ouvi a voz vindo do lado direito de minha face. Não hesitei em responder ao que me fora ordenado. Saí do quarto e fui para o lado de fora de casa. Na verdade, saí pela janela de meu quarto com a finalidade de não perder nem um minuto. Quando saí, vivenciei a presença de Deus. Havia a presença de um Ser mais poderoso que qualquer outro que encontrei em todos meus anos de satanismo. Todavia, de alguma forma, eu sabia que esse Ser se importava comigo.

Inclinei o rosto e comecei a chorar. Quando levantei minha cabeça, pedi que Jesus Cristo consertasse minha vida. Eu sabia com quem me encontrara. Naquele momento, eu sabia que estava na presença de Jesus Cristo e queria apenas que ele consertasse minha vida.

Naquele momento, não tinha consciência de que o aceitava como meu Senhor e Salvador. Eu apenas precisava que Jesus me ajudasse a atravessar aquele momento de minha vida. Quando eu pedi a ajuda dele, ele estava lá para concedê-la. O mesmo Jesus Cristo de quem, em diversas ocasiões, eu me afastara, falou comigo em meu desespero.

Uma ajuda muito presente em tempos de precisão

Jesus Cristo guiou-me para fora do satanismo e levou-me a uma pequena igreja para que encontrasse a ajuda de que tanto precisava. Em 1981, sentei-me na fileira do fundo de uma igrejinha de Muncie, Indiana, e ouvi o primeiro sermão de minha vida. Foi após aquele culto que um homem, Harry Richardson, aproximou-se de mim. Ele pediu-me para jantar com ele e a esposa em sua casa. Aceitei o convite com alegria.

Sentei-me com Harry e Jo Richardson para um jantar e uma noite que mudariam minha vida. Nesse momento, eu ainda tinha os demônios em meu interior, e eles ainda me atormentavam. Ao sentar-me àquela mesa, eu não tinha certeza de como aquela noite acabaria. As coisas iam bem. Conversávamos a fim de conhecer uns aos outros, embora, de alguma forma, isso fosse embaraçoso. No entanto, logo, eu compartilhava com eles que estivera envolvido com satanismo. Jo disse-me que eu precisava de oração. Ela começou a orar, e fui libertado dos demônios que me atormentavam.

Experimentei uma mudança imediata ao saber que eles tinham ido embora. Corri até o espelho mais próximo e, pela primeira vez em anos, olhei o reflexo de meu verdadeiro "eu". Desde que fora iniciado, só conseguia enxergar os demônios em mim. Foi bom ver apenas a mim, e sorri pela primeira vez em anos!

Por intermédio de Harry e Jo Richardson, recebi a ajuda para ser libertado dos demônios e dos efeitos de meu envolvimento com o satanismo. Eles ofereceram-me o amor que meu coração buscava, e fui consolado e discipulado na Palavra de Deus. Agradeço a Deus por ter me guiado a pessoas que sabiam como ser usadas por ele no terreno da libertação.

Existe um caminho para sair do satanismo. Fiquei tão feliz quando encontrei esse caminho. A Bíblia é verdadeira quando diz que Jesus é o caminho, a verdade e a vida (v. Jo 14.6). Serei sempre agradecido pela misericórdia de Deus comigo e por seu amor incrível por mim.

Capítulo 27

LIVRE DA SOMBRIA PRISÃO DO VODU

Ana Méndez Ferrell

Jamais esquecerei a experiência que, certa noite, tive aos 13 anos — nem, anos depois, deixarei de meditar sobre o sentido dela. Eu estava em meu quarto me preparando para um exame final. Ao sentar-me para estudar, alguma coisa começou a me distrair. Senti uma força sobrenatural poderosa atrair-me até a janela do quarto. Apesar das nuvens escuras do céu noturno, vi uma luz brilhante, espetacular, brilhar através do céu. Parecia uma estrela gigantesca. Enquanto pensava o que poderia ser aquilo, a luz, de repente, correu, atravessou minha janela e encheu meu quarto de um esplendor deslumbrante. Caí no chão, incapaz de me mexer. Tudo o que podia fazer era chorar, quando um amor indescritível e uma bondade infinita me rodearam. Essa presença fez com que me sentisse suja e insignificante, porém, abençoada acima de qualquer coisa que pudesse imaginar.

De repente, não conseguia mais ver nada a minha volta como era. Meus olhos viam apenas o Senhor Jesus em toda sua majestade! Cristo mesmo viera me visitar! Desajeitada, escrevi o que ele me falou. Não sei quanto tempo passou até que, pouco a pouco, a visão começasse a desvanecer. Vi-me sobre o chão, encharcada de lágrimas e segurando um pedaço de papel com estas palavras: "Eu sou o seu Senhor Jesus Cristo, eu vim dizer-lhe que me revelarei, a tempo, para você. Você será minha serva, e eu virei a você por intermédio de um homem de olhos azuis".

A partir daquele momento, amei profundamente Jesus e comecei uma busca desesperada por Deus e por servi-lo. Eu, criada como católica, iniciei minha busca na Igreja Católica Romana, mas encontrei apenas vazio. Para mim, os rituais careciam da presença do Deus sobrenatural e majestoso que buscava.

O caminho para o oculto

No México, onde cresci, nunca ouvi falar de outro tipo de igreja que não a católica romana. Isso deu a oportunidade ao demônio de me guiar para uma armadilha horrorosa e para os caminhos do oculto. Minha sede por um reino de poder invisível vindo de Deus, meu coração juvenil sangrando e minha ignorância em relação aos caminhos do Senhor eram os ingredientes perfeitos para Satanás tapear minha alma.

Minha busca pelo poder

Desapontada com a ineficácia encontrada no catolicismo, fiz meu caminho para as religiões orientais. Eu queria encontrar Jesus a qualquer preço, e essas filosofias falam de uma encarnação chamada Jesus, um espírito ungido que visitou a terra na forma de Buda, Krishna e outros. Então, dei-lhes uma chance, mas da única maneira que sei fazer as coisas — entregar-me totalmente. Todavia, após dois anos de ioga e de meditação, percebi que o Jesus maravilhoso que me visitara também não estava nas filosofias orientais. Contudo, essas práticas foram os primeiros passos que o demônio usou para criar em mim o fascínio pelo desconhecido, pelos mistérios do Universo e pela busca dos caminhos ocultos da chamada Grande Mente Universal.

Pouco depois de largar as práticas das religiões orientais, fui apresentada a um homem, cuja melhor descrição seria um poderoso feiticeiro, um xamã e um mestre do oculto. Ele era tido como iluminado, um dos poucos escolhidos que podia entrar no reino dos espíritos e ter contato com os deuses.

Conversar com esse homem trazia muito enlevo. Ele falava de Deus, do Universo, de poderes mágicos e de mundos mágicos, e falava de uma forma que me deixava sem palavras. À medida que as palavras saíam de sua boca, um espírito sedutor capturava minha alma. Fui pega por algo tão poderoso que criou em mim o desejo de fazer parte disso. A seguir, esse homem abriu a Bíblia e leu-me João 3. Ele disse: "Você tem de nascer de novo a fim de entrar no reino de Deus", o que ele, depois, explicou ser o reino da magia em que todas as coisas são possíveis. Nesse momento, a seta de Satanás me trespassou e caí na rede que me levou às profundezas do reino das trevas.

A prisão do vodu

Duas semanas depois, fui iniciada na magia vodu por meio da tradicional "morte iniciatória". A cerimônia de iniciação baseia-se, fundamentalmente, no sacrifício animal registrado no livro de Levítico e chama a pessoa a ser iniciada a se banhar em sangue, o que representa o sangue expiatório.

Após uma série de rituais, vi-me fora de meu corpo, flutuando no meio da sala.[1] Assistia enquanto uma série de seres demoníacos entravam em meu corpo. Quando meu espírito retornou ao meu corpo, senti-me totalmente energizada, uma bateria de alta voltagem me sacudia. Após o encerramento da cerimônia, não era mais eu mesma. Minha alma estava em aliança com o demônio e sob o poder de uma força que guiaria meus passos no mundo das trevas. Eu fora terrivelmente enganada.

Foi quando começou meu trabalho com o feiticeiro. Fazíamos feitiçaria, líamos cartas e iniciávamos outros sempre que possível. O feiticeiro insistia que praticávamos magia branca e que tínhamos aliança apenas com espíritos de luz, que vinham de magníficos santos e de belas virgens, cuja missão era ajudar-nos em nosso caminhar diário na terra. Pouco a pouco, percebi que isso não era verdade, mas a frase: "Uma vez que você segue esse caminho não há volta", ecoava em minha mente.

À medida que o tempo passava, a voz dos espíritos em meu interior tornava-se mais clara. Esses espíritos eram poderosos e tinham capacidade de curar o doente e de libertar (o que era enganoso, pois apenas tirávamos um espírito para substituí-lo por outro). As pessoas libertadas saíam jubilantes, acreditando que estavam livres, mas os espíritos "expulsos", no fim, retornavam e se vingavam delas.

Eu avancei mais e mais nas profundas prisões da magia vodu. Desenvolvi uma sede por sangue e gostava dos sacrifícios de animais. O poder que emanava quando o animal morria era como droga para mim. À medida que eu crescia em conhecimento e que ascendia a graus mais altos do oculto, o demônio começou a manifestar-se exatamente como era, e não mais como um ser belo que fingia ser no início. Eu estava tiranizada, obrigada a obedecer a qualquer custo. Minha casa foi totalmente enfeitiçada. Passei noites sem-fim aterrorizada pelos espíritos que estavam designados a me torturar até a exaustão.

> À medida que ascendia a graus mais altos do oculto, o demônio começou a manifestar-se exatamente como era, e não mais como um ser belo que fingia ser.

Por outro lado, era favorecida com fama, dinheiro e amigos influentes. Na época em que alcancei o grau de sacerdotisa na magia vodu, tinha autoridade para pedir qualquer coisa que precisasse em meus trabalhos de magia. Foi quando comecei a perceber que havia algumas coisas que o demônio simplesmente não podia fazer. Todo o poder de que ele se gabava tinha limites. Havia lugares em que ele não podia ir, e também existiam pessoas que ele não podia tocar, independentemente de quantos sacrifícios e cerimônias fizéssemos. Fiquei com muita raiva dele quando compreendi que não podia fazer o bem apesar de todo seu pretenso poder.

Morte iminente

O demônio decidiu matar-me quando percebeu que eu conhecia sua fraqueza e as limitações de seu poder. Certo dia, ele deixou isso claro para mim, quando um de seus emissários disse-me: "Vou para reivindicar o que me pertence. Estou indo por você, chegou sua hora".

Aquele ano foi cheio de terríveis ataques mortais contra mim. O primeiro veio durante uma jornada de oração em El Salvador, onde vive parte de minha família. Fiquei seriamente doente, com pneumonia, e precisei ser hospitalizada. Enquanto estava lá, a cidade foi atacada e uma bomba explodiu perto do hospital em que estava. Logo depois, enquanto eu visitava Los Angeles, dois homens armados assaltaram-me. Eles tinham a intenção de raptar-me e matar-me, mas, agora, sei que a mão de Deus estava sobre mim. Eles bateram em mim e deixaram-me na rua, mas, o estranho, é que nada mais aconteceu. Sete meses depois, os mesmos assaltantes foram pegos e presos por terem matado sete pessoas na mesma vizinhança.

Pouco depois do ataque, um botijão de gás pegou fogo em meu apartamento. Eu apaguei o fogo com um cobertor e meu corpo, enquanto ouvia o demônio gritar: "Você vai morrer". A seguir, a cidade do México foi atingida por um terremoto terrível que matou mais de 30 mil pessoas. Meu apartamento ficava na zona do desastre em que cem prédios foram destruídos. Enquanto eu tentava salvar pessoas vivas presas nos escombros, o prédio explodiu, e meu corpo foi arremessado. Mesmo assim, o fogo não tocou em mim. Mais uma vez, experimentei as mãos de Deus sobre minha vida.

A voz do demônio tornou-se progressivamente mais forte e mais freqüente: "Eu venho por você, você me pertence e morrerá". Meus nervos e o tormento dos demônios estavam me destruindo. Minha saúde começou a falhar, e sofri fortes colapsos nervosos. Decidi ir a Porto Rico para um descanso; lá, uma chuva torrencial destruiu uma montanha próxima. Mais uma vez, eu estava rodeada de cadáveres e de pessoas esmagadas pelos escombros.

Sofri uma paralisia facial parcial por causa de minha condição psicológica deteriorada. Durante um ano inteiro, sofri dor extrema e, por fim, compreendi como a alma fica anestesiada quando o sofrimento nos leva ao ponto de ruptura. O demônio levou-me às câmaras mais profundas do inferno em que vi almas perdidas surradas e queimadas, para alegria de seus carrascos. Eu conhecia o verdadeiro sentido das trevas, em que não há mais um único raio de esperança nem fuga da opressão, da solidão e da tristeza.

Em uma tentativa de acabar com o sofrimento, voltei ao México, mas acabei bem longe da paz que buscava. Os demônios que me atormentavam voltaram seu poder contra mim com a intenção de matar-me de uma vez por todas. Houve uma batalha feroz em meu interior que durou até que eu, incapaz de agüentar mais, tentei tirar minha vida cortando as veias. Perdi muito sangue até minha irmã gêmea encontrar-me e levar-me para o hospital. Enquanto estava na sala de emergência, lutando entre a vida e a morte, o inesperado aconteceu. Uma presença gloriosa começou a descer sobre mim. Era a mesma luz que vira tantos anos atrás quando Jesus visitou-me, pela primeira vez, em meu quarto. A seguir, ouvi uma voz audível dizer-me: "Seu Pai celestial não a abandonará". Por fim, o sono venceu-me quando os fortes sedativos administrados em mim fizeram efeito.

O início da libertação

Acordei 48 horas depois, na ala psiquiátrica do hospital — um prédio afastado, com barras de segurança, para pacientes com doenças mentais. Eu era um desses pacientes e ainda estava em condições extremamente ruins. Após várias avaliações médicas, o médico determinou que meu prognóstico era muito sério, e, com certeza, eu permaneceria muito tempo no hospital. Mas os planos de Deus eram diferentes. Alguns dias depois, minha amada tia Gloria Capriles veio ver-me. Ela era uma senhora bonita e doce, cheia de amor e de compaixão. Ela disse-me que havia um homem que mudara sua vida, e ela queria trazê-lo para me ver. Eu concordei, mais por curiosidade que por fé.

No dia seguinte, ela veio com um pastor cristão. Os olhos dele eram de um azul brilhante. Ouvi atentamente enquanto ele apresentava a mensagem de salvação. Eu sabia que o que ele dizia era verdade. Apesar disso, minha reação foi chorar amargamente de tristeza, intensa e profunda. Falei-lhe: "Você está pregando uma coisa horrível. Sei que tudo que diz é verdade, mas sou incapaz de correr para Jesus. Fiz alianças inquebráveis, e se tentar rompê-las, o ódio do demônio cairá sobre mim".

Naquele momento de profundo desespero, o ministro interrompeu-me com as seguintes palavras: "Isso não é verdade! A Palavra de Deus proclama: 'Se confessarmos os nossos pecados, ele é fiel e justo para perdoar os nossos pecados e nos purificar de toda injustiça' (1Jo 1.19). O sangue de

Jesus quebra qualquer aliança! Jesus, nosso Senhor, morreu por você, para libertá-la das correntes do demônio!".

As palavras dele chocaram-me, e o Espírito Santo iniciou um trabalho profundo em minha alma. "O que devo fazer para receber Jesus em meu coração?", perguntei em meio a minhas lágrimas, com um profundo desejo de que meu amado Jesus pusesse um fim àquele pesadelo.

"Arrependa-se e peça que ele viva em seu coração. Diga-lhe que quer que ele seja seu Senhor e Salvador."

Quando fiz isso, o Espírito Santo veio sobre mim com tal condenação de pecado, que sucumbi em uma mistura de dor e de vergonha. Minha consciência era purgada à medida que derramava minha alma a Deus e rogava por misericórdia. Foi durante essa oração profunda e sincera que Deus removeu o engano, e fui capaz de ver claramente como o demônio me enganara. Após esse momento de confissão, o ministro orou por minha libertação dos demônios que me mantinham em suas garras. Naquela hora, senti como se um raio vindo do céu rompesse as correntes que me mantinham cativa. Quando os demônios fugiram, a alegria e a paz encheram meu coração, e convenci-me de que Jesus me libertara totalmente.

Minha declaração de guerra

Durante o período em que fiquei no hospital, a presença de Deus foi extremamente poderosa em minha vida. A primeira coisa que o Espírito Santo disse-me foi para que nem mesmo pensasse em responder ao desprezado, pois o Inimigo estava furioso comigo por causa de minha decisão de seguir a Cristo. Eu, cheia do zelo divino, estava longe de ficar amedrontada com isso. Decidi declarar guerra ao Inimigo até o fim. Eu queria resgatar cada alma que pudesse. Fiz um voto de libertar os cativos e de servir ao Senhor com todo meu coração, e tenho feito isso desde esse dia.

O que nos atrai ao oculto?

Em meu ministério de libertação, descobri que não importa em que tipo de atividade oculta o indivíduo se envolva, a batalha contra as forças demoníacas é tremenda, e a demonização pode ser bastante séria. Eu, como estivera tão presa e, pela graça de Deus, fora libertada, queria compartilhar a sabedoria que havia juntado sobre a compreensão do caminho para a vitória total.

Primeiro, é útil entender o que faz com que a pessoa se torne susceptível de ser enganada pelo oculto. Isso nos ajuda a compreender como ministrar para a pessoa inteira à medida que sai das garras de Satanás.

1. *Toda pessoa envolvida no oculto sofre de profunda rejeição.* A rejeição é a principal causa para o envolvimento no oculto. Uma família desfeita, a falta de paternidade verdadeira, todos os tipos de abusos durante a infância, a morte prematura de um dos pais ou dos dois ou alguma experiência traumática podem ser a causa de um sentimento profundo de rejeição. A rejeição faz com que o indivíduo anseie por aceitação e por tornar-se alguém importante. Satanás o engana com a crença de que, ao seguir seu caminho, conseguirá as duas coisas.

2. *Em geral, a pessoa que se envolve com o oculto foi fisgada pelas mentiras de Satanás por causa da falta de identidade.* Todo mundo precisa de uma identidade. A identidade é a compreensão de quem somos, de qual é nosso destino e nossa função nesta vida. Claro, Deus criou-nos para ter nossa identidade nele. Todavia, muitas vezes, nós, por causa do pecado, do abuso ou da falta de compreensão, não buscamos Deus para nossa identidade. Em vez disso, tendemos a lutar para ser aceitos pelos outros, para ser respeitados, para ser "alguém". O clamor de muitas almas é este: "Por favor, alguém me diga que tenho valor".

Isso se liga à rejeição. Quando a pessoa é rejeitada, a necessidade de identidade verdadeira torna-se mais forte — justamente porque a pessoa sente a falta dela. Ela começa a procurar identidade no dinheiro e nas posses ou na fama e no poder.

O demônio procura a pessoa rejeitada, alguém a quem possa prometer uma fonte de identidade. Ele envia um de seus mensageiros que sussurra promessas como a estas: "Você é o escolhido", ou: "Você tem poderes únicos, não é como as pessoas comuns", ou ainda: "Você é o candidato perfeito para receber todo o poder do Universo — você conhecerá o futuro, terá poder de cura, será senhor do destino dos outros". Que promessas atraentes para uma pessoa rejeitada e sem identidade!

3. *A raiva interior é uma força propulsora.* Eis uma importante verdade que você deve entender: o demônio precisa de raiva, de ódio e de inveja para energizar seu poder demoníaco. Por isso, Tiago afirma em sua epístola:

> Contudo, se vocês abrigam no coração inveja amarga e ambição egoísta, não se gloriem disso, nem neguem a verdade. Esse tipo de "sabedoria" não vem dos céus, mas é terrena; não é espiritual, mas é demoníaca. Pois onde há inveja e ambição egoísta, aí há confusão e toda espécie de males (Tg 3.14-16).

Contanto que esses pecados permaneçam no coração, o demônio tem mais controle e pode atormentar e levar a pessoa a lugares carregados de angústia, de depressão e de desespero. A pessoa atormentada por demônios tende a se lançar no abismo da depressão. Há tanta raiva e desejo de vingança no interior da pessoa que ela tende a punir a si mesma a fim de despressurizar as válvulas internas da dor. Os demônios amam esse ciclo de autodestruição e, com alegria, compelem essa alma atormentada a se lançar mais ainda nas garras de Satanás.

4. *Satanás usa a imaginação que se mistura com a realidade.* A pessoa envolvida com o oculto dá muita corda em sua mente para o Inimigo. É lá que ele constrói suas vigas mestras, a partir das quais usa a pessoa para seus planos maléficos. Chamo isso de zona sombria. É a área da mente localizada em alguma parte entre o consciente e o inconsciente, entre o mundo real e o irreal, entre a realidade e a imaginação.

A pessoa envolvida com o oculto tem experiências incríveis em seu espírito e também no reino da imaginação. Essas experiências são tão reais que a pessoa não sabe mais a diferença entre o que realmente aconteceu e o que é apenas resultado de uma viagem profunda na imaginação.

Esse é um aspecto muito importante para se lidar quando ajudamos a pessoa que emerge do oculto, do contrário, o demônio a devastará com o medo e fantasias e de sonhos horríveis. Para acontecer a verdadeira libertação, a pessoa precisa renunciar ao poder que deu ao demônio para operar em sua mente e a partir dela.

Como libertar almas cativas

Quer você seja alguém que emerge do oculto quer seja alguém chamado a libertar esses cativos, eis alguns passos importantes ao longo do caminho da libertação:

> 1. *O encontro triunfal com o sacrifício de Cristo.* O verdadeiro encontro com o sacrifício de Cristo é a mais poderosa e, na verdade, a única fonte de libertação e de salvação. Esse encontro é a confrontação entre a natureza pecaminosa, a condição obscura e suja da alma e o sacrifício terrivelmente doloroso de Cristo por nossa causa. Não podemos ser chamados de cristãos, de seguidores de Cristo, se não entendemos que cada um de nossos pecados o feriu, o açoitou e o pregou na cruz. Nós crucificamos Cristo. Podemos evitar esse encontro, porém, a salvação e a libertação começam com ele.

A salvação acontece quando respondemos, com todo nosso corpo, nossa alma e nosso espírito, ao que Jesus fez por nós. Quando vemos nossa sujeira diante da pureza dele, nossa vergonha diante do amor perfeito dele, aí, e apenas aí, nossa vida pode ser mudada. A cruz tem de ter um peso em nosso coração que nos capacite a viver para ela e por intermédio dela. Foi isso que me libertou — e liberta todos que a encontram.

> 2. *O arrependimento verdadeiro do envolvimento com o oculto.* O arrependimento verdadeiro não é uma opção. É o principal fundamento da libertação. Além de nos arrependermos de nossos atos individuais, temos de nos arrepender por termos sido

servos de Satanás e por tê-lo tornado nosso pai, em vez de fazer de Deus nosso Pai. Todos os pecados, não apenas a prática do oculto, tornam-nos servos de Satanás. E a vida pecaminosa faz de Satanás nosso pai. Realmente, todos nós temos de entender isso se quisermos ser bem-sucedidos em nossa libertação. E temos de odiar essa condição com todas as células de nosso corpo.

3. *O querer a libertação de todo o coração.* Infelizmente, muitas pessoas, por ignorância, gostam, de forma masoquista, do tormento dos demônios. Elas são capazes, por sempre serem as vítimas, de controlar os outros chamando a atenção para si mesmas e invocando a simpatia deles. As pessoas que fazem isso não têm Deus como o verdadeiro centro e o foco principal de sua vida. Elas estão totalmente centradas em si mesmas. Seja o que for que aconteça a elas é de máxima importância.

Elas ignoram que ao fazer isso nunca serão libertadas e sempre servirão a Satanás em seu propósito de tornar todos a sua volta miseráveis. Elas têm de querer a libertação de todo o coração, amando a Deus e às pessoas a sua volta.

O demônio sempre tentará atacar os filhos de Deus. Ele vem para roubar, para matar e para destruir todos os filhos de Deus, não apenas aqueles que o serviram por intermédio do oculto (v. Jo 10.10). Todavia, Deus pôs a ira divina no interior de cada um de nós. Essa é a própria ira do Senhor que despreza e destrói toda obra do Inimigo. Precisamos aprender a expulsá-lo, de uma vez por todas, com a ira divina.

4. *A confissão e a quebra de todas as alianças feitas com o demônio.* A confissão do pecado para outra pessoa é essencial para a libertação. Tiago 5.16 afirma: "Confessem os seus pecados uns aos outros e orem uns pelos outros para serem curados".

Confissões genéricas a Deus, em particular, não funcionam para a libertação do oculto. É fundamental que a pessoa envolvida com o oculto confesse, com todos os detalhes possíveis, para outra pessoa. Elas precisam pedir ao Espírito Santo que as lembre de todas as vezes que pediram um favor para uma deidade do oculto e pagaram alguém para fazer o "trabalho". Isso pode levar algum tempo, mas ajuda a liquidar tudo.

A seguir, elas, após confessar tudo, precisam fazer isto: quebrar as alianças, cancelar os trabalhos, renunciar a cada deidade e expulsá-las, romper os laços da alma e do espírito com cada cerimônia e com todas as pessoas com que praticou as cerimônias e queimar tudo usado nessas cerimônias: objetos, vestimentas, peças de joalheria ou ídolos.

5. *A renúncia às deidades do vodu.* Se houve envolvimento específico no vodu, elas têm de renunciar a Legba ou Elaga, a Iemanjá ou Erzuli, Obatalá, Xangô, Dambalá, Oxum, Ogun, Orulá, Olofi, Ola, todos os "loás" (espíritos vodus) e todos os espíritos da morte que trabalham com estes.

Minha vida é um testemunho. Levanto-me como alguém que foi totalmente libertada do oculto. O Filho do homem veio para destruir todas as obras do Inimigo, e ele ainda é capaz de fazer isso, se você permitir.

A unção do Senhor Deus está sobre Jesus para que liberte os cativos. Minha oração é para que essas palavras, aliadas à poderosa presença dele, ajudem-no a se libertar dessa horrível escravidão do demônio se estiver sob o domínio dela. *Talvez* eu seja a testemunha da graça e do poder maravilhosos de Deus e viverei até meu último dia comprometida com a destruição das obras do demônio.

E toda a glória pela salvação magnífica que operou em minha vida seja dada a Deus! Ele pode fazer o mesmo por você!

Apêndice

COMO MINISTRAR UMA SESSÃO DE LIBERTAÇÃO

Doris M. Wagner

Deixe-me compartilhar, a partir de minha experiência, algumas sugestões sobre o ministério de libertação. Comentarei alguns itens.

Preparação

Você é o líder de libertação da sessão. Por favor, tenha em mente que sua preparação e condição espirituais são de fundamental importância. Acima de tudo, não tente libertar alguém se houver um ponto demoníaco em sua própria vida. Os demônios parecem saber quando a pessoa que aconselha tem "criaturas" pairando sobre ela. Isso pode ser embaraçoso para todos, pois os demônios que tenta expulsar podem lhe contar exatamente isso.

Por isso, você tem de estar livre da presença demoníaca em sua vida. Você deve ter uma vida pura, sem nenhum pecado conhecido à espreita em algum lugar. Isso lhe dá o "direito" de ministrar à vida de outra pessoa e assegura-lhe autoridade para fazer isso em nome de Jesus.

Você tem de ser "revestido pela oração". Peça ajuda e orientação especiais ao Senhor à medida que examina o questionário (v. os capítulos de 9 a 14 e o apêndice 3 de meu livro *How to Cast Out Demons* [Como expulsar demônios]) e ore por sabedoria, discernimento e compaixão para ministrar de forma eficaz.

Em geral, eu jejuo no dia de ministrar libertação. Quando assisto à prática de outros ministros de libertação, acho que alguns jejuam, outros, não. Aqueles que ministram libertação diariamente precisam se alimentar de vez em quando. Nessa altura de minha vida, sou capaz de exercer esse ministério apenas ocasionalmente, portanto, o jejum é um luxo que posso me permitir.

Uma característica que vem com a experiência é a segurança. Você precisa ser uma pessoa de fé e confiante. Sua fé cresce nessa área até que tenha certeza de que Deus virá em seu auxílio toda vez que orar e que aperfeiçoar sua autoridade. Com o tempo e a experiência, o trabalho torna-se mais fácil.

Lembre-se de nossas duas principais armas: a *autoridade* transmitida por nosso Senhor e o uso do *nome de Jesus* conforme nos dirigimos a cada demônio, pelo nome, ordenando que saia.

O apoio de intercessores

Gosto que alguns de meus intercessores saibam quando ministro libertação para que possam apoiar a sessão com orações. Se a pessoa para quem oro se sente confortável em pedir oração para seus amigos cristãos, isso também ajuda. Não divulgo o nome da pessoa para quem oro ou a natureza dos problemas por que passa. Sou muito cuidadosa em manter, tanto quanto possível, a privacidade e a dignidade da pessoa. Em geral, digo apenas algo parecido com o seguinte: "Terça-feira, às 9 horas, estarei orando por uma mulher, e o caso é difícil. Por favor, orem por sabedoria, por discernimento e para que o Espírito Santo nos ajude muito".

O trabalho com uma equipe

Se você trabalha com uma equipe pequena, certifique-se de que apenas uma pessoa por vez fique no comando da sessão. Dessa forma, a sessão não se torna uma balbúrdia com várias pessoas falando ou orando ao mesmo tempo. Quando eu trabalhava com uma equipe, pedia que qualquer sugestão fosse escrita em um pedaço de papel e entregue a mim. Se eu pedisse para alguém dizer alguma coisa, aí a história era diferente. Os demônios vicejam, ganham força, na confusão, pois conseguem um bocado de vantagem em meio ao caos. Meu conselho é manter as coisas calmas e em ordem.

O treinamento de outras pessoas

É maravilhoso quando os membros do grupo podem ser "aprendizes" em verdadeiras sessões de libertação, mas isso deve ser feito com apenas um ou dois desses membros da equipe por vez. A função deles, durante a sessão, é interceder. Se tiverem perguntas, eles devem escrevê-las em um pedaço de papel, nunca fazê-las em voz alta durante a sessão. O relato da missão deve ser feito em particular, após a conclusão da sessão.

Fazer com que o aprendiz examine o questionário com você, antes da sessão, também é uma boa técnica de aprendizado. Você pode chamar a atenção dele para o que é "tão claro como água" para você. Em geral, escrevo na margem o nome do demônio de que estou atrás. Destaco com caneta rosa (você pode usar qualquer cor!) os itens importantes que requerem explicação posterior ou atenção em orações.

O aprendiz tem de prometer manter total confidencialidade. Essa promessa não deve ser quebrada jamais, nem para "propósitos de oração" (reuniões de oração demais se transformam em sessões de fofoca). Você, se tem informações particulares e sente que o assunto precisa de oração, provavelmente é a pessoa que Deus escolheu para orar. Claro que a história é diferente, se a pessoa que busca libertação pede que você tenha alguns intercessores orando, mas, ainda assim, insistimos na confidencialidade. Em geral, a pessoa pede oração se esteve envolvida em feitiçaria ou satanismo. O medo sempre está bem presente. Geralmente, os intercessores maduros sabem como manter os lábios fechados. Os que não conseguem fazer isso, não estão qualificados para ser intercessores de libertação.

Precisamos assegurar à pessoa que busca libertação que é seguro estar conosco e que a confidencialidade é respeitada e mantida. O demônio, mais que tudo, gostaria de trazer insegurança ao indivíduo pelo receio de que não sejamos confiáveis. Ele também gosta de embaraçar suas vítimas. Não lhe daremos essa satisfação!

Acontece uma coisa interessante depois que oro por um indivíduo. Como, por natureza, sou uma pessoa um tanto sensível, alguém que não aguenta conflitos, Deus, sobrenaturalmente, remove de minha mente quase tudo pelo que oro para que eu não me lembre. Se eu tivesse de carregar todo o peso do lixo pelo qual oro, isso me incapacitaria emocionalmente. Deus é muito complacente, depois, posso encontrar a pessoa por quem orei e olhá-la direto nos olhos sem que haja qualquer "lixo" ligado a ela. Também consigo me desligar disso a ponto de nunca conversar sobre nenhuma sessão de libertação passada. Talvez esse seja o motivo por que o assunto "evapora" de minha memória — eu apenas não o reforço falando a respeito dele.

A pessoa que pede oração

Há diversas condições que considero necessárias antes de concordar em orar por alguém.

Isso não quer dizer que me recuso a orar pela pessoa. Em geral, isso quer dizer que a pessoa ainda não está pronta. Quando a pessoa concorda com as condições abaixo, marco uma entrevista.

A pessoa precisa querer se libertar.
Isso não pode ser ideia do cônjuge, do avô ou de um amigo. Tem de ser o desejo sincero da pessoa.

A pessoa tem de estar disposta a perdoar os que foram a causa principal de seus problemas.
Isso pode ser difícil de fazer, mas a oração deve ser adiada até que a pessoa esteja disposta a perdoar, já que o não-perdão pode ser um convite para que o problema retorne.

A pessoa tem de ser séria em relação à promessa de parar de pecar, de romper os maus hábitos, de, talvez, deixar certas amizades ou o que for necessário para ajudar o processo de cura.
Sou incapaz de segurar as mãos das pessoas depois de orar por elas, aconselho-as a seguir as instruções pós-oração (v. o apêndice 4 em meu livro *How to Cast Out Demons* [Como expulsar demônios]) e espero

que façam isso a fim de manter resultados satisfatórios e liberdade duradoura.

A pessoa tem de prometer manter-se próxima de Deus.
Espera-se um regime permanente de comparecimento regular à igreja, de leitura bíblica e de orações diárias. Quando disponível, é desejável a participação em pequenos grupos para auxiliar na prestação de contas de seu caminhar com o Senhor.

O lugar físico da oração

Sempre insisto em orar em um local seguro. Se preciso orar sozinha por alguém, faço isso em meu escritório. Ele tem janelas sem persianas, e oro apenas no horário comercial. Fui bastante afortunada em poder projetar meu escritório e, da minha mesa, tenho uma boa visão através da janela, tanto à direita como à esquerda. Através dessa janela, posso ver todo mundo de frente. Isso beneficia a nós todos, e não podemos ser acusados de "estar por trás de uma porta fechada". Mesmo nossas salas de reuniões têm janelas de vidro de alto a baixo, assim qualquer pessoa que passe por ali pode ver quando a sala está ocupada.

Sempre coloco minha cadeira de frente para a pessoa por quem oro. Assim, posso olhar direto nos olhos dela. Tenho certeza de que meu convidado não está olhando a luz solar ou os raios de luz através da janela. Sempre providencio para que haja um copo de água, uma caixa de lenços de papel e um cesto de lixo ao alcance de nós dois. Se houver outra pessoa presente, ela senta-se na lateral, de um dos meus lados, a fim de que possa me alcançar facilmente se houver necessidade de me passar algum bilhete.

Aperto o botão "não perturbe" no telefone e penduro uma plaqueta com os mesmos dizeres do lado de fora de minha porta. Transmito a meu convidado que dedico minha atenção total ao assunto em pauta.

Informações adicionais

Alguns dias antes da sessão agendada, recebo o questionário confidencial, oro sobre o assunto, marco pontos para oração e analiso-a muito bem.

Todavia, sempre há itens que precisam de esclarecimentos e de explicações adicionais.

Em geral, oro, cerca de duas horas, por uma pessoa. O primeiro ponto é orar e pedir a bênção de Deus para o tempo que passaremos juntas. Oro para que Deus nos guie, oriente-nos e traga à nossa mente qualquer coisa que precise de oração e que não foi mencionada no questionário.

A seguir, faço uma declaração direcionada a todos os espíritos demoníacos, ordenando-lhes que não se manifestem. A oração é, mais ou menos, assim: "E agora, no poderoso nome de Jesus, retenho, amordaço e silencio todo espírito demoníaco presente no coração e na vida de [nome]. Digo que estão proibidos de se manifestar ou de causar qualquer desconforto, e vocês sairão quando eu ordenar que o façam! Por favor, Espírito Santo venha e acompanhe-nos enquanto oramos juntas. Guie todos nossos pensamentos, conversa e oração, em nome de Jesus".

O objetivo da meia hora seguinte é deixar a pessoa à vontade. Em geral, não vi o indivíduo antes, portanto, sou uma completa estranha. Tento agir, na medida do possível, como uma avó carinhosa, sempre tentando chegar ao fundo das coisas. Geralmente, aqui, o objetivo principal é localizar o(s) ponto(s) de entrada, determinar se alguém precisa ser perdoado e delinear um "plano de ataque" em minha mente.

Por onde começamos?

O primeiro ponto de oração varia caso a caso. Como regra, inicio com os problemas mais antigos da infância, se houver algum. Em geral, eles têm que ver com problemas ocasionados pela rejeição, que ainda ferem, de membros da família, de colegas da escola, de injustiças e assim por diante. A seguir, tratamos das outras categorias, uma de cada vez.

Ocasionalmente, você se depara com pessoas cujo deleite na vida é passar de um conselheiro para outro, falando de si mesmas e de seus problemas. Se a conversa delas for longa e fornecer mais detalhes que o necessário, diga-lhes, com delicadeza, que já tem informação suficiente no questionário e procura por detalhes específicos em relação a itens específicos. Estou convencida de que, às vezes, o demônio quer distrair nosso pensamento ou cansar nossa mente para que não permaneçamos alertas. É importante manter o controle da conversa e ficar no comando das coisas.

Eu, pessoalmente, não cobro por meu tempo de atendimento. Sinto que desde que recebo um salário, o ministério paga por meu tempo. Meu conselho de diretores aprovou meu ministério de oração para libertação de pessoas como parte da descrição de minha função. Também sinto que a prescrição bíblica: "'Vocês receberam de graça; dêem também de graça'" (Mt 10.8), inclui a libertação e a oração pelo doente, portanto, eu, pessoalmente, sinto que é inaceitável cobrar de alguém. Aceito doações espontâneas para o ministério, mas não as peço nem guardo nada para mim mesma. Às vezes, as pessoas gostam de demonstrar gratidão, e não seria certo não aceitar um presente para o ministério. É uma espécie de "oferta de gratidão" da parte delas.

Já que dôo meu tempo às pessoas, espero que elas respeitem isso e permitam que eu "cante o lance". Se alguma coisa se alonga demais, simplesmente digo algo parecido com o seguinte: "Meu tempo é realmente limitado, e temos, a fim de cobrir todos os pontos, de nos apressar, portanto, por favor, deixe-me fazer mais algumas perguntas". Sempre seja muito gentil na forma de dizer isso, pois algumas pobres almas já são muito rejeitadas e, a última coisa de que precisam, é de uma reprimenda severa.

A cura das lembranças

A última meia hora é dedicada à oração pela cura das lembranças e por bênçãos para a pessoa. Oro por cada ponto que destaquei em cor rosa ou por cada demônio anotado na margem do questionário. Dedico esse tempo para orar exatamente pelo oposto do problema ou fortaleza demoníaca. Por exemplo, se havia fúria, oro para que a calma controle a mente e a língua da pessoa. Se havia ódio, oro por amor, e assim por diante.

Por último, oro por uma bênção sobre a pessoa. Peço a Deus que abençoe essa pessoa e a guarde, que abençoe suas saídas e entradas, que abençoe todos os aspectos de sua vida diária, e também para que ela agrade a Deus em tudo que faz, diz e pensa.

Muitas vezes, recebo algum comentário um tanto estranho quando a pessoa sai. Com frequência, elas dizem algo parecido com o seguinte: "Sinto-me tão leve!". Na verdade, eu nunca consegui pesar um demônio, todavia, quando o demônio sai, aparentemente, um peso é removido da alma do indivíduo, e isso faz com se sinta realmente mais leve. E elas gostam da nova sensação.

Peço que a pessoa me escreva depois de um mês para que eu saiba como as coisas progridem. Guardo partes dessas cartas, pois são tão doces, e muitas delas agradecem profusamente ao Senhor pelas mudanças que operou na vida dessas pessoas, algo que elas nunca sonharam ser possível. Sem dúvida, a liberdade supera a escravidão! O epílogo de meu livro *How to Cast Out Demons* [Como expulsar demônios] apresenta alguns desses testemunhos anônimos.

Com toda honestidade, libertação é algo que eu preferiria não fazer. Mas, ao mesmo tempo em que desgosto do processo e de ouvir todas as coisas imundas que o demônio faz com a pessoa, tenho de confessar que gosto de ver o que Deus faz para reverter tudo isso e para libertar a pessoa. Além disso, a última vez que olhei a Bíblia, ela ainda me mandava "expulsar os demônios" (Mt 10.8; Mc 16.17). A melhor coisa a dizer é: "Sim, Senhor, continuarei a fazer isso enquanto for capaz".

NOTAS

Capítulo 2: O cristão pode ficar possuído pelo demônio?

1. Ernest B. ROCKSTAD. *Demon Activity and the Christian*, apud MOODY, Gene B. "Can a Christian Have a Demon?", *Deliverance Manual.* http://www.demonbuster.com/z1cachad.html (acessado em 11 de fevereiro de 2005). Para maiores informações sobre o ministério de Gene B. Moody, Deliverance Ministries, ligue para (225) 755-8870.
2. MOODY, op. cit.
3. Idem, ibidem.
4. Derek PRINCE. *Expelling Demons,* apud MOODY, op. cit.
5. James STRONG. *The New Strong's Exhaustive Concordance of the Bible.* Nashville: Thomas Nelson Publishers, 1984, referência em grego nº 1544.
6. Joseph Henry THAYER. *A Greek-English Lexicon of the New Testament.* Grand Rapids: Baker Book House, 1977, referência nº 4991 de Strong.
7. MOODY, op. cit.

Capítulo 3: Como Satanás nos afasta do caminho de Deus

1. Chuck D. PIERCE & Rebecca Wagner SYSTEMA. *Possessing Your Inheritance.* Ventura: Renew Books, 1999, p. 25-6.
2. STRONG, op. cit., referência em hebraico nº 7307 e referência em grego nº 4151.
3. Essa oração foi composta com trechos e paráfrases de Salmos 16.11; 27.11; 119; 35,105; 139.3; Provérbios 1.15; 2.9; 4.14.

Capítulo 4: A autoridade do cristão sobre os espíritos demoníacos

1. Para mais detalhes, v. Charles H. KRAFT, *Defeating Dark Angels*. Ventura: Regal Books, 2004.
2. Para mais detalhes sobre cura interior, v. Charles H. KRAFT, *Deep Wounds, Deep Healing*. Ventura: Regal Books, 2004.

Capítulo 5: Como ministrar a limpeza espiritual da casa

1. STRONG, op. cit., referência em hebraico nº 2930.
2. Peter WAGNER. *Acts of the Holy Spirit*. Ventura: Regal Books, 2000, p. 479.

Capítulo 7: Como a libertação ajuda o reavivamento

1. John ECKHARDT. *Moving in the Apostolic*. Ventura: Regal Books, 1999, p. 79.

Capítulo 8: Perdoar o imperdoável

1. Kay TALBOT. *Preparing to Die Well*. CareNote Series. St. Meinrad: Abbey Press, 1999.

Capítulo 9: Liberar as raízes de amargura provenientes dos julgamentos

1. John & Paula SANDFORD. *The Transformation of the Inner Man*. Tulsa: Victory House, 1982, p. 263.

Capítulo 10: Superar a rejeição

1. STRONG, op. cit., referência em grego nº 2813.
2. Idem, ibidem, referência em grego nº 2380.
3. Idem, ibidem, referência em grego nº 622.

Capítulo 13: Consertar as rachaduras da alma

1. THAYER, op. cit., referência em grego nº 2352.
2. STRONG, op. cit., referência em grego nº 5134.
3. Idem, ibidem, referência em grego nº 1994 e 4762.

Capítulo 14: Ministrar aos que vivem em escravidão sexual

1. *Dicionário eletrônico Houaiss da língua portuguesa*, verbete "pornografia".

Capítulo 15: O pecado sexual: o que ele é, o que ele faz e como encontrar uma saída

1. STRONG, op. cit., referência em hebraico n° 3045.

Capítulo 17: Os efeitos da luxúria na juventude

1. American Academy of Pediatrics Committee on Public Education, "Sexuality, Contraception, and the Media", *Pediatrics*, v. 107, n° 1, janeiro de 2002, p. 191-4.
2. "Zogby/Focus Survey Reveals Shocking Internet Sex Statistics", *Legal Facts: Family Research Council*, v. 2, n° 20, 30 de março de 2000.

Capítulo 18: Libertação das conseqüências do aborto

1. STRONG, op. cit., referência em grego n° 1067.

Capítulo 19: Libertação da confusão causada pela homossexualidade

1. Para mais informações, v. Jeffrey SATINOVER, *Homosexuality and the Politics of Truth*. Grand Rapids: Baker Books, 1996.
2. D. H. HAMER. "A Linkage Between DNA Markers on the X Chromosome and Male Sexual Orientation", *Science*, 261, julho de 1993, p. 261.
3. Para mais informações sobre essas descobertas, v. Robert SPITZER, entrevistado por Laura Schlessinger em *The Dr. Laura Schlessinger Program*, 21 de janeiro de 2000.
4. SATINOVER, op. cit., p. 49, 51.
5. Para mais informações, v. Nancy SUTTON, "Domestic Violence and Domestic Partners: Two Sides of the Same Coin", *Mission America*, outono de 1998; Linda P. HARVEY, "Lesbians As Violent Partners", *Mission America*, outono de 1998; Claire RENZETTI, *Violent Betrayal: Partner Abuse in Lesbian Relationships*, Thousand Oaks: SAGE Publications, 1992; e Joanne M. HALL, "Lesbians Recovering from Alcohol Problems: An Ethnographic Study of Health Care Experiences", *Nursing Research* 43, julho-agosto de 1994, p. 238-44.

6. Anita WORTH & Bob DAVIES. *Someone I Love Is Gay.* Downers Grove: InterVarsity Press, 1996, p. 82-3.
7. Joe DALLAS. *When Homosexuality Hits Home.* Eugene: Harvest House Publishers, 2004, p. 63.
8. Helen H. LEMMEL. "Turn Your Eyes upon Jesus", usado com permissão, em *The Celebration Hymnal*, Word Music and Integrity Music, 1997, música nº 340.
9. John R. STOTT. *Cristianismo autêntico.* São Paulo:Vida, 2006, p. 223.

Capítulo 20: Abuso sexual de crianças

1. Para uma descrição desse tipo de abuso, v. Diane Mandt LANGBERG, *Counseling Survivors of Sexual Abuse.* Wheaton: Tyndale House Publishers, 1997, p. 61-2.
2. Judith A. REISMAN. *Kinsey: Crimes and Consequences: The Red Queen and the Grand Scheme.* Arlington: The Institute for Media Education, 1998.
3. David MIDDLEBROOK. *The Guardian System: S.T.O.P. Abuse Risk in Your Ministry.* Lake Mary: Creation House, 2000, p. 2.
4. Richard R. HAMMAR, Steven W. KLIPOWICZ, & James F. COBBLE, JR. *Reducing the Risk of Child Sexual Abuse in Your Church: A Complete and Practical Guidebook for Prevention and Risk Reduction.* Matthews: Church Ministry Resources, 1993, p. 14.
5. LANGBERG, op. cit., p. 62-3.
6. Idem, ibidem, p. 66.
7. David FINKELHOR. *A Sourcebook on Child Sexual Abuse.* Beverly Hills: Sage Publications, 1986, p. 183.
8. Idem, ibidem, p. 180-1.
9. Bessel A. van der KOLK, Alexander C. MCFARLANE & Lars WEISAETH. *Traumatic Stress: The Effects of Overwhelming Experience on Mind, Body and Society.* New York: The Guilford Press, 1996.
10. James G. FRIESEN. *Uncovering the Mystery of MPD.* San Bernardino: Here's Life Publishers, 1991, p. 42.
11. STRONG, op. cit., referência em grego nº 1139.
12. Para mais informações, v. James WILDER, *Keeping Your Ministry Out of Court: Avoiding Unnecessary Litigation While Ministering to Emotionally Wounded People*, ed. M. SMITH. Campbellsville: Alathia Publishing, 2002.
13. LANGBERG, op. cit., p. 61.
14. V. LANGBERG, op. cit.; v. tb. Paula SANDFORD, *Healing Victims of Sexual Abuse.* Tulsa: Victory House Publishers, 1988; e Diane HAWKINS, *Multiple Identities:*

Understanding and Supporting the Severely Abused. Grottoes: Restoration in Christ Ministries, 2002.
15. Além dos recursos mencionados anteriormente, também recomendo: Grant L. Martin, *Counseling for Family Violence and Abuse: Resources for Christian Counseling*, ed. Gary R. Collins. Waco: Word Books, 1987; Frank W. Putnam, *Dissociation in Children and Adolescents: A Developmental Perspective*. New York: The Guilford Press, 1997; William Sudduth, *So Free!!!: A Teaching on Deliverance*. Pensacola: Ram, 2002; v. www.ramministry.org.

Capítulo 21: Lançar luz nas trevas do ocultismo

1. Kevin Osborn. *Witches*. Kansas City: Ariel Books, 1996, p. 36-8.
2. *Dicionário eletrônico Houaiss da língua portuguesa*, verbete "ioga".

Capítulo 23: Desvendar o olho mau

1. *Dicionário eletrônico Houaiss da língua portuguesa*, verbete "mau-olhado".
2. *The Columbia Encyclopedia*, 6ª edição, verbete "evil eye", citado em *bartleby.com*. http://www.bartleby.com/65/ev/evileye.html (acessado em 16 de fevereiro de 2005).
3. Pierce & Sytsema, op. cit., p. 172-3.
4. Strong, op. cit., referência em grego nº 5365; *Dicionário eletrônico Houaiss da língua portuguesa*, verbete "avareza".
5. *Dicionário eletrônico Houaiss da língua portuguesa*, verbete "cobiça".
6. *New International Dictionary of New Testament Theology*, v. 2, Colin Brown (Ed.), Grand Rapids: Regency Reference Library, 1986, p. 829.
7. Ralph P. Martin. *Colossians and Philemon*. Grand Rapids: Eerdmans, 1973, p. 104.
8. *Hayford's Bible Handbook*, ed. Jack W. Hayford. Nashville: Thomas Nelson Publishers, 1995, p. 962.
9. Martin, op. cit., p. 104.
10. *Hayford's Bible Handbook*, p. 962.
11. *The Catholic Encyclopedia*, v. XIV, verbete "espiritismo", por Edward A. Pace, domínio público, citado em *New Advent*. http://www.newadvent.org/cathen/14221a.htm (acessado em 2 de março de 2005).
12. Idem, ibidem.
13. Idem, ibidem.
14. Selwyn Stevens. *Unmasking Freemasonry: Removing the Hoodwink*. Wellington, New Zealand: Jubilee Resources, 1999, p. 19.

Capítulo 25: Não há nada de novo na Nova Era

1. Sir George TREVELYAN. *A Vision of the Aquarian Age.* London: Coventure, 1977, p. 5-6.
2. Idem, ibidem, p. 6.
3. Idem, ibidem.
4. Annie BESANT. *Esoteric Christianity.* London: Theosophical Publishing Society, 1905, p. 140-1.

Capítulo 27: Resgatado do satanismo

1. Esses rituais de iniciação são descritos de forma mais completa em meu livro *High Level Warfare.*

SOBRE OS COLABORADORES

Araceli Alvarez
Araceli Alvarez tem amplo conhecimento em feitiçaria, ocultismo e Nova Era. Desde sua conversão a Cristo e subseqüente libertação, ela tornou-se umas das principais especialistas em libertação da feitiçaria, liderando Fountain of Freedom Ministries [Ministérios Fonte de Libertação], um ministério cristão de oração que ministra aos cristãos que desejam se libertar das amarras espirituais, das influências demoníacas, das questões relacionadas aos pecados recorrentes, dos laços da alma, da rejeição, das profundas feridas emocionais que resultaram em disfunção e amargura e de outros laços espirituais que os impedem de desfrutar do caminhar próximo a nosso Senhor Jesus e de experimentar a alegria disponível a todos os cristãos. Para contatar Fountain of Freedom Ministries [Ministérios Fonte de Libertação], por favor, telefone para (818) 729-72980 ou visite www.f-o-f.org.

John Eckhardt
John Eckhardt é apóstolo e pastor de Impact Network [Rede de Impacto], em Rossmoor, Illinois. Viajou pelos Estados Unidos e para mais de 50 outros países transmitindo verdades bíblicas, dentre as quais se encontram a libertação e a guerra espiritual. Ele tem paixão por ver a igreja tornar-se verdadeiramente apostólica ao desenvolver santos para o ministério por meio do ensino, do treinamento e da demonstração. O apóstolo John

Eckhardt produz um programa de rádio diário, transmitido na área de Chicago, e também escreveu muitos livros úteis para auxiliar o corpo de Cristo, incluindo-se *The Demon Hit List* [A lista de sucessos do demônio], *Identifying and Breaking Curses* [Identificar e quebrar maldições] e *Moving in the Apostolic* [Mover-se na área de atuação apostólica]. Para contatar Impact Network [Rede de Impacto], por favor, telefone para (708)922-0983 ou envie um e-mail para cmimpac@aol.com.

Tim e Anne Evans
Tim e Anne Evans são funcionários de Wagner Leadership Institute [Instituto de Liderança Wagner], em Colorado Springs, Colorado. Eles trabalham muito com adolescentes e, com freqüência, promovem retiros para casais. São casados e felizes há mais de 25 anos e tiveram quatro filhos. Tim e Anne serviram durante mais de vinte anos como líderes leigos na Willow Creek Community Church. Tim foi bombeiro em Schaumburg, Illinois, e aposentou-se como bombeiro-chefe. Tim e Anne foram depois chamados para servir na Lakeland Community Church, em Holland, Michigan, onde foram ordenados e serviram por cinco anos. Transferidos para Pasadena, Califórnia, serviram como deãos dos alunos na inauguração do Wagner Leadership Institute: The Call School [Instituto de Liderança Wagner: A Escola do Chamado]. Tim e Anne graduaram-se no Wagner Leadership Institute [Instituto de Liderança Wagner] com o título de Mestre em Ministério Prático.

David Kyle Foster
David Kyle Foster é o autor de *Sexual Healing* [Cura sexual] e *Transformed into His Image* [Transformado à sua imagem]. Serviu como professor adjunto no Asbury Theological Seminary [Seminário Teológico Asbury], no Bible Institute of Hawaii [Instituto Bíblico do Havaí], na Trinity Episcopal School for Ministry [Escola Episcopal Trindade para o Ministério], no Logos Christian College and Graduate School [Faculdade e Escola Graduada Cristã Logos] e está atualmente na faculdade do Wagner Leadership Ins-

titute [Instituto de Liderança Wagner]. Seus artigos foram publicados em numerosos jornais e revistas cristãos. Já participou de inúmeros programas de televisão e rádio, tanto cristãos como seculares, testemunhando a cura de Deus para o pecado e a vida destruída. David é fundador e diretor de Mastering Life Ministries [Ministérios de Domínio da Vida] e serve como cônego na Church of the Messiah [Igreja do Messias] em Jacksonville, Flórida. Para contatar seu ministério, por favor, telefone para (904) 220-7474 ou visite www.MasteringLife.org.

Frank D. Hammond
Frank D. Hammond é pastor e professor no Body of Christ [Corpo de Cristo] há mais de 55 anos. Frank graduou-se na Baylor University [Universidade Baylor] e no Southwestern Baptist Theological Seminary [Seminário Teológico Batista do Sudoeste]. Ele e sua esposa, Ida Mae (que já está com o Senhor), viajaram e ministraram nos Estados Unidos e também em outros países com ênfase especial na guerra espiritual e nos relacionamentos familiares. Os Hammonds são autores de *Porcos na sala: um manual prático sobre libertação* e 17 outros livros sobre várias facetas da libertação. Para contatar o Children's Bread Ministry [Ministério Pão das Crianças], do qual Frank é co-fundador, por favor, visite www.thechildrensbread.net ou escreva para P. O. Box 789, Plainview, Texas 79073-0789.

Jeff Harshbarger
Jeff Harshbarger foi libertado do satanismo pelo poder de Jesus Cristo, em 1981. Ele, junto com sua esposa, Liz, fundaram Refuge Ministries [Ministérios de Refúgio] com a finalidade de ajudar pessoas que tiveram envolvimento com o satanismo, o ocultismo, bruxaria da religião Wicca, ou neopaganismo, e feitiçaria, Nova Era e falsos ensinamentos sobre a igreja cristã. Jeff tem mestrado em aconselhamento pastoral e já viajou o mundo todo, compartilhando o que Jesus Cristo fez por ele e ensinando sobre libertação. Para outras informações, por favor, visite www.refuge-ministries.cc.

Tom R. Hawkins

Tom R. Hawkins, fundador e presidente de Restoration in Christ Ministries [Ministérios da Restauração em Cristo], ajuda, desde a década de 1980, centenas de vítimas de abuso sexual. Especializou-se em ajudar aqueles que sofreram abuso em rituais e foram submetidos à programação de controle da mente, os quais desenvolveram, em consequência dessa experiência, desordens de dissociação de identidade. Com doutorado em estudos bíblicos, declara não ter especialização na área de saúde mental. Entretanto, de 1991 a 1993, trabalhou muito próximo a profissionais da área da saúde mental, nos Estados Unidos, em unidades para internação de pacientes cristãos com desordens de dissociação. Sua esposa, Diane, juntou-se a ele em um profícuo ministério de seminários. Para contatar seu ministério, por favor, telefone para (540) 249-9119 ou visite www.rcm-usa.org.

Chris Hayward

O chamado de Chris Hayward para o ministério veio em 1983, quando foi ordenado e serviu como pastor associado em uma igreja batista cheia do Espírito, em Waco, Texas. Chris, depois, serviu por dez anos como o primeiro pastor sênior da Christian Fellowship Church [Igreja Cristã da Comunhão], em Mt. Vermont, Illinois. Em 1994, os Cleansing Stream Ministries [Ministérios Fonte de Purificação] (CSM) foram introduzidos na igreja e, ali, começando com um pequeno grupo, por fim ministrou para mais de 90% da congregação. Em junho de 1998, Chris renunciou ao pastorado para se tornar o diretor executivo da CSM. Chris e sua esposa, Karen, casaram-se em 1970 e têm três filhos. Para saber mais sobre Cleansing Stream Ministries, por favor, telefone para (800) 580-8190 ou visite www.cleansingstream.org.

Peter Horrobin

Peter Horrobin é o diretor internacional de Ellel Ministries [Ministérios Ellel]. Após graduar-se na Oxford University, passou muitos anos dando aulas, escrevendo e publicando na universidade até que, em 1986, Ellel Ministries [Ministérios Ellel] foi fundado. Desde essa época, esse ministério vem se expandindo tanto no Reino Unido quanto em outros países. No momento, existem três centros de estudo e de ministério na Inglaterra, dois no Canadá, um na Hungria, um na Escócia, um na Austrália, um na África do Sul e, brevemente um será aberto nos Estados Unidos. A equipe tem hoje mais de 150 pessoas com 350 conselheiros voluntários. Peter, além de ser autor de muitas outras publicações, escreveu um excelente livro, em dois volumes, intitulado *Healing Through Deliverance* [Cura por meio da libertação]. Peter e sua esposa, Fiona, moram perto de Ellel Grange, em Lancashire, Inglaterra. Para conhecer mais sobre Ellel Ministries [Ministérios Ellel], por favor, visite www.ellel.org.

Cindy Jacobs

Cindy Jacobs, muito conhecida como profeta para as nações, é presidente e co-fundadora de Generals International [Generais Internacionais], uma organização missionária internacional que se dedica ao treinamento em oração e em guerra espiritual. O centro de operações mundial de Generals International [Generais Internacionais] fica em Red Oak, Texas, onde Cindy e o marido, Mike, moram atualmente. Cindy, além de ser palestrante renomada, é autora de vários livros, dentre os quais se encontram os êxitos de vendas *Possessing the Gates of the Enemy* [Possuindo as portas do Inimigo], *The Voice of God* [A voz de Deus] e *Women of Destiny* [Mulheres com um propósito]. Ela também editou e produziu *Women of Destiny Bible* [Mulheres com um propósito bíblico]. Para contatar Generals International [Generais Internacionais], telefone para (972) 576-8887 ou visite www.generals.org.

Charles Kraft

Charles Kraft é professor há mais de 30 anos no Fuller Seminary [Seminário Fuller], onde ensina antropologia, comunicação, ministério de oração e guerra espiritual. Ele também é presidente de Deep Healing Ministries [Ministérios de Cura Profunda] e apresenta um seminário, no mundo todo, sobre cura profunda, libertação e guerra espiritual. Antes de se juntar ao Fuller Seminary [Seminário Fuller], ele e sua esposa, Marguerite, foram missionários na Nigéria, de 1957 a 1960. Charles Kraft, também conhecido como Chuck, escreveu vários livros, dentre os quais se encontram *Christianity with Power* [Cristianismo com poder], *The Rules of Engagement* [As regras do compromisso] e *Deep Wounds, Deep Healing* [Feridas profundas, cura profunda]. Para contatar Deep Healing Ministries [Ministérios de Cura Profunda], por favor, telefone para (626) 744-0632 ou visite www.deephealingministries.org.

Ana Méndez Ferrell
Ana Méndez Ferrell foi salva em 1985, enquanto estava confinada em um hospital para doentes mentais, após servir como sacerdotisa vodu. O poder miraculoso de Deus a libertou totalmente e a transformou em um dos generais que lideram seu exército para destruir as obras malignas. Ela nasceu no México, mas agora mora em Jacksonville, Florida. É casada com Emerson Ferrell. Juntos, eles lideram Voice of the Light Ministries [Ministérios Voz da Luz]. É autora de *Shaking the Heavens* [Fazer os céus tremerem], *High Level Warfare* [Guerra nas altas esferas] e *Assentados nos lugares celestiais*. Para contatar Voice of the Light Ministries [Ministérios Voz da Luz], por favor, visite www.anamendez.org ou escreva para P.O. Box 3418, Ponte Vedra, Florida 32004.

Chuck D. Pierce
Chuck D. Pierce é vice-presidente de Global Harvest Ministries [Ministérios da Colheita Global], presidente de Glory of Zion International Ministries [Ministérios Internacionais Glória de Sião] e apóstolo de mobilização para a U. S. Strategic Prayer Network [Rede Estratégica de Oração dos Estados Unidos]. É usado por Deus para interceder e mobilizar orações pelas igrejas locais, pelas cidades e pelas nações. Além disso, coordena a oração em muitos dos grandes eventos e reuniões espirituais no mundo todo e é profeta de territórios e cidades. Chuck e sua esposa, Pam, moram com os cinco filhos em Denton, Texas. Escreveu nove livros, dentre os quais se encontram *Protecting Your Home from Spiritual Darkness* [Proteja sua casa contra as trevas espirituais], *Prayers That Outwit the Enemy* [Orações que

despojam o inimigo] e *The Future War of the Church* [A guerra futura da igreja]. Para contatar Glory of Zion International Ministries [Ministérios Internacionais Glória de Sião], por favor, telefone para (888) 965-1099 ou visite www.glory-of-zion.org.

John L. Sandford
John L. Sandford e sua esposa, Paula, são co-fundadores da Elijah House [Casa de Elias], um ministério internacional que busca difundir a palavra de restauração e de reconciliação por meio do ministério de aconselhamento em oração, ao ensinar e equipar por meio de fitas de áudio e de vídeo, e também por intermédio de material escrito para uso nas casas comunitárias e em cursos de educação de adultos cristãos, bem como para uso pessoal e para o ministério familiar. Os livros dos Sandfords são muito conhecidos e utilizados no mundo todo. Dentre os numerosos títulos, encontram-se *Healing the Wounded Spirit* [A cura do espírito ferido] e *A Comprehensive Guide to Deliverance and Inner Healing* [Um guia abrangente para a libertação e a cura interior]. Para entrar em contato com a Elijah House [Casa de Elias], por favor, telefone para (208) 773-1645 ou visite www.elijahhouse.org.

Dale M. Sides
Dale M. Sides é fundador e presidente da Liberating Ministries for Christ International [Ministérios de Libertação para Cristo Internacional]. Dale, com mais de 30 anos de experiência, viaja e apresenta palestras nos Estados Unidos e em outros países. Ele é autor de numerosos livros, dentre os quais *Mending Cracks in the Soul* [Consertar rachaduras na alma] e *God Damn Satan* [Deus condena Satanás]. Dale também tem várias titulações, incluindo-se doutorado de Teologia em educação religiosa no Andersonville Baptist Seminary [Seminário Batista Andersonville]. Ele e sua esposa, Vicki, moram com as quatro filhas em Bedford, Virginia. Para conhecer melhor o ministério de Dale, por favor, telefone para (540) 586-5813 ou visite www.LMCI.org.

Alice Smith

Alice Smith é co-fundadora e diretora executiva do U. S. Prayer Center [Centro de Oração dos Estados Unidos] e membro do America's National Prayer Committee [Comitê Nacional de Oração dos Estados Unidos], da International Reconciliation Coalition [Coalizão de Reconciliação Internacional] e da International Strategic Prayer Network [Estratégia Internacional para a Rede de Oração]. Ela é intercessora e palestrante de renome internacional em vários assuntos, incluindo-se intercessão íntima, guerra espiritual. Autora de vários livros, dentre os quais se encontram *Beyond the Veil* [Além do Véu], *Intercessors and Pastors* [Intercessores e pastores] e *Spiritual Housecleaning* [Limpeza espiritual da casa], também é editora de *PrayerNet* [Oração na Internet], um boletim, por e-mail, com dois números por semana. Para contatar o U. S. Prayer Center [Centro de Oração dos Estados Unidos], por favor visite www.usprayercenter.org.

C. Peter Wagner

C. Peter Wagner é o presidente fundador de Global Harvest Ministries [Ministérios da Colheita Global], um ministério que reúne redes de oração com o propósito de focar o poder da oração no evangelismo mundial. Ele também é conselheiro do Wagner Leadership Institute [Instituto de Liderança Wagner], em Colorado Springs, Colorado. Peter e sua esposa, Doris, foram missionários na Bolívia de 1956 a 1971. Peter foi depois professor de crescimento da igreja na School of World Mission [Escola de Missões Mundiais] do Fuller Seminary [Seminário Fuller] de 1971 a 1999. É autor e editor de 66 livros, dentre os quais se incluem *Churchquake!* [Tremor na igreja], *Changing Church* [Igreja em transformação] e *Your Spiritual Gifts Can Help Your Church Grow* [Seus dons espirituais podem ajudar sua igreja a crescer]. Para contatar Global Harvest Ministries [Ministérios da Colheita Global], por favor, visite www.globalharvest.org.

Doris M. Wagner

Doris M. Wagner, junto com seu marido, C. Peter Wagner, fundou, em 1992, Global Harvest Ministries [Ministérios da Colheita Global] cuja visão é reunir redes de oração com o propósito de focar o poder da oração no evangelismo mundial. Doris serviu como presidente no Global Harvest Ministries [Ministérios da Colheita Global]. Em um ministério de libertação, ela ajuda, há vinte anos, a libertar um sem-número de pessoas de vários vícios e prisões. Em razão de seu desejo de ver a mobilização para a libertação na igreja local, ensinou sobre o assunto em seminários práticos em muitas nações do mundo, e, no momento, especializa-se em treinamento de libertação e apresenta palestras sobre o assunto em conferências regionais e nacionais. Para contatar Global Harvest Ministries [Ministérios da Colheita Global], por favor, visite www.globalharvest.org.

Esta obra foi composta em *Adobe Agaramond*
e impressa por Gráfica Santa Marta sobre papel
Polen Bold 70 g/m² para Editora Vida.